Weiher · Die Religion, die Trauer und der Trost

Inhalt

Vorwort 9
Einführung: Religion an den Grenzen des Lebens 11

Erster Teil:
Sterbebegleitung ist nicht unabhängig vom Geist der Medizin. – Wieviel Seelsorge brauchen Sterbende? 15

Seelsorge vor veränderten Entwicklungen 15

1. Von früheren Idealen zur heutigen Realität des Sterbens 16
   1.1. Sterben unter den Bedingungen heutiger Medizin 17
   1.2. Sterben unter den Bedingungen der Institution 18
   1.3. Von der Krankheits- zur Sterbeerfahrung 20
   1.4. Mit der Struktur verändert sich die Deutung 23
   1.5. Am plausibelsten ist die Begleitungsdimension 25

2. Eine Spiritualität der Sterbebegleitung ist nicht unabhängig von der Medizin, die sich eine Gesellschaft gibt 26
   2.1. Bedingungen von außen – Möglichkeiten von innen 26
   2.2. Viele Teilwahrheiten ergeben noch keine existenzielle Wahrheit 28
   2.3. Das volle Gewicht liegt beim Einzelnen 29

3. Seelsorge und die drei Axiome des Sterbebeistandes 32
   3.1. Welche Hilfen braucht es beim Sterben? 32
   3.2. Das erste Axiom des Sterbebeistandes: Die Begleitungsdimension 34
   3.3. Das zweite Axiom des Sterbebeistandes 36
      Die Notwendigkeit einer Deutekultur 36 • Symbole als Spielräume für ‚die Wahrheit' 39 • Exkurs: Sterben Glaubende leichter? 42 • Im Rückblick das Leben deuten 45 • Deutung im Horizont des Geheimnisses 46
   3.4. Das dritte Axiom des Sterbebeistandes 47
      Dem Ritual anvertrauen 48 • Vom Reichtum christlicher Spiritualität 49 • Über das Begleiten hinaus: Das Geleiten 50

4. Was also kann Seelsorge in der Sterbebegleitung leisten? 51

Zweiter Teil:
Brauchen wir nicht doch eine ‚Letzte Ölung'? 54

1. *Wer ‚braucht' eigentlich die Krankensalbung?* 54
   1.1. Von den Bemühungen, das letzte Sakrament loszuwerden   54
   1.2. Die Krankensalbung ist doch ein so hilfreiches Sakrament – warum will es niemand so recht? 57
   Die äußere Landschaft, in der sich Sterben heute vollzieht 57 • Die innere Landschaft des Sterbens 60
2. *Brauchen wir nicht doch ein letztes Sakrament?* 68
   2.1. Was tut man, wenn es so weit ist? 68
   Die Wichtigkeit des Rituals 69 • Ein Sakrament – am Ende nur für die Angehörigen? – Das Intersubjekt salben 72
   2.2. Die Religion als Schutzschild 76
   Geheimnis des Todes 76 • Bote des Lebens! – Botes des Todes? 77 • Mehr als Worte: Ein ‚starker Ritus' 81
   2.3. Einige pastorale Implikationen des letzten Sakramentes   82
   Intersubjekt werden 82 • Sünde und Würde 83 • Versöhnung des Intersubjekts 84 • Das ganze Leben in den Durchgang bringen 85 • Den Ritus abschließen 87
3. *Krankensalbung: Wir brauchen das Sakrament der Begleitung und das Sakrament der Lebenswende* 88

Dritter Teil:
Die Trauer im Krankenhaus – eine Grammatik für Seelsorger und andere Helfer 90

Eine vielfach übersehene Wirklichkeit 90
„Selig die Trauernden ..." – ein Leitmotiv? 91

1. *Grundlagen für die Begegnung mit Trauer* 93
   1.1. Kontexte und Hintergründe für die Trauer im Krankenhaus 93
   1.2. Trauer-Wissen für klinische Helfer 96
   Resonanztrauer und Trauerauslöser 97 • Wie gehen Trauernde ihren Weg? – Resttrauer 100
   1.3. Trauer erschließen im Querschnitt 102
   Im Querschnitt leuchten Längsschritte auf 103 • Eine Wahrnehmungshilfe: Das ‚Kreuz der Wirklichkeit' 105

2. *Besondere Themen der Trauer* 110
   2.1. Trauer um einen Verlust durch Krankheit 110
   2.2. Wenn Trauer stehen- (und stecken-) bleibt 111
   Die vier Erstreaktionen 112 • Die Grenzen zwischen normaler und psychopathologischer Trauer sind fließend 113
   2.3. „Nach dem Tod meines Mannes bin ich dann selbst so krank geworden" 114
   2.4. Risikotrauer 116

3. *Seelsorglich Trauernden helfen: Der Drei-Pass in der Trauerpastoral* 119
   3.1. Die Begleitung 120
   3.2. Das Symbolisieren 121
   Den richtigen ‚Kanal' treffen 122 • Von der Realität zur Spiritualität: Stützpunkte der Trauer 123 • Exkurs: Die Religion, die Trauer und der Trost 129
   3.3 Das Geheimnis begehen 131
   Rituale und Trauer 131 • ‚Kleine' Rituale – ‚große' Rituale 134

4. *„Selig die Trauernden ..."* – *Ein Leitmotiv: für die Helfer!* .. 137

Vierter Teil:
Abschied am Totenbett. Ein Leitfaden für Seelsorger und andere Helfer 140

1. *Den Übergang neu finden* 141

2. *Was will alles beachtet werden?* 143
   2.1. Was kommt auf den Helfer zu? 143
   2.2. Grundlegend: Die Wahrnehmung 143
   Die Außenseite 144 • Wer ist die Person? 144 • Wo sind die Angehörigen in diesem Augenblick? 144 • Es ist noch mehr im Raum 145 • Der da liegt: Ist es der Verstorbene – oder der Lebende? 146 • Ihn noch einmal sehen? 146 • Die ‚Tür' ist noch offen – Wächter am Übergang 147

3. *Was ist zu tun?* 150
   3.1. Der Trauer Raum und Zeit geben 150
   3.2. Den Traum dieser Stunde ermöglichen 150
   3.3. Dennoch: Was kann konkret getan werden? 151
   3.4. Was ist zu tun? Ein Fallbeispiel 152
   Exkurs: Krankensalbung für einen Toten? 154
   3.5. „Hat er noch etwas gesagt?" Die ‚last-minute'Objekte .. 157
   3.6. Woran noch alles zu denken ist: 158

Wie geht man wieder heraus – als Helfer? 158 • Was ist die Rolle des Helfers? 158 • Der Übergang von drinnen nach draußen 159

4. *Wie gehen die Helfer mit all den Abschieden um?* 160

5. *Anhang: Abschied von einem behinderten ‚Kind'* 162

Trauer im Krankenhaus 162 • Trauer bei Behinderung 162 • Trauer und Schuld 164 • Dienst der Pflegenden am Toten 164 • Dienst der Seelsorge 165 • Woran noch zu denken ist 166 • Abschied der Helfer 167

Fünfter Teil:
Tot und begraben? Der Seelsorger als Schleusenwärter 168
(Ruthmarijke Smeding und Erhard Weiher)

1. *Zwischen Tod und Beerdigung* 168
   1.1. Die Schleusenzeit 168
   1.2. Stationen des Abschieds: Ein Fallbeispiel 170
   1.3. Aufgaben der Schleusenwärter 172

2. *Seelsorge in der Schleusenzeit* 174
   2.1. Die Rolle der Krankensalbung 174
   2.2. Die sterbeseitige Schleusentür hat sich geöffnet: Abschied am Totenbett 175
   Ein Exkurs: Die Schleusenzeit im Fall einer Organentnahme 177
   2.3. Abschied am (offenen) Sarg 177
   2.4. Das Ende der Schleusenzeit aus religiöser Sicht: Die Beerdigung 178
   2.5. Das Ende der Schleusenzeit für die verschiedenen Schleusenwärter 179

Literatur 181

Vorwort

Die vorliegenden Überlegungen verstehen sich als Beitrag zu einer praxisleitenden Systematik seelsorglicher Sterbe- und Trauerbegleitung: Auf welcher Basis muss heute Seelsorge angesichts der gravierenden Veränderungen in der Medizin und der damit verbundenen Krankheits- und Sterbeerfahrung ihre Arbeit gestalten? Und: Wie sieht dieser spezifische Beitrag in der heutigen Kliniklandschaft praktisch aus? Dieses Buch reflektiert *nicht* interessante und mehr oder weniger gelungene Fallgeschichten. Gleichwohl basiert es selbstverständlich auf der seelsorglichen Erfahrung mit vielen Menschen, mit Patienten und Angehörigen der Gesundheitsberufe.

Beim Schreiben hatte ich zunächst meine Kollegen und Kolleginnen aus der Seelsorge vor Augen, die in der Welt säkularer Krankenhäuser Menschen an Grenzen des Lebens begleiten. Ich bin der Frage nachgegangen, wie Seelsorge unter den veränderten Bedingungen das Ureigene ihrer Profession ins Spiel und in Beziehung bringen kann. Im Blick hatte ich aber *auch die anderen Professionen und Helfer*, die an den Grenzen des Lebens arbeiten. Dabei habe ich bewusst das Wort ‚Religion' gewählt, um zu signalisieren, dass dieses Buch nicht ein fest umrissenes Glaubensgebäude voraussetzt, sondern die Möglichkeiten entfaltet, die die religiöse Dimension den Helfern in der Grenzerfahrung von Sterben, Trauer und Abschied gibt.

Schließlich soll dieses Buch *auch für Nichtfachleute* gut lesbar sein; Sterbe-, Trauer- und Abschiedsbegleitung sind zutiefst keine Themen nur für Professionelle; sie betreffen alle Personen, die sich auf Begegnungen an den Grenzen des Lebens einlassen. Hier will dieses Buch Möglichkeiten aufzeigen, wie Helfer auch dann ausdrucks- und handlungsfähig bleiben und hilfreich anwesend sein können.

Zum Zustandekommen dieses Buches trugen auch viele Erfahrungen und Reflexionen bei, die mir in der klinischen und kirchlichen Fortbildungsarbeit ermöglicht wurden. Ein besonderer Dank gilt dabei Frau Dr. R. Smeding, Amsterdam. Die Zusammenarbeit mit ihr führte zu vielen Ideen, die in dieses Buch eingeflossen sind. Meinen Dank möchte ich aber auch den Gesprächspartnern aus Theologie, Medizin und Seelsorge sagen, die mit mir über Inhalte diskutiert oder das Manuskript gegengelesen haben: Friederike Böttcher, Dr. Hans Duesberg, Dr. Gotthard Fuchs, Dr. Friederike Störkel, Dr. Martin Weber, Prof. Sascha Weilemann.

Oft bedanken sich Patienten und deren Angehörige beim Seelsorger.* Ich möchte an dieser Stelle die Richtung umdrehen und den vielen Menschen danken, deren Namen ich wieder vergessen habe, die mich teilhaben ließen an ihrem Innersten und die mich Vieles davon gelehrt haben, was Leben bedeutet und Glauben und Hoffnung. – Es ist gut, wenn auch der Seelsorger nicht so tut, als könne er durch ein Tor des Sterbens nach dem anderen schreiten, ohne davon gezeichnet zu sein. Es ist gut, wenn Helfer immer wieder innehalten und sich bewusst machen, dass sie ihre Tätigkeit nur in Beziehung ausüben können und dass ihnen etwas von der Arbeit des Lebens, des Sterbens und der Trauer wie ein Vermächtnis anvertraut wird. Etwas von diesem Vermächtnis soll mit diesem Buch eingelöst werden.

Mainz, März 1999 *Erhard Weiher*

---

*) Im Folgenden habe ich versucht, Formulierungen zu gebrauchen, die beide Geschlechter einschließen. Wenn diese nicht zur Verfügung standen, habe ich meist die männliche Form gewählt, die weibliche ist dann selbstverständlich mitgemeint.

Einführung: Religion an den Grenzen des Lebens

Die moderne Medizin verändert tiefgreifend die Auffassung des Menschen von Leben und Tod. Sie ist längst weit mehr als nur eine Anwendungs- und Behandlungswissenschaft, mehr als ein Instrument zur Behandlung von Krankheit und gestörten Körperfunktionen. Bei der Rechnung, welche Faktoren unser Leben bestimmen, ist die Medizin längst nicht mehr nur ein einzelner Posten innerhalb der ‚Klammer'; sie wird zunehmend zum Vorzeichen *vor* der Klammer: Ihr Gedanken- und Handlungsgebäude bestimmt wesentlich mit, wie der heutige Mensch Krankheit und Sterben erlebt und unter welches Vorzeichen er sein Leben und das Ende des Lebens stellt.

Von dieser Entwicklung kann die Seelsorge und ihr spirituelles Angebot nicht unberührt bleiben. Sie muss in der *Sterbebegleitung* und angesichts des Todes von manchen eigenen Mythen und früheren Idealen Abschied nehmen. – Wie aber gestaltet sich dann eine spirituelle Begleitung, wenn die Medizin Leben und Sterben über immer längere Zeiträume hinweg in der Schwebe halten und den Tod möglichst lange aus dem Horizont verbannen kann? *Davon handelt der erste Teil dieses Buches.*

Ebenfalls unter dem Eindruck dieser veränderten Realität stehen die kirchlichen Rituale, die Krankensalbung, die Nottaufe, die Wegzehrung, die Letzte Ölung. Solange nämlich der Mensch medizinisch versorgt werden kann und Lebensfunktionen fast beliebig lange gestützt werden können, darf niemand an ein ‚Letztes' denken, geschweige denn davon reden. Dieses ‚Letzte' auszusprechen und zu gestalten, wird immer mehr zu einer besonderen Aufgabe der Seelsorge. Sie muss bereit sein, Wächter an den Grenzen des Lebens zu sein und endlich auch die Projektion des Todesboten wieder anzunehmen. Das ist *Thema des zweiten Teils*: Krankenseelsorge muss *ein letztes Sakrament* zur Verfügung haben und die Letzte Ölung wieder zu ihrem ureigenen Repertoire zählen.

Zunehmend wird es nötig, in der Geheimnislosigkeit der wissenschaftlichen Medizin *Lebensübergängen eine Gestalt zu geben* und sie zu ‚begehen', statt sie zu vermeiden. Es stellt sich heraus, dass die Aufmerksamkeit für diese – letztlich spirituelle – Aufgabe in der säkularisierten Welt nicht nur der offiziellen Seelsorge zukommt, sondern im Blick aller Therapierenden sein muss. Wie diese Aufgabe wahrgenommen werden kann, *ist durchgehendes Thema dieses Bu-*

ches, wird aber im vierten und fünften Teil besonders behandelt und konkretisiert.

Seelsorger und andere Helfer sind ‚Magneten' nicht nur für aktuelle, sondern auch für die in die Lebensgeschichte eingewobene Trauer: Viel häufiger als bewusst wahrgenommen und nicht gebunden an den aktuell eingetretenen Tod ist solche Trauer ein Thema, das gerade in Zeiten von Krankheit an die Oberfläche kommt. Um Menschen in ihrer Trauer begegnen und ihnen helfen zu können, genügen die Phasenmodelle der 70er Jahre nicht mehr. Helfer, die qualifiziert damit umgehen (und diese Trauer nicht ‚umgehen') wollen, müssen ihrer Arbeit das Wissen über Trauer zugrunde legen, das heute, am Ende dieses Jahrhunderts, zur Verfügung steht. *So versteht sich der Abschnitt „Die Trauer im Krankenhaus".*

Die vorliegenden Themen sind nicht nur für die eigene Profession, die kirchliche Seelsorge, erschlossen, obwohl natürlich das christliche Lebenswissen den Hinter- und oft auch den Vordergrund bildet. Im Raum von Klinik, Medizin, Pflege, Therapie, aber auch ehrenamtlichen Einsatzes arbeiten die Helfer ja nicht nur an Grenzen von und in Lebensgeschichten, sondern auch an Schnittflächen zwischen Wissenschaft und Sinnsuche, zwischen Feststellung von Tatsachen und dem Geheimnis von Leben und Tod, zwischen Behandlungskompetenz und Abschied von Möglichkeiten, zwischen Vernunft und Glaube. In der Neuzeit hat die *Vermittlerfunktion der ‚Religion'* eine wichtige (und anscheinend wieder wachsende) Bedeutung an solchen Grenzflächen übernommen. Deshalb habe ich vielfach die anthropologische Funktion von Religion der Grenzbegehung zugrunde gelegt, auch im Blick auf alle, die sich der Wissenschaft und ihrem Behandlungswissen einerseits und dem Geheimnis von Leben und Tod andererseits verpflichtet fühlen.

Eine Systematik dieser ‚Arbeit in den Zwischenräumen' habe ich in dem Vorgängerbuch „Mehr als Begleiten" (Weiher 1999) detailliert vorgestellt und für die Anwendung in der Praxis entfaltet. Die Grenzthemen Sterben, Trauer und Abschied sind als ‚Variationen' zum ‚Thema', als Anwendungen der dort vorgestellten Profilgebung der Seelsorge gedacht. Grundmuster von Seelsorge müssen sich sowohl im ‚Normalfall' von Krankheit und Krise als hilfreich erweisen, als auch im Fall tief lebensverändernder Erfahrung wie Trauer und Abschied. Hier sei noch einmal ‚das Thema', *das grundsätzliche Vorgehen der Seelsorge*, das auch für die Sterbe- und Trauerbegleitung gilt, in Erinnerung gebracht und den ‚Variationen', den Themen dieses Buches, vorangestellt.

Der methodische Drei-Pass der Seelsorge ergibt sich aus den drei Grundfunktionen, mit denen Menschen auf die Welt mit ihrer komplexen Vielfalt und ihren oft überraschenden Widerfahrnissen reagieren: Menschen entwickeln Konzepte (‚Denken'), leben ihre Emotionen und drücken sie aus (‚Fühlen') oder sie werden aktiv (‚Tun').

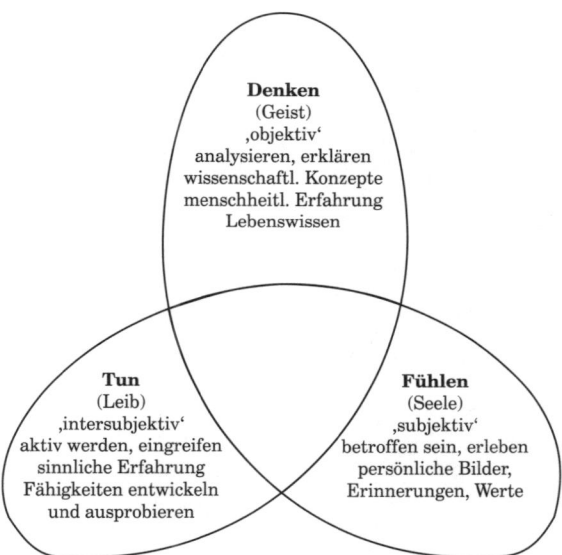

Abb. 1: *Der Drei-Pass der menschlichen Lernfunktionen und deren Entfaltung*

Dies sind zugleich (neben dem ‚Vermeiden') die primären Reaktionsweisen, mit denen Menschen auf besondere Herausforderungen (z.B. Lebenskrisen, Krankheit, Verlust, Tod) antworten.
Aber erst in den ‚Zwischenräumen' zwischen ‚Denken – Fühlen – Tun':
- in der anteilnehmenden Zuwendung zum Menschen in Krise und Verlust und in mitgehendem Beistand (‚Begleiten'),
- im Aufnehmen seiner Symbolisierungen (‚Verstehen') und im Angebot von lebenserschließenden Bildern (‚Deuten' im Licht der Religion),
- im ‚Begehen' des Geheimnisses von Leben und Tod,
- erst recht bei der inhaltlichen Bestimmung der zunächst noch ‚leeren Mitte' im Drei-Pass, die einen Wechsel in eine andere Dimension notwendig macht,

wird der Mensch als Subjekt mit seinem innersten Selbst, mit seiner Beziehungsfähigkeit, mit seiner Spiritualität und seiner Verwiesenheit auf ein letztes ‚Geheimnis' ernst genommen.

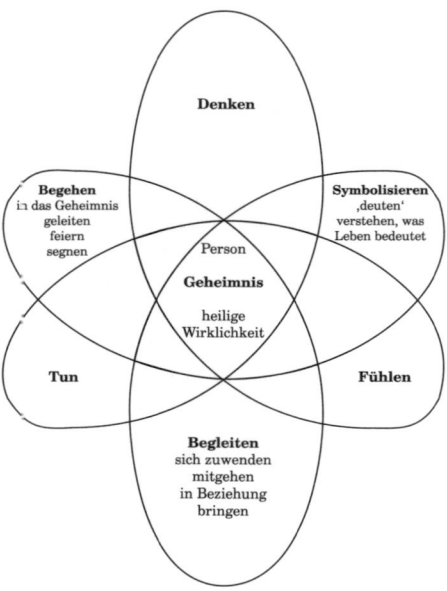

Abb. 2: Der Drei-Pass der Seelsorge: Erschließen der Zwischenräume

Erst *in dieser Hermeneutik der Zwischenräume* erschließt sich die *Bedeutung* von Lebens-, Leidens- und Grenzerfahrung. Wenn diese Dimensionen in der z.B. seelsorglichen Begegnung aufgenommen werden, lassen sich die entscheidenden Ressourcen des Menschen erschließen, aus denen er angesichts von Unterbrechungen des Lebens, von Krisen und Verlusten schöpfen kann.
Das hier nur andeutungsweise skizzierte Leitbild ‚Begleiten – Verstehen – Begehen' ist auch ein Beitrag zur Verständigung, zum Austausch und zur Zusammenarbeit mit den anderen Heilberufen im Krankenhaus. – Ich wünsche mir auch bei den ‚Grenzthemen' dieses Buches das interdisziplinäre Gespräch, das sich aus den vorliegenden Überlegungen ergeben kann.

ERSTER TEIL:

STERBEBEGLEITUNG IST NICHT UNABHÄNGIG VOM GEIST DER MEDIZIN. – WIEVIEL SEELSORGE BRAUCHEN STERBENDE?

Seelsorge vor veränderten Entwicklungen

In der heutigen Klinikwirklichkeit muss seelsorgliche Sterbebegleitung neu verortet werden. Um diese Notwendigkeit einzusehen, muss man sich vor Augen führen, unter welchen medizinischen und gesellschaftlichen Vorzeichen in großen Krankenhäusern das Sterben steht. Dann erst kann man Möglichkeiten und Ziele von Sterbebegleitung – auch und vor allem der seelsorglichen – herausarbeiten und neu bestimmen.

Die innere und äußere Landschaft, in der Menschen heute sterben, hat sich sehr verändert: „Nahezu alle 10 Jahre erneuert sich die Medizin" (Rörig 1988) und zwingt ihr Umfeld, darauf zu reagieren. Für die Seelsorge verstärken sich deshalb heute, am Übergang in ein neues Jahrhundert, die Fragen, die sich seit der Entwicklung der modernen Medizin zunehmend auftaten. Ab wann ‚stirbt' ein Mensch eigentlich? Gibt es eine Entwicklung, ab der sich alle einig sind – auch der Patient – „jetzt beginnt das Sterben"? Wann wird da eigentlich Seelsorge gebraucht, und: Braucht es eine spezifische seelsorgliche Begleitung?

Die Seelsorge im Krankenhaus besucht im Prinzip Menschen in allen Stadien einer Krankheit. Ab wann wird eine Begleitung dann zur Sterbebegleitung? Und ist das nicht Aufgabe aller, die im Krankenhaus arbeiten, Sterbenden nahe zu sein? Es gibt inzwischen in fast jeder größeren Stadt Hospiz-Gruppen, Menschen, die „den Weg bis zum Ende mitgehen". Also auch beim häuslichen Sterben gibt es qualifizierte Helfer. Wenn Sterbebegleitung die „Königin seelsorglichen Handelns" ist (Heller 1997, 18), dann ist die Frage, was sie Besonderes tut, was andere nicht tun (können). Oder soll sich Seelsorge immer mehr überflüssig machen und die Sterbebegleitung als Aufgabe ansehen, die „einfach von Mensch zu Mensch" zu leisten ist?

1. Von früheren Idealen zur heutigen Realität des Sterbens

Anfang der 70er-Jahre des 20. Jahrhunderts haben wir in der Krankenhaus-Seelsorge noch formuliert: „Der Mensch muss zum Subjekt seines Sterbens werden." Es gibt eine lange Tradition in der religiösen Verkündigung, dass das Sterben des Menschen sein höchstpersönlicher Akt sein müsse. Angesichts des Todes sei er zu einer letzten – der wesentlichsten – Entscheidung seines Lebens herausgefordert. Über Jahrhunderte galt das Sterben der Frommen als Beweis ihres Glaubens: Wer ergeben und ohne zurückzuschrecken auf seinen Tod zuging, der zeigte, dass er in ein erlöstes Dasein hinüberging. Spätestens auf dem Sterbebett – und oft erst dann – erwartete die Umgebung eine gute Vorbereitung auf das jenseitige Leben – und damit eine letzte Bekehrung oder Entscheidung. Auch unabhängig von solchen heute als moralisierend empfundenen Bewertungen gilt in Anthropologie und Theologie das Sterben als Chance, sein Leben auf dieser Erde bewusst abzuschließen, das ‚Zeitliche zu segnen' und sich in gewissem Sinn geordnet aus dieser Welt zu verabschieden.

Alle diese Bilder von einem guten Tod und von einem guten Sterben waren in eine Kultur hineingewoben, die sich im Laufe des 20. Jahrhunderts zuerst unmerklich, dann immer offensichtlicher wandelte. Die realen Bedingungen, unter denen die meisten Menschen heute sterben, haben dieser Kultur den Boden entzogen: Sterben ist nicht nur ‚ganz anders' (J.C. Hampe), es vollzieht sich auch unter anderen Umständen:
– in immer größerer Abhängigkeit von der Medizin und ihren Institutionen,
– in einem gewandelten gesellschaftlichen Umfeld,
– auf einem veränderten Deute-Hintergrund.

Das hat *gravierende Folgen für die Möglichkeiten und Grenzen der Seelsorge im Krankenhaus.*

Fast die gesamte Literatur zum Thema Sterbebegleitung geht von Sterbeerfahrungen aus, deren Voraussetzung längere Begleitungsprozesse sind, Voraussetzungen, die unter den Bedingungen heutiger Maximalmedizin nur selten gegeben sind. Und von diesen Sterbebegegnungen werden offensichtlich die ausgewählt, die zu überschaubaren und guten ‚Sterbegeschichten' geführt haben. Damit wird der Mythos von optimal möglichen Beziehungen und gelingendem Sterben genährt. Die Frage ist jedoch – vom ethischen Standpunkt aus –, ob wir das Recht haben, das ideale Sterben zum Ausgangspunkt und (heimlichen oder offenen) Leitbild unserer Begegnungen mit Sterbenden zu machen. Und ob nicht doch die nicht selbst Betroffenen, die gesunde Umgebung, Vorstellungen und Erwartungen an die Betroffenen heranträgt, die nicht in eigener Krisenerfahrung gewonnen und reflektiert wurden.

Vielleicht täte uns die Seelsorge-Auffassung des Wüstenvaters Johannes gut:

„Als dieser Alt-Vater Johannes an seinem Ende war und bereitwillig und freudig zum Herrn ging, standen die Brüder im Kreis um ihn herum und wünschten, dass er ihnen ein gedrängtes Heilswort als Erbschaft hinterlasse, mit dessen Hilfe sie zur Vollendung in Christus kommen könnten. Er seufzte und sagte: ‚Nie habe ich meinen eigenen Willen getan, und ich habe keinen etwas gelehrt, was ich nicht vorher selbst getan hatte.' " (Möller 1994, 101) – Vielleicht kann uns Helfer diese Weisheit demütig genug machen, wenn wir anderen mit unserer Weisheit helfen wollen.

Zunächst soll daher hier betrachtet werden, von welchen Prämissen und Bedingungen seelsorgliche Sterbebegleitung im Raum heutiger Medizin auszugehen hat.

1.1 Sterben unter den Bedingungen heutiger Medizin

„Wenn man sieht, was die heutige Medizin fertig bringt, dann fragt man sich: Wie viele Etagen hat der Tod?" (J.P. Sartre).

Wenn früher ein Mensch unheilbar krank wurde, musste er meist auch sein baldiges Ende ins Auge fassen. Heute kann der plötzliche und baldige Tod in vielen Fällen abgefangen und, wenn nicht zunächst ganz abgewendet, so doch in einen langen Prozess, sozusagen in ein langes Sterben mit unterschiedlich dramatischen Stadien verwandelt werden. Wo noch vor 100 Jahren die Lungenentzündung als „Freund des alten Mannes" galt, da stehen heute vielfältige und komplizierte Maßnahmen zur Verfügung, die die einst so schmale Zone des Sterbens erheblich zu verbreitern gestatten. Klinische Forschung und Medizin haben einen großen Markt der Möglichkeiten aufgebaut. Die medizinischen Experten können bei einer bösartigen Erkrankung das Krankheitsgeschehen immer differenzierter auflösen, immer mehr einzelne Parameter behandeln, diesen oder jenen Wert noch einmal überprüfen, noch einmal einen anderen Behandlungsweg vorschlagen, *sodass es im Prinzip ‚nie so weit ist'* und der Eindruck entsteht, dass das schlimmste Ereignis immer wieder verhindert werden kann. Sinnbild für diese Entwicklung ist die Intensivmedizin, die die Möglichkeit geschaffen hat, vitale Funktionen eines Menschen vorübergehend oder sogar dauerhaft maschinell zu ersetzen. Im Extrem- (und bei der Organtransplantation erwünschten Normal-)fall kann ‚der Tod' zerlegt werden: Das Gehirn ist tot, der übrige Körper ist am Leben. – Oder: das Herz hat aufgehört zu schlagen, aber das noch lebende Gehirn gestattet Wiederbelebungs-Maßnahmen. Ausgehend von dieser Beobachtung kann man sagen: Das Sterben des Menschen ist heute einer Dissoziierung unterworfen. Dies geschieht in der Absicht, mit den einzelnen somatischen Funktionen auch das ganze Sterben in den Griff zu bekommen.

Auf dem Hintergrund einer Maximalmedizin gibt es – so scheint es – kein Sterben als Prozess des bewussten Entlassens aus und der Verabschiedung von dem Leben, sondern nur das Versagen von Maßnahmen oder den endgültigen Ausfall von Funktionen. Medizin hat sozusagen eine *abstrakte Seite*, die den Tod zwar statistisch registriert, ihn aber nicht als gesamtmenschlichen Prozess ‚wahr'nehmen kann. Dagegen weiß der Mediziner als *Arzt am Krankenbett* sehr wohl, dass und wann ein Mensch zum Sterben kommt. Ebenso ahnen Patienten oft in einem Winkel ihres Herzens, dass es auch ganz schlimm kommen könnte. Aber die Diversifizierung und die Intensität der medizinischen Bemühungen lenkt dieses Wissen mit dem heimlichen Einverständnis der Beteiligten oft wieder in andere Bahnen, weg von einer direkten Konfrontation mit dem Tod. „Ich glaube, diesmal schaffe ich es nicht mehr", sagt ein Patient und gleich danach: „Hier habe ich eine Liste der hundert besten Kliniken, da gibt es sicher noch mehr Möglichkeiten." Seelsorge begegnet also kaum ‚Sterbenden', sondern Menschen in verschieden schweren und verschieden deutlichen Stadien einer zum Tod führenden Krankheit, in einem vielfältigen Auf und Ab von (Teil-)Diagnosen, Behandlungen, beschwerdefreien Zeiten, erneuten Befunden, Begleiterscheinungen, Rückfällen, Eingriffen, Erfolgen, Verschlechterungen.

1.2 Sterben unter den Bedingungen der Institution

Dem gesellschaftlichen Verständnis von Medizin als Markt der Möglichkeiten entspricht auch die äußere Organisation von Krankheit und Sterben. Lebensbedrohlich Erkrankte suchen natürlich das beste Krankenhaus mit den besten Behandlungsmöglichkeiten auf, auch

wenn diese Behandlungszentren weit vom Heimatort entfernt liegen. Dort treffen sie dann zwar auf optimale Ausstattung und Technik, aber sie müssen einen hohen Preis zahlen:
- Sie sind in einer fremden Umgebung, ohne von den Ärzten und Pflegenden jemanden zu kennen.
- Sie sind von ihrem persönlichen und sozialen Umfeld getrennt.
- Gerade Behandlungszentren erfordern eine Vielfalt von Personen, die in Wechselschichten mit dem Patienten zu tun haben.
- Die maximale Behandlung rückt auch eine größere Sachlichkeit der ärztlichen und pflegerischen Tätigkeit in den Mittelpunkt. Die steigende Zahl medizinischer Maßnahmen und Handgriffe bindet die meiste Energie der behandelnden Personen. Für menschliche Zuwendung erscheint weniger Energie erforderlich und ist faktisch auch übrig.
- Die Beziehung zum Patienten ist vielfach zergliedert und kann nur ‚stückweise' in Verbindung mit den sachlichen Maßnahmen gewährt werden.
- Zwar werden mehr (gerade alte) Menschen zu Hause und in Altenheimen gepflegt, aber sie werden zugleich häufiger ins Krankenhaus eingewiesen, wenn sich Angehörige und Pflegepersonal bei Veränderungen im Krankheitsprozess überfordert fühlen oder niemand einen Verzicht auf maximale medizinische Maßnahmen verantworten will.

Noch Ende der 70er Jahre wurde aus den Entwicklungen der vorausgehenden Jahrzehnte hochgerechnet: Der „Trend zu einer Vermehrung der Sterbefälle in der Klinik ... setzt sich weiter fort" (Schied 1980, 10; Székely 1988). Diese Voraussage hat sich nicht bestätigt: In Kliniken sterben (nach einem Maximum von 55,4 % im Jahr 1977) inzwischen weniger als 50 % der Bundesbürger (Ochsmann u.a. 1997 und Auskunft des Statistischen Bundesamtes vom 11.2.97), in großen Kliniken deutlich weniger als in kleineren Häusern und Einrichtungen der Altenpflege.

Genau genommen muss man also sagen: Seelsorge begegnet in Kliniken und großen Krankenhäusern durchaus Sterbenden – aber:
- Die meisten Patienten befinden sich nur in Einzelabschnitten ihrer schweren Krankheit und dann oft nur kurze Zeit im Krankenhaus.
- Das Sterben wird nur von wenigen Betroffenen ausdrücklich realisiert, der Focus wird selten auf den Tod gerichtet.
- Patienten fühlen sich, medizinisch gesehen, in größerer Sicherheit, zugleich aber wegen der (weiter steigenden) Sachorientie-

rung in einer tieferen Schicht eher verunsichert und allein gelassen. (Untersuchungen zeigen, dass die meisten Patienten ‚wissen', dass sie dem Tod nahe sind).
- Zunehmend mehr werden Patienten in ihren letzten Tagen und Wochen aus den Häusern der Maximalversorgung entlassen (Kritiker bezeichnen dies als „präterminale Euthanasie"). Damit entfällt wieder etwas von der möglichen Kontinuität einer Sterbebegleitung. Was bedeutet das alles für die Seelsorge in medizinischen Institutionen, wenn ihre Königsdisziplin die Sterbebegleitung ist?

1.3 Von der Krankheits- zur Sterbeerfahrung

Dass die „langen Tode zunehmen und die kurzen abnehmen" (Schmied 1985, 20), bedeutet, dass viele Patienten trotz einer irreversiblen Krankheit gerade mit dieser Krankheit lange am Leben gehalten werden können (damit ist nicht in erster Linie das Thema „apparativ am Leben halten", oder „Beendigung der Intensiv-Behandlung" gemeint). Deswegen wird ‚das Sterben' als eigener Abschnitt immer seltener direkt wahrgenommen und von den Sterbenden autonom mitgestaltet. (Das ist anders in Einrichtungen der Palliativmedizin und der Hospizversorgung. Dort wissen der Patient und seine Angehörigen in der Regel um seinen Zustand, und er wird ausdrücklich als Sterbender versorgt und begleitet.) Dass die Medizin und der einzelne Arzt nur schwer eine klare Grenze setzen kann, ab der das Sterben seinen Lauf nehmen darf, ist keineswegs das Ergebnis einer ‚bösen Medizin'. Im Gegenteil: *Die Gesellschaft erwartet nach wie vor von ihren medizinischen Einrichtungen, die Grenze des Todes so weit wie möglich hinauszuschieben.* Ziel ist eine Art ‚rechtwinklige Lebenskurve': Der Mensch, der möglichst lange lebt und dann – wenn es dann doch sein muss – schnell stirbt. So erwarten auch viele Patienten und ihre (oft von den Medien mit hohen Erwartungen angereicherten) Angehörigen, dass in der Welt des Machbaren auch dann noch etwas gemacht wird, wenn ‚nichts mehr zu machen' ist. Schwerkranke werden in große Kliniken und Spezialzentren ja oft mit der Botschaft überwiesen, dass dort der Spezialist X sicher noch etwas tun kann. Ärzten wird damit die Erwartung angetragen, ‚Priester' zu sein, die ‚ewiges Leben' vermitteln (Eibach 1994). Sie können dann im Angesicht des Patienten und ihrer Angehörigen kaum noch von solchen Aufträgen zurücktreten. Die Hoffnung, die sie glauben verkünden zu müssen, lautet: „Da lässt sich immer noch etwas machen, so schnell stirbt man heute nicht mehr." Dass eher selten die Krankheitserfahrung in ein Bewusstsein vom Sterben übergeht, hängt also nicht einfach an den Ärzten, sondern auch daran, dass *die meisten Menschen von ihrem eigenen Sterben nichts wissen wollen* und jeden Strohhalm zu ergreifen suchen, den die Medizin ihnen bietet oder zu bieten scheint: „Es gehört sehr wenig (an Signalen) dazu, wieder zu hoffen ...", so drücken Angehörige das gelegentlich aus.

In allgemeinen Krankenhäusern werden Patienten in der letzten Lebensphase durch die Medizin ihres Sterbens weitgehend „enteignet" (Zulehner 1991, 26). Sie sind also zunächst lange Zeit ‚sterbefrei' (z.b. auch durch Palliativ-Operationen), dann verfallen auf einmal die Kräfte rasch und nachhaltig. Dann aber geraten sie schnell unter die Bedingungen einer totalen Medikation, sie sind wenig ansprechbar, oft vor sich hin dämmernd; ihre Ver- und Entsorgung wird von Automaten übernommen. Patienten werden oft unmerklich zum bewusstlosen Objekt von Medizin. Auf Intensivstationen sind viele Sterbende ganz bewusstlos oder liegen im Koma. Trotz aller guten Bemühungen der Medizin ist Sterben – als letzter Teil des langen Weges mit einer schweren Krankheit – auch heute noch oft über viele Tage und Wochen qualvoll – und das liegt immer weniger an extremen körperlichen Schmerzen: „Im Großen und Ganzen ist das Sterben mühsam" (Nuland 1994, 217).

Im Zustand des absehbaren Sterbens werden die physischen und im Gefolge damit die (wahrnehmbaren) psychischen Kräfte rasch verbraucht. Außer bei plötzlichem Tod sterben Menschen heute meist nicht mehr an einer Funktionsstörung oder einem Organausfall – die sind – selbst bei sehr alten Menschen – medizinisch im Prinzip überbrückbar – sondern, wenn viele Funktionen gleichzeitig versagen. Das Sterben ist heute dadurch bedingt, dass das Gesamtgleichgewicht zusammenbricht, dass der Grundvorrat an Lebensfunktionen im Ganzen zerrüttet sein muss. Solange die wichtigste identitätssichernde Stütze, der Leib, noch erhalten, repariert, gestützt, Teile davon ersetzt werden können, solange besteht Hoffnung auf ein Überleben. „Solange noch mit einem Funken Hoffnung auf eine Wende therapiert wird, solange lässt sich aus der Situation heraus *nicht* sagen, dass ein Krankheitsverlauf ein ‚Sterbeverlauf' sei. Sind die Anstrengungen erfolgreich, so war es eine schwierige oder gefährliche Krankheitsepisode. Erst wenn alle Maßnahmen ohne Erfolg bleiben und der Patient stirbt, dann lässt sich mit genügender Sicherheit von einem Sterbevorgang reden." (Wehkamp 1998, 71)

Die medizinischen Bemühungen überlagern also das Sterben der Person: Solange der Leib funktioniert, braucht man ans Sterben nicht zu denken, dann ist auch in der seelsorglichen Begegnung noch keine Sterbebegleitung angesagt. Versagen in der letzten Phase die körperlichen Funktionen immer mehr, dann ist seelsorgliche Sterbebegleitung als bewusster kommunikativer Austausch sehr erschwert. Ausgiebige Gespäche im Angesicht des Todes erscheinen (und sind oft) bei der körperlichen und psychischen Verfassung kaum möglich und zumutbar. Dementsprechend *steht die Königsdisziplin der Seelsorge heute unter anderen Vorzeichen: Sie ist meist ein zerstückelter, in kleine Teilphasen aufgelöster Prozess.*
Ende der 60er Jahre wurde der Versuch gemacht, das Erleben der Sterbenden zu erforschen, um ihnen besser helfen zu können. Auch wenn sich die damaligen Ergebnisse, die beschriebenen Phasen seien objektive, im Menschen verankerte Vorgänge, heute nicht mehr aufrecht erhalten lassen (so z.B. Petzold 1997; Kastenbaum 1996, 10), so hatten diese Beobachtungen einen nicht zu übersehenden Gewinn: Angesichts einer immer banaleren Deutung des Todes durch die Medizin als Ausfall von Körperfunktionen (letztlich als „Ende der Sauerstoffversorgung" (Nuland, 113) wurden die Fachleute und Helfer darauf aufmerksam, dass *es eigentlich der lebendige Mensch ist, der stirbt, dass ‚Sterben' ein Prozess des Subjektes ist* mit einem vielfältigen inneren Ringen und einer Art der Kommunikation, die von Außenstehenden oft nicht verstanden oder geachtet wurde und wird. Die Tatsache, dass es neben der äußeren eine innere Wirklichkeit gibt, heißt allerdings nur, dass Sterbende *selbst* ihre Möglichkeiten der Verarbeitung haben (dazu gehören sicher auch die prägnanten Reaktionsweisen, die E. Kübler-Ross als Phasen beschrieben hat) und dass der Kommunikationsraum dafür offen gehalten und geschützt werden muss. Dann können Sterbende selbst äußern, was sie zur ‚Heilung' ihres Sterbens brauchen.
Unter den Bedingungen der klinischen Medizin lassen sich sowieso immer weniger längere Entwicklungen von Patienten überblicken und begleiten. Es sind eher zufällige Ausschnitte aus einem persönlichen Prozess, denen man begegnet. Damit verlieren ‚Sterbephasen' im klassischen Sinn weitgehend ihre Bedeutung. Das Auf und Ab von Angst und Zuversicht, von Verzweiflung und Hoffnung ist ja noch einmal überlagert von der ganz persönlichen Art, wie ein Mensch gelernt hat, Gedanken und Gefühle in sich selbst und vor anderen zuzulassen oder zu negieren und welche symbolischen Ausdrucksweisen er für sein Empfinden ‚wählt'. So ist es für die Helfer weniger

wichtig, *ob* es bestimmte Phasen wirklich gibt, als vielmehr alle – auch die stummen und stillen – Äußerungen des Patienten zu entziffern und das Erleben darin zu verstehen.

Eher als eine Reihe von klar erkennbaren ‚Phasen' machen lange vor dem Sterben Schwerkranke viele einzelne ‚Durchgänge', bei jedem Krankenhausaufenthalt, bei jedem Behandlungszyklus, bei jeder Chemotherapie, einen Durchgang, an dessen Ende sie ja wieder aufatmen dürfen. Solche Durchgangsfolgen sind kaum als ‚geschlossener' Sterbezyklus mit aufeinander folgenden Phasen ansprechbar. Sterben ist – soweit es in Kliniken und Altenheimen ansichtig wird – ein zerdehnter und über viele äußere und innere Stadien verteilter Prozess, sodass ein Weg des Sterbenden bis zur ‚Annahme des Todes' nur bei wenigen Menschen zu beobachten ist.

1.4 Mit der Struktur verändert sich die Deutung

Die sogenannten Sterbephasen boten sich einmal dafür an, endlich den geheimnisvollen Vorgang Sterben ‚verstehen' zu können und eine Leitvorstellung im Umgang mit den Patienten zu haben. Sie sind deshalb auch immer noch ein wichtiger Teil in der Schulung und Weiterbildung des medizinischen Personals. Nach wie vor besteht auch die Versuchung, objektive „Sterbephasen" als Teil der Wirklichkeit zu sehen, wohl um nicht völlig ohnmächtig dem Sterben und dem Tod gegenüber zu sein. Aber selbst diese *Hilfe gegen die Ohnmacht hinter der Macht der Medizin* wird von der Klinikwirklichkeit und ihrer Kommunikationsstruktur unterlaufen.

Alle, die beruflich Sterbenden begegnen, können die Phasenlehre bestenfalls als heimlichen Leitfaden ihrer Beobachtungen benutzen. Nach außen hin, also dem Patienten gegenüber, darf die Struktur des medizinischen Handelns nicht unterlaufen werden. Die Schwester, die die nächste Infusion anhängt, der Arzt, der den nächsten Eingriff vorbereitet, muss das Signal aussenden: „Das hilft gegen den Tod. Deswegen machen wir das ja gerade, weil wir das Äußerste damit verhindern können." Nach wie vor erschrecken Arzt und Schwester, wenn ein Patient sagt: „Ist es schon so weit?" Auch hier tut sich eine Schere auf: Das medizinische Personal (wenigstens die Pflegekräfte) hat ein fast ungebrochenes Interesse an Fortbildung über Fragen um Sterben und Tod. Dennoch scheint – zumindest im Normalbetrieb in Krankenhaus, Klinik und Altenheim – die Kommunikationsnot angesichts des Sterbens nicht behoben (und – strukturell gesprochen –

nicht behebbar) zu sein. Dasselbe muss man sicher von der Beziehung zwischen Patient und Angehörigen sagen: Trotz vielfältiger Aufklärung in Medien und Öffentlichkeit sind Sterben und Tod *in der Nahbeziehung* kaum leichter, sondern eher schwerer thematisierbar geworden.

Dies alles zeigt, dass eine über lange Zeit entwickelte und *jetzt zerfallende Nahkultur für das Sterben*, also eine Erlebens-, Beziehungs- und Deutekultur durch das Repertoire der Medizin und ihres Krankenhauses allein nicht ersetzbar ist, sondern sich – trotz einer Hospizbewegung – eher noch weiter auflöst.

Die in der Tendenz letztlich von allen gewollte Dominanz der Medizin hat also nicht nur einen äußeren Einfluss darauf, wie eine Gesellschaft und ihre Kranken mit dem Sterben umgehen, sondern auch einen erheblichen Einfluss auf die Deutekultur:

- Zwar sind immer mehr Spezialisten für schwer kranke Patienten zuständig, aber immer weniger ist jemand von ihnen für das Sterben ‚zuständig', das ist letztlich *Privatsache des betroffenen Patienten*.
- Die Deutung, die die Medizin dem Sterben gibt, nämlich als im Prinzip vermeidbares Versagen von Funktionen, lässt den von einer schweren Erkrankung gezeichneten Menschen zunehmend mit seinen tieferen Fragen allein: „Was hat das alles für mein Leben zu bedeuten?" Das Behandlungswissen nimmt zu – *das Lebenswissen und damit Sterbewissen verkümmert* dagegen immer mehr.
- Während das Sterben selbst völlig kontrollierbar zu sein scheint – wird im Gegenzug dazu ‚der Tod' umso mehr ein Geheimnis, das sich um so *weiter entzieht*, je mehr der Tod verhinderbar scheint. Die Vorstellung von Funktion und Machbarkeit wird immer mehr zum einzigen Medium, mit dem Tod umzugehen; *ein Transzendenzbezug erscheint eher überflüssig*.
- Sterben und Tod brauchen im konkreten Fall nicht als solche benannt zu werden, weil es ja fast *unendlich viele Zwischenziele* und ein großes Repertoire scheinbarer und effektiver Umgehungsmöglichkeiten gibt. Da die Grenze zwischen Leben und Tod zunehmend verwischt wird, tritt der Tod als elementares Geschehen nur noch selten ins Erleben. Das Sterben als persönlicher Prozess muss daher nicht ausdrücklich Teil der Beziehung zwischen Patient und Helfer werden.

1.5 Am plausibelsten ist die Begleitungsdimension

Zunehmend mehr Pflegekräfte und Ärzte begreifen, wie wichtig die menschliche Nähe und Empathie nicht nur der Angehörigen, sondern auch der Fachleute für Menschen während der vielen Stadien einer zum Tod führenden Krankheit sind. Viele Bemühungen gehen in diese Richtung. Zwar ist auch das Begleitungsdefizit ein strukturelles Problem, weil ‚menschliche Nähe' in der fachlichen Rolle nicht mitdefiniert ist. Aber im Gegensatz zu den plausiblen Behandlungszwängen der Medizin scheinen *in der menschlichen Begegnung noch am meisten informelle Freiräume möglich* zu sein. Der Arzt, die Pflegeperson, die „einen Augenblick Zeit haben", die gut zuhören, die nicht nur auf das Datenblatt, sondern dem Patienten in die Augen sehen, die neben Fachwissen auch emotionale Wärme mitbringen – das gehört zumindest wieder zum Berufsbild der Therapierenden. Erst recht gilt das für alle, die sich im Hospiz- und im Palliativbereich engagieren. Dort herrscht allerdings eine andere Gesetzmäßigkeit. Die dort Tätigen orientieren sich von vornherein an der Tatsache, dass Sterben angesagt ist – und sie haben es nicht so schwer, das Wissen darüber untereinander und mit den Patienten und ihren Angehörigen zu teilen. Deshalb steht dort auch weniger eine Medizin im Vordergrund, die das Sterben zu umgehen beabsichtigt, sondern mehr das Gesamtbefinden des Patienten; also nicht nur seine körperlichen, sondern auch seine emotionalen und spirituellen Bedürfnisse.

Zuständig für die Begleitung sind naturgemäß in erster Linie die Angehörigen des familiären ‚Intersubjekts'. Sie bilden den ‚sozialen Leib' des Sterbenden; sie können von dessen Ich-Funktionen das ergänzen, was er selbst nicht leisten kann. Dieser soziale Leib ist vom Sterben eines Mitgliedes aber selbst bedroht. Er bedarf seinerseits der Hilfe der Professionellen – nicht zuletzt der Seelsorge. Auch die Hilfe, die der persönlichen Umgebung des Patienten zukommt, kommt ihm letztlich selbst zu.

2. Eine Spiritualität der Sterbebegleitung ist nicht unabhängig von der Medizin, die sich eine Gesellschaft gibt

Die obigen Zusammenhänge zwischen dem Paradigma Medizin und dem Sterbewissen der Betroffenen habe ich deswegen so ausführlich betrachtet, weil das die Folie ist, auf der sich Seelsorge in Klinik und vergleichbaren Einrichtungen vollzieht. *Das seelsorgliche Ideal der Sterbebegleitung ist nicht unabhängig von der Struktur, in die die Medizin gegossen wurde*, und damit nicht unabhängig von den Bedingungen, unter denen Menschen heute sterben.

2.1 Bedingungen von außen – Möglichkeiten von innen

Wenn infolge heutiger medizinischer Möglichkeiten und heutiger Organisation von Medizin ‚das Sterben' kaum auf den Punkt gebracht wird, von den Behandelnden nicht und – das bedingt sich gegenseitig – von den Kranken nicht, dann ist davon auch jede spirituelle und jede theologische Betrachtung von Sterben und Tod betroffen. Die christliche Theologie geht davon aus, dass „im Todeskampf ein letztes Durchreifen der Persönlichkeit stattfindet" (Zulehner 1991, 53), dass das Sterben als entscheidende Tat des Lebens zu vollbringen ist, der Mensch eine letzte und endgültige Hingabe zu vollziehen hat. Auf Grund solcher Theologie entsteht (und entstand schon immer) ein *Idealbild vom richtigen Sterben*, das die Sterbenden selbst in ihrem persönlichen Vollzug eigentlich zu übernehmen hätten.

Nun will eine Theologie des Todes sicher keine konkrete Vor-Schrift für den gerade im Sterben Befindlichen sein. Sie will eher eine Über-Schrift über das Sterben des Menschen überhaupt setzen, die dem Sterben einen Platz und eine Sinndeutung im ganzen Leben und nicht nur dessen letztem Abschnitt einen Sinn zuweist. Eine solche Theologie kann für alle Beteiligten einen Sinn-Raum eröffnen, in dem die Umstehenden, die Helfer, die Angehörigen dem Sterbenden seinen Raum lassen für das, was sich in seinem Inneren als seine entscheidende Hingabe vollzieht. Aber mit solchen theologischen Gedanken ist doch allzu sehr die Gefahr verbunden, dass die von außen herangetragenen Bilder und Vorstellungen auch auf den konkreten Menschen und seinen konkreten Weg übertragen werden. Solche

Sterbe-Theologie korrespondiert denn auch schnell mit anderen Erwartungen:
- denen von Seelsorge, ein ‚gutes Hinübergehen' zu ermöglichen;
- denen der medizinischen Helfer, dass Patienten von sich aus die Sterbephasen bis zur Annahme des Todes durchlaufen, der Sterbeprozess damit überschau- und nachvollziehbar und ein für alle belastender Sterbe- und Todeskampf vielleicht vermeidbar wäre;
- denen der Angehörigen, die das Bild vom guten Sterben und Tod trösten würde;
- denen der profesionellen Helfer, die von sich erwarten, immer und bis zum Ende dabei sein zu müssen und die das Ideal immer währender Nähe doch nicht durchhalten können.

Sieht man als ‚Sterben' die wirklich letzten, auf das unwiderrufliche Lebensende hinauslaufenden Wochen und Tage eines Menschen an, dann gehen solche Erwartungen und Idealbilder vielfach an der Realität heutigen Sterbens vorbei. Zwar können Helfer – auch Krankenseelsorger – immer wieder von Paradebeispielen als ihren „schönsten Sterbefällen" erzählen, aber das sind eher Ausnahmen. Wenn der Mensch das Sterben kaum noch als seinen letzten Akt erlebt und auf sich zukommen sieht und kaum noch voll bewusster Mitspieler in diesem Teil des Dramas ist, dann sieht sich die Seelsorge vor die entscheidende Frage gestellt: Was kann und muss sie dann leisten, wenn dies inzwischen die Normalfälle im Krankenhaus sind? *Wie kann sie Menschen auf das Sterben vorbereiten, wenn der Normalfall ist, dass die Wahrheit des Sterbens nur ganz verzögert, wenn überhaupt,* und nur in einzelnen Momenten *ins Bewusstsein tritt* und in ihrer vollen Bedeutung miteinander geteilt werden kann? Und wenn es ihr versagt bleibt, dass alle – auch der Patient und seine Angehörigen – offen mit der tödlichen Wahrheit leben? Auch Seelsorger (und z.B. Hospizhelfer) müssen damit leben, entgegen ihren Idealvorstellungen, dass auch *die Verdrängung der tödlichen Wahrheit* „eine Gnade und evolutionsbiologisch ein erfolgreiches palliatives Mittel" ist (Petzold 1997). Wie gestaltet sich seelsorgliche Sterbebegleitung angesichts der Tatsache, dass heutige Medizin diese Gnade mehr und mehr ermöglicht? Es hat ja auch etwas von Gnade, dass die moderne Medizin durch ihre spezialisierten und die Krankheit in Teilaspekte zerlegenden Verfahren die unmittelbare Härte des Todes abmildern und damit erträglicher gestalten kann. Wer Schwerkranken öfter begegnet, oder wer als Angehöriger mitbetroffen ist, wird kaum auf den Gedanken kommen, einem Patienten die heute entscheidend Leid abweh-

renden und verringernden Möglichkeiten der Medizin vorzuenthalten.
Es gilt also nicht nur die eine Beobachtung: Immer weniger Menschen ist es vergönnt, bewusst zu sterben. Es gilt auch die andere: Immer mehr Menschen verzichten auf ein bewusstes, „abschiedliches" Sterben (Wehkamp 1998, 72). Angesichts des Sterbens nehmen sie eher einen Verlust an elementarer Lebenserfahrung und an Beziehungsreichtum in Kauf, als auf Möglichkeiten der Medizin zu verzichten, die nun einmal mehr Sicherheit und Greifbarkeit verheißen als ein ‚offener' Sterbeprozess.

2.2 Viele Teilwahrheiten ergeben noch keine existenzielle Wahrheit

Dass die ‚Wahrheit am Krankenbett' überhaupt ein Thema ist, ist nicht etwa auf ein Versagen heutiger Medizin, geschweige denn auf ein persönliches Versagen einzelner Personen, sondern gerade *auf die Erfolge der Medizin zurückzuführen*. Was für die christliche Theologie und für die Philosophie immer eine Art Binsenweisheit war, die sichere Wahrheit „dass du sterben musst", ist im Gefolge der modernen Medizin immer abstrakter geworden. In der gesamten Menschheitsgeschichte bisher musste diese allgemeine Erfahrung jeder Mensch irgendwann einmal unausweichlich auf sich selbst beziehen, nämlich dann, wenn untrügliche, sinnlich erfahrbare Zeichen für das Sterben an ihn herantraten. In der Regel merkte der Mensch selbst, „wann es so weit war".
Dass heute andere, die Spezialisten, ‚die Wahrheit' kennen und sie den Patienten mitteilen oder vorenthalten können, ist ein Novum in der Geschichte. Mediziner können heute mit hochdifferenzierten Methoden bereits die Anfänge einer tödlichen Krankheit und tödlicher Risiken aufdecken, lange bevor der Patient selbst dies als tödliche Wahrheit realisiert. Oft fühlen sich Patienten noch völlig gesund, wenn ein Magenkarzinom oder eine Herzkranzverengung festgestellt werden, sie können die ungünstige Prognose auf der ‚Fühl'-Ebene kaum nachvollziehen. Ärzte sagen, dass viele Patienten die Wahrheit auch gar nicht wissen wollen oder nicht realisieren – sicher auch weil sie die Anzeichen nicht kennen (oder noch nicht spüren), die der Arzt bereits kennt und einordnen kann. In den meisten Fällen müssen daher Ärzte warten, bis der Krankheitsprozess fortgeschritten ist, bis der Patient seine Schwäche und Beeinträchtigung

selbst spürt und neue Fragen stellt, bis also Wissen und Fühlen bei Patienten wieder zusammenfinden. Dann wird die Frage nach der Ernsthaftigkeit der Krankheit und den Chancen einer Behandlung neu ausgelöst (aber dann ist sicher wieder ein anderer Arzt oder eine andere Abteilung zuständig, die ihrerseits einen neuen Prozess beginnen müssten – wenn denn ein kontinuierlicher Weg möglich ist, den sie begleiten können). Auch in einem neuen Stadium fallen Wissen und Fühlen beim Patienten immer wieder weit auseinander, wenn die Medizin weitere Kunstgriffe anbietet und somit von der Erlebensebene weg auf die ‚Denk‘- und ‚Tu‘-Ebene geht und der Patient ihr bereitwillig dorthin folgt.

Ab wann also soll der Patient das (für ihn abstrakte) Wissen als seine tödliche Wahrheit realisieren? Wenn die Medizin Wahrheit in viele – behandelbare – Teilwahrheiten zerlegen kann, welche davon soll die entscheidende sein? Ab wann soll der Arzt – und sollen andere Helfer – die Rolle des Kämpfers gegen den Tod aufgeben und zum Annahme-Helfer einer dann letzten Wahrheit werden?

2.3 Das volle Gewicht liegt beim Einzelnen

Vom einzelnen Arzt wird heute etwas verlangt, was niemand sonst in der Gesellschaft in solcher Unmittelbarkeit zu leisten hat: Eine tödliche Gefährdung im Angesicht des Betroffenen auszusprechen, oder das Tödliche daran unmerklich zu umgehen. Damit ist der einzelne Arzt (z.B. in einer onkologischen Ambulanz) in eine Situation gestellt, deren ungeheure Spannung er nicht selbst und auch nicht ohne weiteres sein Berufsstand zu verantworten hat: Er soll dem Patienten *Informationen vermitteln* – nach allen Regeln medizinischer Richtigkeit und Objektivität – und zugleich die *Wirkung dieser Mitteilung beim Patienten auffangen* und diesem helfen, die existenzielle Bedeutung dieser Mitteilung zu erfassen und *den Tiefpunkt mit ihm aushalten*. Die gesellschaftliche Entwicklung hat dazu geführt, dass der medizinische Beruf zum ‚Weg-Macher-Beruf‘ wurde. Damit muss der ärztliche Beruf mit einer Aufspaltung zurechtkommen, für die in der Gesellschaft niemand sonst die Verantwortung übernimmt. Im Gegenteil, die schizoide gesellschaftliche Haltung einer nicht verarbeiteten Spaltung führt dazu, dass das medizinische (weg-) Machen honoriert, der Arzt mit dem Nichtmachbaren aber allein gelassen wird. Nicht nur für den Patienten, sondern auch für den ärztlichen und pflegerischen Berufsstand sind damit wesentliche, von einer früheren Kultur noch getragene existenzielle und kulturelle Plausibilitäten weggefallen, die spezialisierte Berufe kaum von sich aus ergänzen oder neu erzeugen können.

Klinikärzte sagen, dass sie in ihrer Rolle ganz auf sich selbst angewiesen sind und weder in ihrer Berufskultur tragende Leitbilder haben, noch von einer gesellschaftlichen Verarbeitungskultur getragen werden, wenn sie sich in ihrem doppelten Auftrag dem Patienten gegenüber vorfinden (so eine Ärztin aus der Strahlenklinik).

Mit dieser Entwicklung verbindet sich eine ‚metaphysische' Dimension: Die Medizin selbst bietet zwar – im Rahmen ihrer Objektivierungsstruktur – Mittel an, die das Sterben hinausschieben können. Damit weckt sie die Hoffnung, den Tod immer wieder – und damit im Prinzip unendlich oft – überwinden zu können. Zunehmend wird dadurch die religiöse und transzendente Dimension von Hoffnung durch immanente Erwartungen an die Medizin abgelöst. In dem Maß, in dem die Menschen dieser Zeit ihr Ur-Bedürfnis nach einer unendlichen Hoffnung nicht mehr mit der religiösen Kultur und deren Lebens- und Todesdeutung verbinden, sondern mit den Segnungen und Todes-Überwindungs-Versprechen der Medizin, werden die Gesundheitsberufe gänzlich überfordert.

Man macht es sich zu leicht, wenn man – wie es ständig geschieht, auch von seiten der Theologie und der kirchlichen Seelsorge – pauschal von einer Verdrängung des Sterbens und des Todes redet. Vielleicht ist im beruflichen Kontext noch nie aus solcher Betroffenheit heraus und noch nie mit solchem Interesse das Sterben thematisiert und bedacht worden – und das sicher, weil viele Professionelle den Zwiespalt zwischen dem Druck der Machbarkeit und der Konfrontation mit der realen Endlichkeit des Lebens kaum aushalten. Man darf also nicht einzelnen Personen und Berufsgruppen, aber auch nicht einzelnen Patienten und ihren Angehörigen anlasten, was sich auf Grund vieler Zugriffsmöglichkeiten auf Krankheit und Sterben und auf Grund einer Machbarkeitskultur generell gewandelt hat.

So geht es in diesem Beitrag nicht darum, die veränderte Sterbekultur einfach der Medizin und ihren Kliniken anzulasten, sondern nüchtern wahrzunehmen, worauf sich Seelsorge im Krankenhaus einzustellen hat. Sie darf nicht von Idealvorstellungen ausgehen, sondern muss die Realität von Medizin und deren Organisation beachten. Zudem muss sie sich über ihre Erwartungen an Ärzte und Pflegende im Klaren sein. Wenn Seelsorge dabei von überhöhten und überholten Vorstellungen ausgeht, wird sie weder den medizinischen Berufen noch den Patienten und ihren Angehörigen angemessen begegnen und mit ihnen Wege der Sterbebegleitung gehen können.

Letztlich muss auch die Seelsorge angesichts des Sterbens immer mehr ohne eine voraussetzbare Deutekultur auskommen. Sie muss daher die uralte Weisheit „dass du einmal sterben musst", heute in einer total veränderten (Sterbe-) Landschaft in der konkreten Begegnung am Krankenbett (ob in Klinik, Altenheim oder beim Hausbesuch) neu buchstabieren lernen. Es ist entscheidend, in welcher Haltung sie das tut, wie sie auf die nie da gewesenen Fakten und Entwicklungen eingeht, ohne ständig über eine Todesverdrängung zu klagen.

3. Seelsorge und die drei Axiome des Sterbebeistandes

3.1 Welche Hilfen braucht es beim Sterben?

„Wir brauchen einen Seelsorger, der unsere Patienten auf das Sterben vorbereitet", sagt ein Arzt in der Strahlentherapie. Das ist das Dilemma der spezialisierten Medizin: Keiner bindet den Sack all der Teilwahrheiten zu (es kommt immer wieder vor, dass Patienten beiläufig, etwa beim Röntgen, von ihrer Diagnose erfahren). Ist das nicht die klassische Rolle der Seelsorge: Menschen mit der tiefsten Wahrheit ihres Lebens zu konfrontieren? Was aber heißt in diesem Zusammenhang ‚Wahrheit'? Die Fragen sind noch schärfer zu stellen: Braucht es überhaupt den Beitrag der Seelsorge zur Sterbebegleitung? *Ist Sterben nicht ein menschheitlich grundgelegter Vorgang, für den es weder Spezialisten noch besondere Helfer braucht* – außer der zunächst abwehrenden, am Ende lindernden Hilfe der Medizin? Sterben – früher konnten das Menschen doch auch!

Es gibt einen wesentlichen Sprung im Paradigma ‚Hilfe beim Sterben'. Im Zuge der Machbarkeit der Medizin wurde der *Kampf gegen* den Tod von der *Auseinandersetzung mit* dem Tod abgespalten. Mit der Innenseite des Sterbens ist der Patient wesentlich mehr als früher auf seine eigene Person verwiesen. Auf dem Grat zwischen Hoffnung und Vergeblichkeit, zwischen Kampf und Niederlage geht der moderne Mensch ziemlich alleine.

Dieser von der modernen Medizin verursachte Befund korrespondiert mit einer gesellschaftlichen Veränderung: *Wesentliche Stützfunktionen*, die bis über die Mitte des zwanzigsten Jahrhunderts hinaus Sterbenden zur Verfügung standen, sind immer schwieriger zu gestalten bzw. haben ihre Tragekraft verloren – auch durch die zunehmende Psychologisierung, die die Deutekultur wesentlich beeinflusst. Sterben müssen Menschen heute wie früher: Das ist bei aller Verschiedenheit der Menschen die uns allen gemeinsame Wahrheit. Sie war schon immer eine harte, existenziell treffende Realität. Bei aller Hilfe, zu der die Medizin fähig ist: Sie kann dem Menschen das Sterben nicht ersparen. Auch heute brauchen Menschen Hilfen, um das Letzte des Lebens vollziehen zu können. Im Laufe der Menschheitsgeschichte wurden angesichts der Not von Sterben und Tod gemeinschaftliche Hilfen entwickelt, die man als *elementaren Sterbebeistand* bezeichnen darf.

Die drei elementaren ‚Sterbehilfen', die für vom Tod bedrohte Menschen (über die Medizin hinaus) immer vorgesehen waren, sind:
- Die mitmenschliche Nähe und Begleitung
- Die Hilfe durch eine symbolisierende Lebens- und Sterbedeutung
- Eine spirituelle Begleitung, die sich religiös und rituell ausdrückt.

Zu diesen grundlegenden Stützfunktionen kam die Medizin einmal nur als Ergänzung dazu; sie hat – bei allen Erfolgen – das Sterben nicht aus dem Leben eliminiert, sondern nur den Prozess bis zum Tod verändert. Inzwischen sind die ursprünglichen Stützfunktionen aber aus dem Feld gedrängt worden, und es wird der Anschein erweckt, dass sie nicht mehr gebraucht werden. Nach wie vor jedoch gibt es das Sterben als unumstößliche Wahrheit und harte Realität, die der Mensch ‚am Ende' doch bestehen muss.

Wenn dieses ‚natürliche' Stützsystem heute vielfach nicht mehr greift, dann kann Seelsorge dieses Defizit einer Gesamtstruktur nicht einfach ausgleichen und das Fehlende ersetzen. Auch der Versuch, gegen ein eingespieltes System der Gesellschaft und ihrer Medizin anzutreten, würde die Seelsorge in den großen Institutionen total überfordern. Seelsorge kann nicht alles, was mit dem Sterben zusammenhängt, auf sich nehmen. Die Aufgabe einer Sterbebegleitung in großen Einrichtungen ist für die Seelsorge vielmehr da, wo die Stützsysteme beim einzelnen Patienten nicht mehr greifen, den im Prinzip uralten Sterbebeistand anzubieten.

Sterben ist, wenn es seine ‚natürlichen' Hilfen erhält, kein therapiebedürftiger Vorgang. Insofern braucht es keine Spezialisten in Sterbebegleitung. Seelsorge hat nicht die Aufgabe, auf einen ‚guten Tod' vorzubereiten, sondern mitzuhelfen, dass Patienten ihr Sterben wahrnehmen und gestalten können. Dafür hat Seelsorge nun allerdings wieder ein qualifiziertes und der vollen Bedeutung von Leben und Tod angemessenes Repertoire.

Im Folgenden werden die drei grundlegenden Axiome des Sterbebeistandes formuliert, für deren Verwirklichung und Ausgestaltung Seelsorge eine besondere Verantwortung einerseits und einen ureigenen Schatz an Konzepten und Hilfsmöglichkeiten andererseits hat. Diese drei Axiome entsprechen dem seelsorglichen Drei-Pass, wie er in dem Buch „Mehr als Begleiten" (Weiher 1999) entwickelt und für die Seelsorge-Praxis aufgeschlossen wurde.

3.2 Das erste Axiom des Sterbebeistandes

> Die *Begleitungsdimension* gehört zu den natürlichen Stützfunktionen, die von der Menschheitsgemeinschaft für die Bewältigung von Sterben und Tod vorgesehen sind.

Zu Haltung und Methode der Begleitung gibt es schon lange ein reiches Feld von Überlegungen, Fallanalysen und Fortbildungsmöglichkeiten. Dies gilt es hier nicht zu wiederholen. Die folgenden Bemerkungen zur Begleitungsaufgabe wollen nur die heutige Kliniksituation besonders herausstellen, die Möglichkeiten der Seelsorge angesichts heutiger Medizin umreißen und sie daraufhin zuspitzen.
Begleitung durch mitmenschliche Nähe ist kein Luxus, den man auch weglassen könnte. – Diese Einsicht wird ideell von den meisten Menschen dieser Gesellschaft geteilt: Kein Mensch soll einsam sterben. Diese ‚Sterbehilfe' greift allerdings in der modernen Lebensgestaltung nicht mehr ohne weiteres. Die Ursachen, die für diesen Widerspruch zwischen Einsicht und Verwirklichung verantwortlich sind, sind oft genug beschrieben worden. Viele dieser Ursachen gehen nicht einfach zulasten des einzelnen Angehörigen, Arztes, Pflegenden. Gelockerte und aufgetrennte Beziehungsnetze lassen sich im Krisenfall nicht kurzfristig zurückknüpfen. Deswegen sind Angehörige heute darauf angewiesen, vieles von dem, was als überlieferter Menschheitswert gilt, die Begleitung beim Sterben, an Institutionen, an Gesundheitseinrichtungen zu delegieren. Es gibt viele Stationen und Situationen in Klinik und Altenheim, in denen die Delegierten ihr Bestes tun. Das Badezimmer oder den Abstellraum, in die Sterbende ‚abgeschoben' werden, gibt es nicht mehr. – Aber auch die kommunikative Begleitung Sterbender wurde in den letzten Jahren erheblich verbessert: In vielen Fortbildungen suchen vor allem Pflegende, aber auch Ärzte eine höhere Kompetenz, um neben den medizinischen Diensten auch den Dienst des Verstehens und der Beziehung anbieten zu können. Es hat sich längst erwiesen, dass auch Beziehung zur Therapie des Sterbens gehört und eine heilende Wirkung hat.
Die Beziehungsdimension ist für die Seelsorge ein ureigenes und grundlegendes Medium ihrer Tätigkeit. Deshalb haben auch die Seelsorger es nötig, ihre Kompetenz ständig zu überprüfen und zu vertiefen: Die Nächstenliebe ist nicht unabhängig davon, *wie Helfer miteinander und vor allem mit ihrem eigenen Inneren umgehen*. Während die klinische Medizin sich im Prinzip auf die Mitteilung von

Fakten beschränken kann, muss Seelsorge immer davon ausgehen, dass ihr theologischer und spiritueller Hintergrund – so gut reflektiert und formuliert er sein mag – nur durch Beziehung ‚von Seele zu Seele' vermittelt und nur so auch wirksam wird.
Seelsorger müssen sich auch der Tatsache bewusst sein, dass sie für die anderen Helfer und die Angehörigen oft ‚Modell' sind: Die Anderen hören und spüren sehr wohl, wie der Seelsorger sich in der Zone des Nichtmachbaren ausdrückt, also an der Grenze aller denkbaren und machbaren Möglichkeiten, beim Sterben. Gerade für Angehörige und Besucher hat die Seelsorge oft die Funktion der Vermittlung: Sie kann helfen, in der Hilflosigkeit oder bei festgefahrenen Kommunikationsmustern Worte und Gesten zu finden, die Beziehung zum Sterbenden ermöglichen. Seelsorge kann in erheblichem Maß dazu beitragen, dass – bei immer weiter auseinander fallender öffentlicher Sterbekultur – Mikro- und Kleinkulturen an ‚diesem' Sterbebett, in ‚dieser' Intensivbox, auf ‚dieser' Station entstehen und gelebt werden. So brauchen z.B. Angehörige immer wieder Begleitung und Bestärkung bei der Frage „was das für einen Sinn hat, dass ich jeden Tag hierher komme, er kriegt es ja doch nicht mit", oder wenn der Patient ‚so anders' oder verwirrt ist oder unaufhörlich stöhnt oder sich entblößt. Es ist auch Beistand und *Trost für den Patienten*, der nicht kommunizieren kann, wenn Seelsorge *die Angehörigen* dabei unterstützt, ihm nahe zu sein. Seelsorge kann auch das ‚Intersubjekt' heilsam berühren, das ‚Patienten-System', zu dem der Patient selbst nur eine geringe aktive Energie beisteuern kann.
Der Seelsorger in der Großklinik kann in vielen Fällen kein kontinuierlicher Begleiter Sterbender sein und sozusagen einen ‚Längsschnitt' von Begleitung gewährleisten. Dafür sind Krankheits-, Behandlungs- und Sterbeverläufe oft zu sehr zergliedert und auf Abschnitte verteilt. Deswegen kommt es darauf an, dass *Seelsorge im ‚Querschnitt'* mit Leib und Seele da ist, also im Augenblick, die der Sterbende und seine Angehörigen jetzt und hier öffnen. Die ‚Einstiege' für die Seelsorge sind oft ganz alltäglich, wirken banal, machen sich z.B. nur am Körperlichen fest – und haben doch Bedeutung als Wegstationen, an denen Menschen sich gerade befinden. So ist seelsorgliche Begleitung oft nur Begegnung und Bestärkung an ‚dieser' Station der Reise, Hilfe an ‚dieser' Schwelle, auf ‚dieser' langen Geraden, bei „der zehnten Runde", die ein junger Krebskranker (ein Motorsport-Fan) gerade „dreht" oder an der Stelle, an der jemand „nicht mehr will" oder einen Koller hat oder ihm so schwere Gedanken durch den Kopf gehen oder wo nur noch „der da oben weiß, wie

es weiter geht ...", oder wo „ich nicht weiß, ob ich es diesmal schaffe", oder „wenn ich das gewusst hätte ...".
Nicht nur die Langzeitbegleitung, auch die Querschnittsbegleitung hat ihre Chance: Wir sind mit unserer Zeit, unserer Nähe, unseren Zeichen, unserem Verstehen „... so etwas wie sakramentale Bezeugungen der Nähe und Liebe Gottes" (Marti 1987, 48), die wie eine ‚Tankfüllung' im Auto Energie für ein weiteres Wegstück geben. Diese Bedeutung hat Seelsorge nicht im Monopol. Im Gegenteil: Sie ist nur eine Stimme im Konzert der vielen Begleiter. Vielleicht vermag sie immer wieder die vielen Stimmen zu einer Begleitmelodie zu ordnen, dann sagen Patienten „Danke" oder haben Tränen in den Augen, obwohl der Seelsorger nur mit- und nachgegangen ist und angehalten hat – aber vielleicht wurde gerade dadurch der Augenblick gefüllt und vertieft zum bedeutsamen Augenblick.

3.3 Das zweite Axiom des Sterbebeistandes

Die Begleitungsaufgabe hat Seelsorge mit den anderen Professionen gemeinsam. Sie ist eine wesentliche Grundlage von Seelsorge, aber nicht ihr Spezifikum. Sie muss sich vielmehr der Frage stellen: *Wohin geht die gefahrvolle Reise der schweren Krankheit und des Sterbens?* Die Stressforschung sagt: Stress ist eher erträglich, wenn es absehbare Etappen und ein Ziel gibt. Die Angebote der Medizin ermöglichen vielfach solche entscheidend stressmindernden Schritte, auch wenn dabei manche Maßnahme keinen medizinisch-therapeutischen, sondern nur den Sinn hat, den Stress der Therapierenden und der Umstehenden zu verringern. Aber trotz der vielen Zwischenschritte und der zergliederbaren Verläufe heutiger Krankheitserfahrung suchen Menschen nach einem Überblick, nicht nur nach dem Augenblick. „Ein Leben ohne eine Annahme über die Wirklichkeit, ohne einen Sinn, ist unerträglich" (Watzlawick 1995, 63). Ich möchte daher ein zweites Axiom für die Sterbebegleitung formulieren:

> Die *Deute-Dimension* gehört zu den elementaren Stützfunktionen, die anthropologisch grundgelegt sind und von der Menschheitsgemeinschaft für die Aufgabe des Sterbens zur Verfügung gestellt werden.

3.3.1. Die Notwendigkeit einer Deute-Kultur
Bis weit ins 20. Jahrhundert hinein gab es eine – wenigstens implizite – Deute-Kultur für Sterben und Tod. Als eine viele Menschen ver-

bindende Kultur ist sie weiter im Zerfall begriffen. Lebens- und Todesbilder sind heute nicht mehr Allgemeingut und insofern nicht mehr plausibel und tragend. Die moderne Gesellschaft wird zunehmend geheimnis-unerfahren. Die direkt machbaren Wirkungen der naturwissenschaftlichen Medizin scheinen jedes Rätsel lösbar und jedes Geheimnis überflüssig zu machen. *Ohne eine Weisheit um das Geheimnis des Lebens ist der Tod sinnlos.* Obwohl der endgültige Zerfall des Lebens ein menschliches, soziales Ereignis ist, muss jeder Mensch heutzutage zu der Erfahrung des Sterbens hinzu eine psychisch-spirituelle Sonderleistung erbringen: nämlich sich eine eigene Deutung erarbeiten. Was früher als Gemeinschaftsgut mitgegeben wurde (bei aller Schwachheit und Fehlerhaftigkeit von frommen Vermittlern und Rezipienten), das muss heute als Aufgabe eigens geleistet werden. Das zu betonen ist umso wichtiger, als gerade beim Sterben der Wertebereich und das Deutungssystem des Menschen – auch beim Zerfall vieler anderer Anteile des Ich-Systems – bis zuletzt erhalten und ‚ernährungsbedürftig' bleibt. Während andere identitätsbildende Momente der Person, z.B. das Leib-Erleben, im Sterbeprozess immer mehr entgleiten, bleibt noch am längsten das Wert-Erleben wegen seines „übergeordneten Charakters" (Petzold 1984, 441) erhalten. Werte sind mit dem Ich-System von Anfang an mitverwachsen, sie sind Mitkonstituenten des innersten Selbst; sie wurden in der Werte-Gemeinschaft erworben und werden von ihr mitgetragen. Auch religiöse Werte und Bilder gehören zum Mutterboden der Werte-Dimension. Hilfen für Sterbende können also an dieser bis zuletzt erhaltenen Resonanzfähigkeit ansetzen. So ist oft spiritueller Beistand ein unersetzliches ‚Medium bis zuletzt'.

Vielleicht ist folgendes Bild hilfreich: Wenn man den Menschen mit seinen Ich-Funktionen mit einem Baum vergleicht, dann könnte
- der ‚Stamm' das Leib-Selbst sein, der körperlich sichtbare Aspekt der Person mit ihren psychisch wahrnehmbaren Reaktionen und sinnlichen Äußerungen;
- der ‚Wurzelbereich' von den materialen Sicherheiten und Verwurzelungen in Haus, Heimat, Natur und Kosmos, aber auch durch die bisherige Art der Selbstverwirklichung in Arbeit, Beruf und Hobby gebildet werden;
- die ‚Krone' der Bereich der sozialen Werte und letztlich immateriellen Beziehungen (Liebe) sein, einschließlich der Werte und der Spiritualität des höheren Selbst.

Im Verlauf des Sterbens empfinden sich Menschen oft wie mit ausgerissenen Wurzeln, in der materiellen Welt immer weniger verankert;

der ‚Stamm' wird zunehmend angegriffen und schwächer und sie sind darauf angewiesen, dass die ‚Krone' so lange wir möglich gestützt wird und das innerste Selbst sozial, psychisch und spirituell so viele Hilfen erfährt, dass sie auch als Sterbende so lange wie möglich ‚bei sich' bleiben können.

Dieses Bild gibt vielleicht auch eine hilfreiche Vorstellung bei der Begegnung mit Patienten, die immer schwächer werden oder im Koma sind, sodass wir als Helfer *immer noch von einem innersten Selbst* auch dann *ausgehen können*, wenn wir uns sinnlich-kommunikativ immer weniger erreichen können und der Sterbende uns immer mehr entschwindet, sodass wir mit dem ‚höheren Selbst' immer noch kommunizieren können.

Seelsorge hat daher als vornehmlichste Aufgabe, bei der Stützfunktion ‚Deuten' und Bedeutung-Finden mitzuwirken. Sie tut das in einem Umfeld vielfältiger persönlicher und öffentlicher Deutungsangebote, die zugleich überlagert werden von den Deute-Mustern einer wissenschaftlichen Medizin. In diesem Deutefeld gilt es, den Patienten selbst aufzusuchen: „Wie geht es Ihnen?" Diese alltägliche Frage deutet der Patient *je nach Rolle des Fragers* auf körperlicher, sozialer, psychischer, gesamtmenschlicher oder spiritueller Ebene. Sie ist auch auf seelsorglichem Hintergrund keine Floskel: Sie gibt Raum dafür, wie der Patient selbst seinen Zustand deutet, was davon er öffnen, was er schützen will, was im Vordergrund und was im Hintergrund ist, und welche Ebene im Gespräch er betreten will. Sie lässt etwas von der Wahrheit am und im Krankenbett erkennen und von den Stützen, die der Patient selbst hat, diese Wahrheit zu ertragen. Zunächst einmal darf Seelsorge die Selbstdeutung des Patienten nicht unterlaufen, er muss – gerade in Krisenzeiten – diese Stützfunktion bestehen lassen bzw. helfen, dass diese persönliche Sinngebung als Unterstützung wirksam werden kann: Es gilt zunächst den eigenen Weg des Sterbenden wahrzunehmen und zu bestätigen und dabei auch darauf zu hören, was er *nicht* oder *noch nicht* sagen kann.

Mit ‚dem Tod' kann und wird auch der Seelsorger den Patienten nicht von sich aus konfrontieren. Seelsorge bringt ‚den Tod' als Horizont sowieso mit: „Sie sehen doch hier so viel Leid ..." sagen oft Patienten – und sie testen auf ihre Weise, ob der Seelsorger das Gewicht der Todesbotschaft ertragen kann, um dann vielleicht einen Schritt weiter zu gehen: „Wissen Sie, ich bin nicht wegen diesem bisschen Allergie hier in der Klinik, sondern weil ich einen unheilbaren Hautkrebs habe." *Nur, wenn der Seelsorger dem Gewicht des drohenden Todes nicht ausweicht und nicht verharmlosend abwiegelt oder sich ein Seitenthema heraussucht, wird er glaubwürdiger Lebensbegleiter im Sterben sein können.*

3.3.2. Symbole als Spielräume für ‚die Wahrheit'

Das absehbare Sterben von sich aus an- und auszusprechen, dazu ist der Seelsorger in der Regel nicht befugt: Das ist Sache des Arztes, der die Diagnose und die medizinischen Verläufe kennt. Das heißt aber nicht, dass der Seelsorger der Wahrheit ausweichen muss – im Gegenteil: ‚Wahrheit' hat für den spirituell offenen Menschen eine weit tiefere und umfassendere Bedeutung als ein medizinischer Befund und dessen Folgen. Und das ist das *eigentümlich Besondere der Seelsorge*: Sie bringt nicht einfach Begriffe und Faktenwissen mit, sondern Symbole, *„Spielräume' für die Existenz*. In diesen Spielräumen kann der Patient sich eigenständig bewegen, er kann bestimmen, ob er sich mehr am Pol des Todes oder mehr am Pol des Lebens aufhalten will (und kann). Im Symbolraum kann sich der Patient spielerisch ‚probeweise' bedrohlichen Lebensinhalten nähern oder sich distanzieren, er kann ‚der Wahrheit' mehr oder weniger verhüllt gegenübertreten oder in sie hineingehen. Zugleich kann er durch das Symbol erfahren, dass nicht ein absurdes persönliches Unglück über ihn hereinbricht, das nur ihn allein treffen will, sondern dass sich dahinter eine allgemeine menschliche Erfahrung verbirgt, die auch sein persönliches Schicksal umfasst und es in eine größere Geschichte hineinstellt. Denn Symbole enthalten ‚Geschichte', in ihnen haben sich schon viele Menschen ‚aufgehalten' und ihre Lebenserfahrung damit angereichert und vertieft. Sie sind gesammelte Erfahrung, die jetzt „auch für dich zur Verfügung steht".

Seelsorge muss keinen Menschen drängen, das ‚Spiel' zwischen den Polen aufzulösen und sich endgültig mit dem Tod zu konfrontieren. Sie darf davon ausgehen, dass immer der ganze Sinnraum des Symbols anwesend ist, auch wenn das nicht bewusst ins Wort gebracht wird oder vom Patienten in vollem Umfang auch schon psychologisch angeeignet ist. Der Sinnraum steht letztlich im Geheimnis des ‚ganz Anderen', der beide Pole umfasst, der Leben und Tod trägt und erfüllt.

Gerade in der Querschnittsbegegnung darf der Seelsorger nicht auf ‚die Wahrheit' lossteuern, ohne den persönlichen Spielraum und den Symbol-Umfang des Patienten zu kennen. Da haben die Bilder der Religion eine besondere Funktion. Sie umfassen nämlich beides: Leben und Tod. ‚Der Tod' ist nicht die einzige Wahrheit des Lebens, er steht selbst in einem größeren Horizont: Er ist vom *ganzen* Leben und letztlich vom *ewigen* Leben umfangen. Die Bilder der Seele sind integrativ; die Bilder der Religion müssen allerdings Anschluss finden an die Bilder der Seele, dann erst wirken sie integrativ und in ihrer möglichen existenziellen Wucht nicht zerstörend.

In vielen Psalmen, in fast jeder Evangelien-Lesung im Lauf des Kirchenjahres, in den unzählbar vielen Geschichten der Heiligen Schrift sind Bilder aus dem Spielraum zwischen Leben und Tod enthalten. Es ist die Profession der Seelsorge, die Symbole beim Patienten anklingen zu lassen und mit ihm in deren ‚Klangraum' hineinzugehen. Das ist immer wieder ein Abenteuer und zugleich ist es die unvertretbare Aufgabe des Seelsorgers, diesen Spielraum zu riskieren und das Symbol ins Spiel zu bringen. (Zu Sinn und Methode der symbolischen Kommunikation in der Seelsorge vgl. ausführlicher: Weiher 1999.)

- Die krebskranke Patientin weint beim Sonntags-Evangelium: „Könnt ihr den Kelch trinken, den ich trinken werde?" – Im Gespräch öffnet sie das Bild: Sie ahnt, dass sie in ‚ihrem Kelch' jetzt das Bittere zu trinken bekommt. Und später sagt sie: „Der Herr des Lebens hat mir genügend guten Wein eingeschenkt. Er wird auch wieder seinen guten Wein nachgießen ..." – Sie hat nicht direkt über das Sterben gesprochen (keiner weiß, wann es bei ihr wirklich eintritt), sondern über Leben und Tod in einem umfassenden Sinn.
- Der Landwirt, der zum Sterben kommt, spricht vom „nächsten Frühjahr", die Patientin vom Sonnenuntergang, der „gestern so schön war".
- „Ist es so weit?" fragt der Patient auf der Notaufnahme tief erschrocken beim Kommen des Pfarrers. „Das weiß der Herrgott." – „Gott gib, dass es gut ausgeht" beten wir.

Es gilt also nicht einfach mit dem Tod zu konfrontieren, in den der Patient schutzlos hineinstürzen würde (und den *ich* als Helfer jetzt nicht sterben muss). Es will behutsam wahrgenommen werden, wie Wissen und Fühlen des Patienten zusammenkommen. In der symbolisierenden Kommunikation können sich beide Ebenen berühren, und doch den Spielraum zwischen persönlichem Geheimnis und offener Aussprache achten. Der *Patient* entscheidet, wie viel von seinem Geheimnis er vor sich selbst und vor dem Anderen öffnen will. Es gibt viele Persönlichkeitsfaktoren, Verlustgeschichten, Vorstellungen und Fantasien, die die Tragfähigkeit eines Menschen bestimmen. In diese darf niemand ohne Rücksicht (z.B. in pädagogischer oder missionierender Absicht) einbrechen. Auch der mit dem Tod viel unmittelbarer konfrontierte Mensch früherer Zeiten ging nicht in den Tod ‚als Tod', sondern in eine von Deutungen umfangene und getragene Wirklichkeit. Erst die Naturbeherrschung der Neuzeit entkleidet den Tod von jeder Gestalt: Ihre eindimensionale Deutung ist der Preis für die zeitweise Beherrschbarkeit des Sterbens. Mit den Menschen – gerade auch den ‚neuzeitlichen' – den Raum des Todes zu betreten, ihn zugleich aber als Sinn-Raum zu eröffnen und diesen Raum zu ‚begehen', ist wesentliche Aufgabe der Seelsorge. – Seelsorge bietet dann allerdings auch den Schutz an, bringt den ‚Engel' mit, der sich im Dunkel und über dem Abgrund auskennt, „Gott, der dich an der Hand hält – in dieser Welt und in der anderen auch". – Seelsorge bringt ‚den Tod' mit und *zugleich* ‚den Himmel über dem Tod'. Das ‚Geheimnis' hat einen Spielraum, ein medizinisches Faktum nicht. Auf den ‚Himmel des Seelsorgers' kann der Patient ‚seinen Himmel' projizieren (seine tröstlichen, aber auch angstvollen Bilder). Dann kann sich bei ihm der Himmel öffnen, den der Seelsorger nicht mehr in seiner Verfügung hat.

- Die Patientin sagt: „Ich bin voller Metastasen" und „Ich denke, ich kann noch drei Jahre leben, bis die Enkelin größer ist" – im selben Atemzug.
- „Wie Gott es will," sagen ältere Patienten/innen und sofort danach: „Ich verstehe nicht, wie ich so etwas kriegen konnte".
- Eine Patientin sagt ganz tapfer: „Endlich haben sie es gefunden. Es ist nur ein kleiner Tumor, noch ganz im Anfangsstadium." So gibt sie sich ihre erste Hoffnung. Bei der anschließenden Krankenkommunion hat sie Tränen in den Augen, hier kann sie dann ihre Beschwichtigungsversuche loslassen und ihre ‚kleine' Hoffnung in die größere hineintragen, die vom Geheimnis Gottes getragen ist.

„Sterben ist ein Geheimnis ‚undurchschaubarer Offenheit', d.h., der Sterbende schreitet vom Ahnen zum Wissen, ohne dass die Tiefen enthüllt werden können. Es genügt, dass da Menschen sind, die das Geheimnis schützen und bewahren" (Juchli 1994, 532).

Das sind Stationen auf einer Reise mit einem Ziel am Horizont. Die Symbolisierungsarbeit der Seelsorge ist nicht einfach ‚palliativ', bemäntelnd, sondern sie öffnet die Hülle – dies allerdings *zugleich* mit dem tragenden Hintergrund des Symbols: *dem Vertrauensangebot des Glaubens*.

Der Patient ist nicht selbst zu dieser ‚Expedition' aufgebrochen, er wurde zum Aufbruch genötigt. Er kann zwar einen gewissen ‚Vorrat' an Lebensmitteln mitnehmen, aber solche Reisen zehren die Kräfte auf: Der irdische Leib wird abgebrochen. Am Ende ist ja gerade alles aufgebraucht, was man noch hatte, sonst ginge das irdische Leben ja weiter. Mit dem Leib wird eine entscheidende Ich-Funktion angegriffen. Je nachdem, wie lange der Krankheitsprozess dauert, von wie viel Kampf und Verlust er bestimmt ist, wie langwierig, belastend und aggressiv die Behandlungen sind, welche Organe und Körperfunktionen betroffen sind oder immer mehr ausfallen, verliert auch der psychische Leib an Kraft und Selbstorganisation, erst recht, wenn das Bewusstsein eingeschränkt ist, Gehirnfunktionen ausfallen oder absterben.

Exkurs:
Sterben Glaubende leichter?

Diese Frage wird dem Seelsorger oft in Vorträgen gestellt. Bei genauerem Hinhören verbergen sich hinter dieser Formulierung mehrere Versuche der Vergewisserung:
- einmal die distanziert-beobachtende: Ist es nicht geradezu der Testfall des Glaubens, dass er sich auch beim Sterben bewährt?
- aber auch die persönliche Sorge: Wird mir mein Glaube einmal helfen, wenn es bei mir so weit ist?
- und sicher auch: Wie ist das, wenn ein Mensch keinen so wirksamen Glauben hat, der auch im Sterben durchträgt? – Über letztere Frage müssen sich vor allem die Helfer ihre Gedanken machen.

Neuere und neueste Untersuchungen (Pompey 1998, dort auch weitere Literatur) bestätigen: „Gläubige erleben die letzte Lebensphase weniger angstvoll und verzweifelt und können das Sterben leichter akzeptieren" (a.a.O., 196). Allerdings gibt es signifikante Unterschiede: Eine Glaubenshaltung, die *extrinsisch* motiviert ist und auf eine nützliche Wirkung gegen Krankheit und Tod spekuliert, hat keine positiven Effekte. Wohl aber hilft ein Glaube, der *internalisiert* ist, also eine innere Qualität hat. Eines muss gleich betont werden: Solche Untersuchungen sagen nur etwas *über die Wirkungen* von religiösen Einstellungen aus, aber nichts darüber, wie eine Glaubensqualität zustande kommt, mit der man z.B. das Sterben ‚leichter' bewältigen kann. Für die ärztlichen, pflegerischen, ehrenamtlichen und erst recht seelsorglichen Helfer ist an diesen Ergebnissen zunächst interessant, dass es sich lohnt, die Religiosität Sterbender zu achten und zu fördern. Schneider-Harpprecht berichtet, dass neuerdings sogar die angehenden Ärzte in Amerika lernen sollen, „die religiöse Haltung des Patienten sowie die eigene Spiritualität in den Heilungsprozess einzubeziehen" (ders. 1998). Religion ist nicht nur ein Teil der Persönlichkeit, sondern für sehr viele Menschen eine Hilfe im Sterben. Aber solches Bemühen kann nur auf einer bereits vorhandenen Qualität des Glaubens aufbauen: Die Religiosität muss bereits mit dem Lebenskonzept und dem Lebenssinn verwachsen sein. Menschen, die auch bisher sich auf Gott ausgerichtet und ihm vertraut haben, gelingt es, dieses Vertrauen auch angesichts des Sterbens so beizubehalten, dass es sich stressmindernd auswirkt und sie hoffnungsvoller und zuversichtlicher sind. Da diese Forschungen bestätigen, dass Glaube eine innerlich verankerte ‚Wirklichkeit' sein muss, wenn er solche ‚Wirkung' haben soll, bleibt die Frage, wie die Helfer den vielen Menschen gegenübertreten sollen, die nicht so fest glauben und vertrauen können oder die durch die Krankheitsumstände über das ‚normale' Maß von Leiden und Stress hinaus beansprucht werden (entgegen dem Spruch, Gott schicke nur so viel Leid, wie der Mensch tragen könne).

Sieht man einmal davon ab, dass das Stichwort ‚Glauben' auch eine Projektionsfläche für skeptische Beobachter sein kann („dem sein Glauben hilft ihm jetzt auch nicht" oder: „der war doch immer so fromm – und jetzt stellt der sich so unmöglich an"), dann kann man von der oft abstrakten Frage zum Lebensschicksal des konkreten Menschen, auch des Glaubenden, kommen.

Statistische Ergebnisse erlauben keine Vor-Urteile bei einer konkreten Sterbebegleitung und auch nicht den Umkehrschluss von den Glaubensformen und religiösen Überzeugungen auf die wirkliche innere Tragfähigkeit eines Menschen. Die Psychotherapie hat uns gelehrt, dass die Wirksamkeit des Glaubens zutiefst keine Angelegenheit von Formeln ist (die können die Wirksamkeit stützen und ihr Ausdruck verleihen). Es kommt vielmehr auf die *je persönliche Lerngeschichte* und *Vertrauenserfahrung* eines Menschen an, mit denen sich seine religiösen Überzeugungen verbinden, an denen sie sich aber auch brechen. Für die meisten Menschen ist das Sterben die größte Krise ihres Lebens, und genau dann melden sich die innersten Lebensvorstellungen und Glaubensmuster.

Es kann z.B. sein,
- dass ein Mensch seine (unbewussten) Allmachtsvorstellungen mit seinem Glauben ernährte („ich bin sicher der Einzige, der nicht sterben muss", „ich bin das besondere Kind Gottes, das er sicher verschont"), Vorstellungen, die erst jetzt angesichts des Sterbens zusammenbrechen.

- dass ein Mensch mit zwanghafter Genauigkeit seine Beziehung zu Gott ‚regeln' wollte und jetzt enttäuscht ist, dass Gott ihn sterben und damit im Stich lässt.
- dass ein Glaubender sich ein Leben lang demütig verhalten und sich nichts gegönnt hat, um Gott zu gefallen und jetzt ‚nicht dafür' geschont wird ....
- dass gerade ein Glaubender nicht gegen den drohenden Tod zu protestieren wagt und seiner Seele nicht den ‚Ausbruch der Gefühle' zugesteht, sondern seine Emotionen nach innen wendet.

Auch Glaubende haben keine Seele, die unabhängig von der psychischen und physischen Grundausstattung des Menschen wäre, sodass ein Glaubenssystem für sich genommen wirkt: Glaube ist kein ‚Opium', man kann ihn nicht als Medikament (‚extrinsisch') einsetzen. Deswegen hat Sterbebegleitung oft auch einen Anteil von ‚therapeutischer Seelsorge', sie kann höchste Kunst der Seelsorge werden. Es gilt aber auch: Bei psychischer Dekompensation muss der Seelsorger auch bereit sein, mit Psychotherapeuten zusammenzuarbeiten.

Aber auch unabhängig von der psychotherapeutischen Sichtweise gilt: Sterben ist eine gefährliche Reise, bei der jeder die Kräfte einsetzen muss, die er aus den Vorgaben seines Lebens erworben hat. Angesichts des Sterbens, wenn eine um die andere Ich-Stütze verloren geht, kann es sein, dass Menschen *über ihre Kräfte, über ihre Kompensationsfähigkeit hinaus* beansprucht werden: Davon künden auch Jesu Worte am Kreuz: „Mein Gott, warum hast du mich verlassen?" – Es wäre zynisch, (wie das einige bei Jesu Sterben Anwesende getan haben), an den lebenslang ‚sicheren' Glauben zu appellieren, ohne zu akzeptieren, dass die psychisch aktivierbaren Kräfte vielleicht nicht ausreichen, den Glauben zu tragen und ihn als Ressource gegen Angst und Niedergeschlagenheit zu nutzen. Zwar transzendiert sich der Mensch im Glauben auf ein Jenseits hin, aber er kann dabei seine diesseitige Verfasstheit, seine ‚Natur', nicht einfach abschütteln, vor allem, wenn der Leib als wichtigste ‚diesseitige Stütze' aufs Äußerste beansprucht wird.

Gerade da braucht es Helfer – eben Seelsorgende im weitesten Sinn – die die Glaubensfunktionen zeitweise ‚übernehmen', sie stützen und tragen und dem Sterbenden hilfreich hinhalten. Aber auch dann können religiöse Menschen resigniert und verbittert oder verbraucht sterben. Auch Seelsorge und kirchliche Begleitung müssen mit einer *letzten Konzeptlosigkeit angesichts des Todes* leben: Es gibt *Hilfen beim Sterben* aber *kein Konzept gegen* den Tod.

Es ist ja gerade das tröstliche und subjektiv anspruchsvolle Konzept des christlichen Glaubens, dass sich die Gnade Gottes am Menschen letztlich nicht an dessen Verhalten, auch nicht an seinem ‚guten Sterben' ablesen lässt. Kein Außenstehender kann letztlich beurteilen, wie reif ein Mensch im Innersten ist, mit welcher ‚Erblast' er leben und welchen Preis er für sein Leben zahlen musste. Nur Gott kennt die ‚Gerechtigkeit' dieses Menschen. Der Mensch muss nicht Gott gerecht werden, sondern am Ende ist es Gott, der den Menschen rechtfertigt. Dieses ‚Geheimnis' müssen die Helfer tragen und bewahren; angesichts der Abgründe des Lebens zeigt sich, wie tief die Gründe und Abgründe des Glaubens sind.

3.3.3. Im Rückblick das Leben deuten
Eine fast unschätzbare Deute-Hilfe, die Sterbende haben und immer wieder ergreifen, ist der Lebensrückblick. Hier ist Seelsorge *in einem ersten Schritt* als Repräsentant gefragt, also als Vertreter der Öffentlichkeit, die nicht wie die vertrauten Anderen, die Familie, schon alles zu kennen scheinen, was dem Patienten wichtig ist. Die ‚fremden' Anderen haben einen deutlich anderen Zeichencharakter: Durch sie bekommt der Sterbende Bedeutung für die Gesellschaft. Gerade wenn die *Ich-Stützen* schwächer werden, wird im Rückblick auf das Leben das unter allen Stützen verborgene ‚Selbst', das Wesentliche der Person herausgearbeitet: „Der/die bin ich", „das habe ich alles durchgemacht". Oft führt gerade der Abschied die vielen Facetten des Lebens zusammen und lässt das Selbst hervortreten. Oft ist Seelsorge dabei auch Repräsentant des ‚ganz Anderen', des heiligen Hintergrundes, auf dessen Vordergrund das eigene Leben entziffert wird: „Bin ich ansehenswert vor dem letzten Hintergrund – vor den Augen Gottes?"
In Einrichtungen mit der Möglichkeit der Langzeitbegleitung (also auch in Alten- und Pflegeheimen) ist *die Lebensbilanz* sicher ein Standard-Thema. Dabei darf aber nicht vergessen werden, dass zu einer wirklichen Lebensbilanz im strengen Sinn ein Kontrakt gehört und dass der Helfer nicht einfach befugt ist, das Leben des Patienten ‚durchzuarbeiten' und dies zu einer Methode zu machen, die ein gutes Sterben zu ermöglichen verspricht. Gerade gutmeinende seelsorgliche Begleitung darf nicht das Schutzbedürfnis von Patienten unterlaufen oder gar alle Traumatisierungen der Lebensgeschichte ans Licht holen.
In der ‚Querschnittsbegleitung' geschieht der *Lebensrückblick oft eher beiläufig*, symbolisch, selten zusammenhängend systematisch.

Eine Erinnerung, ein Wetter, ein Datum, ein Jahrestag, oder auch eine körperliche Einschränkung: „das geht noch nicht" oder: „vielleicht nie mehr", eine depressive Stimmung („das bin ich sonst nicht, ich bin eher ...") können die Tür sein, hinter der sich das ‚Haus' des Lebens oder nur ein ‚Zimmer' oder der ‚Keller' auftun. Das sind oft Momente, in denen Sterbende ‚das Zeitliche' (oder etwas davon) segnen, lange vor dem Tod, vielleicht auf dem Weg, der gerade wieder einmal durch das Krankenhaus führt. Diese Perlen gilt es zu entdecken, mit anzusehen, auch manchmal nachsichtig-vergebend, und mit dem Patienten zusammen wertzuschätzen. Dann haben sie im Leben Bedeutung über den Augenblick hinaus und sie gehen als Perlen mit, wenn die seelsorgliche Begegnung zu Ende ist. Das ist *der zweite Schritt*, den Seelsorge beim Lebensrückblick mitgeht: *Hilfe bei der Integration der Teile* ins Lebensganze und Hilfe bei der Verknüpfung von Lebensabschnitten, Abbrüchen, Einbrüchen, sodass eine ‚ansehnliche Gestalt' entstehen kann.

In einem *dritten Schritt* hilft symbolisierende Seelsorge bei der behutsamen ‚*Umdeutung' der Lebenserfahrung*. Die Bilder, die Seelsorge aufgreift oder anbietet, öffnen einen Spielraum, in dem die Lebenserfahrung Platz hat und sich im Licht eines größeren Horizontes spiegeln kann. Jeder Mensch bringt seinen vorläufigen und begrenzten Deute-Horizont mit. Ebenso steuern Medizin und Institution ihre spezifischen Deutungen von Krankheit und Sterben bei. Im – symbolisch eröffneten – Spielraum des Geheimnisses aber kann der Deute-Horizont erweitert werden: Er vermag auch der schrecklichen Lebenserfahrung Rechnung zu tragen und ihr vielleicht sogar besser gerecht zu werden als die ursprüngliche Eigendeutung. Von hier aus können auch die in der Zeit der Krankheit erlebten Ereignisse vertieft, durchlebt und neu beurteilt werden. So können Einzelerfahrungen der Lebens- und Leidensgeschichte im Rahmen einer Gesamtbedeutung einen anderen und angereicherten Stellenwert bekommen.

3.3.4. Deutung im Horizont des Geheimnisses

Symbole der christlich-jüdischen Überlieferung wie die vom Ringen eines Abraham, eines Jakob, eines Elia, eines Jona, eines Hiob, eines Jesus ... oder die vom ‚Kelch', vom ‚Kreuz', vom ‚Weizenkorn' können so eine behutsame, manchmal auch erschreckende Umdeutung des Lebens bewirken. Biblische Lebens- und Leidensdeutung vermag auch einen Raum für Klage und Anklage offen zu halten, für Wut, Neid und Aufbegehren. Die Aufregung, die Angst, die Sorge, die Verwirrung angesichts des Todes gehören zur Seelenarbeit dazu. Gewisse religiöse Richtungen gehen davon aus, dass solche Gefühle nicht nötig seien, weil sie ja spirituell be-(und über-)wältigt werden könnten. Mit vielen Theorien und Idealen wollen sich im Grund oft die Helfer und Umstehenden selbst entlasten, sie helfen nicht denen, die an Leib und Seele betroffen sind! Der Deute-Horizont der heiligen Wirklichkeit jedoch hat auch eine dunkle und unbegreifliche Seite. Die Klage über den schmerzhaften Abstand zum Paradies, die Enttäuschung darüber, dass wieder eine Hoffnung zusammengebrochen ist, die Bitterkeit, dass man sich das Leben anders vorgestellt hat, all dies muss der Deute-Horizont tragen können; Menschen müssen vom Geheimnis *des Ganzen* und nicht nur von einem verklärten Teil davon getragen werden. Es gehört zu den vornehmsten Aufgaben der Sterbebegleitung, diesen Spielraum zu eröffnen und ihn als Raum des Geheimnisses zu verkünden. Diesen Spielraum kann der Mensch auch angesichts des Sterbens autonom begehen – und sich zwischen Schrecklichkeit und Trost, zwischen Konfrontation und Schutz seinen Weg suchen. So kann auch ein Sterbender von einer anfänglich scheinbaren äußeren Überlegenheit über den Tod langsam weitergehen und zu einer inneren Überlegenheit gelangen, in der die Person das Schicksal annehmen kann.

Dabei hat Seelsorge keine Antwort auf die Frage, was ‚das' Sterben für einen Sinn hat (für die meisten Menschen, die ich begleitet habe, kam das Sterben „viel zu früh" auch viele, die zunächst darin eine ‚Erlösung' gesehen haben, haben dennoch weiter um das Leben gerungen). Ihre Deute-Symbole können die Welt nicht wieder verzaubern, als ob es den Tod nicht gäbe oder als ob Sterben ein bruchloses und harmloses Abheben der Seele in ein neues Leben wäre. Die Symbole der Menschheitstradition und des Christentums eröffnen die Möglichkeit, einen Sinn *im* Sterben zu finden, also im Sterben sich seiner selbst und seines Lebens zu vergewissern. Ein solcher Sinn heilt die endliche Existenz, er befreit nicht *von* der endlichen Existenz.

3.4 Das dritte Axiom des Sterbebeistandes

> Zu den anthropologisch angelegten Stützsystemen, die das kollektive ‚Menschheitswissen' für die Aufgabe des Sterbens zur Verfügung stellt, gehört die spirituelle Dimension, die in vielfältigen Formen rituell ausgedrückt wird.

Auch das spirituelle Stützsystem ist auf eine Kultur angewiesen, in der sich Lebenserfahrung und symbolisches Handeln gegenseitig auslegen. Diese Kultur scheint in unserem Lebenskreis auf wenige Inseln zusammengeschrumpft. Damit fällt eine ‚natürliche' Stützfunktion für Übergänge wie Sterben und Tod nahezu aus. Gerade im Übergang zum Tod sind Menschen besonders auf Hilfsfunktionen für das bedrohte und seiner selbst oft nicht mächtige Ich angewiesen. In der Neuzeit haben Wissenschaft und Medizin mehr und mehr die Stelle früherer Rituale übernommen. Erst wenn diese mit ihrem Latein am Ende sind, ist Seelsorge oft der ‚natürliche' Ansprechpartner: „Herr Pfarrer", sagt der Chirurg „jetzt ist Stab-Übergabe."

3.4.1. Dem Ritual anvertrauen
Untersuchungen über die Erwartungen, die Patienten an die kirchliche Seelsorge haben, zeigen ein interessantes Ergebnis (Simon 1986, 122):
– Leichter Erkrankte erwarten vom seelsorglichen Gespräch eher die *Aufarbeitung von Lebensproblemen* auf einer partnerschaftlich-begleitenden Ebene, bei der Seelsorge eher den ‚Spurrillen' nachgeht.
– Schwer- und Sterbenskranke suchen mehr eine ichstärkende ‚vertikale' Beziehung, bei der der Seelsorger mit seinen rituellen, ausdrücklich religiösen Handlungen Ge-Leiter ist. Die religiösen Rituale und Inhalte sollen *Stütze geben*, sie sind Medium des Trostes, erst in zweiter Linie helfen die psychosozialen Fähigkeiten des Seelsorgers.

Offensichtlich wollen Schwerkranke zwar über ihr Leben sprechen, es aber nicht so ‚durcharbeiten' wie leichter Kranke, sie suchen mehr Entlastung von der Seelenarbeit und Stützung für den Weg, der ihnen abverlangt wird.

Eine rituelle Kultur gestattet es, das Mysterium Sterben und Tod zu begehen, ohne dass der einzelne Mensch jeden Schritt dabei individuell vollziehen muss. Er kann sich beim ‚Gang über dem Abgrund' getragen wissen, ohne ständig der tödlichen Gefahr ins Auge sehen zu müssen. Eine rituelle Handlung ist zwar auch ein Tun und Machen, aber *andere* tun dabei etwas, dem sich der Kranke anvertrauen kann. Seelsorge geht mit der tödlichen Wahrheit nicht quasi ‚chirurgisch' eingreifend um, sondern sie bietet Geleit durch den Ritus an: Schwerkranke Patienten können im Schutz des Ritus und mit seiner Unterstützung dem sonst Unsäglichen und Unsagbaren Raum geben und den nächsten Schritt gehen.

Konkret heißt das z.B., dass ein Gebet einen Schritt von der unerbittlichen und – oft brutalen – Wirklichkeit in den größeren Horizont des Vertrauens hinein eröffnet. Ein Gebet sollte einmal das ganze

‚Kreuz der Wirklichkeit' (Schibilsky 1989, 233; vgl. Teil drei in diesem Buch) umschreiben: Die *Außenwirklichkeit* und die *Innenwelt* des Patienten, das *Bisher* und die *Perspektive* seines Weges. – Ein anderer Ritus ist z.B. die wöchentliche Krankenkommunion. Oder: der ganze Reichtum des kirchlich gedeuteten Jahreslaufs oder der sonntäglichen Leseordnung, der das Geheimnis von Leben und Tod symbolisch zu begehen gestattet. Da finden Patienten sich im ‚Boot auf dem See', erleben einen ‚Karfreitag' oder ‚Karsamstag', spüren ‚im Grab den Engel' oder wissen ‚im zugigen Stall von Weihnachten das göttliche Kind bei sich', erkennen sich ‚im ausgetrockneten Dornbusch in der Steppe' und ahnen das heilige Leuchten, das er in sich trägt.

3.4.2. Vom Reichtum christlicher Spiritualität
Die Religionen haben ein unschätzbares Reservoir, das auch die Psychotherapie unserer Tage nutzt: Sie kennen Seelenbegleiter, die archetypisch verankert sind: Engel, aber auch heilige Gestalten, die selbst das Leben und den Tod durchschritten haben. Die christliche Tradition hat einen bis in die Wurzeln der westlichen Kultur reichenden Schatz an Geleitern und Begleitern, Heiligen und Namenspatronen, Beispielgestalten und inneren Beiständen. Manchmal erzählen Patienten von ‚ihren' Heiligen, ihren geistlichen Führern, ihren vorausgegangenen Freunden („der Toni, der schon drüben ist"), aber auch von Gestalten, die ihnen im Traum begegnet sind und die hilfreich mitgehen.

Es sind nicht erst die ‚Letzte Ölung' oder die ‚Wegzehrung', die rituell (dann doch meist die Angehörigen) unterstützen. Es sind die vielen Symbole und kleinen Symbolhandlungen, das Kreuzzeichen, das formelhafte Gebet, der Segensgestus, die dem Patienten, auch bei eingeschränkter Bewusstseinsfunktion, sagen: „Es ist gut so, wie du jetzt bist und wie du deinen Weg gehst." Ein Weg, der vertrauensvoll begangen wird, muss auch von der Seelsorge nicht ständig als Weg in den Tod bewusst gemacht werden. Auch *eine schwebende Hoffnung*, die sich *an der unendlichen Hoffnung* orientiert und von ihr ernährt, hat ihren Sinn. Auch der *Zweifel* des Schwerkranken, ob er auch auf die richtige Deutung gesetzt hat, ob sich das mit Gott und der Welt wirklich so verhält, wie er es einmal gehört und gelernt hat, – auch der Zweifel braucht eine Kultur, damit Sterbende sich wieder neu vergewissern können.

Die rituelle Handlung der Seelsorge gestattet, sich auf einen transzendenten Horizont hin zu entwerfen, ohne dass der Glaube mit all

seinen Zweifeln reflex eingeholt sein muss. Seelsorge kommt ja mit dem Glauben an den Gott, der seine Beziehung nie aufkündigt: Das tut dieser Gott von sich aus, auch wenn der Mensch „zur Zeit nicht beten kann", nur formelhafte Gebete spricht oder kaum mehr bei Bewusstsein das Kreuzzeichen empfängt. Da die Wertedimension (dazu gehört auch das spirituelle Deutesystem des Patienten) von allen Ich-Funktionen am längsten resonanzfähig bleibt, ist gerade die rituelle Handlung geeignet, bis zuletzt als Hilfe wirksam zu sein: *Sie setzt keine rationale Leistung voraus, sondern ermöglicht, dass der Sterbende sich in Zeichen wieder erkennt.* Sie ist eine Stütze im Sterben von besonderer Art. Patienten machen beim Besuch des Seelsorgers oft „noch einmal die Augen auf", „wissen genau, worum es jetzt geht", versuchen mit letzter Kraft ein Kreuzzeichen, bewegen die Lippen bei Worten des Vater unser oder sagen kaum hörbar das ‚Amen'.
Aber auch die regelmäßigen Besuche der Angehörigen, des Arztes, der Pflegenden haben eine rituelle Bedeutung: nämlich wie bei einem Kind die Ich-Kräfte zu stützen und das Vertrauen zu wecken, „dass alles wieder gut ist" (Berger 1970, 82). Deswegen ist es so wichtig, dass die Mediziner auch noch zum Sterbenden gehen, wenn ihre objektiven Handlungen nichts mehr bewirken und ihre sozusagen rituellen Besuche und Handlungen vollziehen. Seelsorge stellt dieses Alltags-Vertrauen durch ihre Bitt- und Segensgesten eigentlich nur noch in den Horizont des Vertrauens auf den ewigen Gott. Sie verkündet die Bewahrung ‚im' Tod, nicht die Bewahrung ‚vor' dem Tod.

3.4.3. Über das Begleiten hinaus: Das Geleiten
Sterbebegleitung durch die Seelsorge hat einen – durch nichts zu ersetzenden – Deutungsanteil: das ‚Geleit' zu geben. Sterbe-‚Begleitung' setzt die konkreten Personen voraus, die durch ihre Nähe Stütze geben. ‚Geleiten' heißt jedoch: „Du Patient gehst einen Weg, den ich letztlich nicht mitgehen kann. Das letzte Geheimnis vollzieht sich ohne menschliches Machen. Du stehst im Geleit eines ganz anderen." *Je mehr die Kräfte des Sterbenden versagen, desto mehr wird ein ‚Begleiten' zum ‚Geleiten'.* Das symbolisiert Seelsorge eigentlich. Sie entlässt in eine letzte Unverfügbarkeit hinein, der alles Leben anvertraut wird. Auch das der Umstehenden, der Angehörigen. Seelsorge kann mit dem Patienten keinen Kontrakt über die Heilung vom Tod machen. Ihr Heilungsversprechen heißt: Du gehst einen heiligen Weg, auch wenn deine Ich-Kräfte allmählich versagen; wenn du dir genommen wirst, auch ohne dass du dich hingeben wolltest; auch

wenn dieser Weg durch die ganze Endlichkeit einer an Materielles, an Blut und Schmerz gebundenen Existenz führt. Dafür steht Seelsorge ein, ausdrücklich – und *unausdrücklich* die Glaubensgemeinschaft als Mitträger der Spiritualität, wenn der Patient sie nicht mehr aktiv selbst tragen kann. Auch in diesen Phasen des Sterbens will ‚das Zeitliche gesegnet' sein, jeder Sterbeverlauf ist es wert. Dann werden auch die Umstehenden mitgesegnet, denn auch sie müssen das Zeitliche segnen (lernen), wenn ein Mensch aus ihrer Mitte stirbt.

4. Was also kann Seelsorge in der Sterbebegleitung leisten?

Was unter den Bedingungen heutiger Medizin und ihrer Institutionen möglich und nicht möglich ist, ist nicht per se dem Sterbeprozess des Menschen abträglich. Schließlich vertrauen sich die allermeisten Menschen immer noch mit ihrer leiblichen Gefährdung in erster Linie der Medizin und deren Deute-System an. Dieser Deute-Rahmen *zwingt* den Patienten nicht zu einer Auseinandersetzung mit Sterben und Tod, er zwingt nur dazu, sich mit vielen einzelnen Abschnitten der Gefährdung und der Hilfe auseinanderzusetzen. Es ist die Frage, ob der heutigen Maximal-Medizin in ihrer Rolle mehr abverlangt werden kann und ob sie die Spannung auflösen kann, die eine in vielen existenziellen Fragen schizoide Gesellschaft ihr aufbürdet.
Patienten, Sterbende müssen auch von der Seelsorge nicht mit ihrer existenziellen Situation *konfrontiert* werden, um ein ‚gutes' Sterbe-Ergebnis vorzuweisen. Menschen müssen nicht ausdrücklich auf ihren Tod vorbereitet werden; zu allen Zeiten sind Menschen ihren Tod gestorben, dazu braucht es keine besondere Konfrontation und keine besondere Therapie. Allerdings gab es eine Menschheitsgeschichte lang eine öffentliche Kultur, die als Nah-Kultur Sterbende unterstützte und geleitete. Solange es keinen gleichwertigen Ersatz für diese ausgedünnte Unterstützungskultur gibt, werden sich die Menschen kaum intensiver mit der Wahrheit der tödlichen Bedrohung und des Sterbens auseinandersetzen können – das gilt für die betroffenen Kranken, aber auch für die beruflich Tätigen. Dennoch gilt, auch wenn Hospize und Palliativeinrichtungen der Idealfall wären, für den Klinikalltag: *Wenn entscheidende Stützsysteme zu schwach sind oder ausfallen, muss Seelsorge zusammen mit den anderen Diensten in Krankenhaus und Altenheim Stützfunktion übernehmen.* Nicht alle Sterbenden brauchen die spezifisch seelsorglichen Unterstützungen. Trotzdem wird Seelsorge im Prinzip allen Schwerkranken ihren Besuch anbieten. Sie wird ihre Begleitungs- und Deute-

Hilfen anbieten, zumal Sterben, das früher von ‚der Natur' besorgt wurde, heute in einem vielfachen Geflecht menschlicher Einwirkungen geschieht. Das tut sie mit demselben Selbstverständnis, mit dem sie als Krankenhaus- oder Altenheim-Seelsorge überhaupt Menschen be- und aufsucht.

Als eine Art ‚spiritueller Magnet' für die Erfahrungen mit Sterben und Tod muss Seelsorge in den Gesundheitseinrichtungen sich aber auch entlasten von der Allzuständigkeits-Vorstellung, alles im Umkreis des Sterbens an sich ziehen zu sollen. Die Seelsorger sind auch nicht die einzigen Ritenträger – im Gegenteil: Viele Patienten und Angehörige vertrauen den medizinischen Ritenträgern zunächst mehr – weit mehr – als den religiösen. Ebenfalls entlasten darf sich die Seelsorge von der Vorstellung, nur Menschen, die die letzte Phase ihres Lebens geistig und spirituell voll ausschöpften, hätten die Vollform des Sterbens erreicht. Gerade auch die *‚Begleitung im Querschnitt'*, wie sie im modernen Medizinbetrieb üblich ist, *darf der Seelsorger nicht als mindere Qualität abwerten*. Der spirituelle Begleiter und Besucher wird oft nur eine ‚Depot'-Hilfe geben können, von der er nicht weiß, was der Patient damit macht. Ihm ist auch oft entzogen, ob und wie die Besuchten ihren Prozess bewusst oder nicht bewusst fortsetzen. Gerade bewusstseinseingeschränkte Menschen lassen selten erkennen, ob und wie das ‚Geleit'-Angebot der Seelsorge ankommt. Das ‚gute' Sterben miterleben zu dürfen ist in Klinik und Krankenhaus ein Geschenk. Seelsorge muss aushalten, dass Leben und Sterben auch unter Palliativ-Bedingungen *nur fragmentarisch* zu gestalten sind. Zwar gibt es in der Seelsorge noch immer eine starke philosophische und theologische Unterschwingung vom frei angenommenen Sterben und Tod. Dass sich dieses Ideal eher selten finden lässt, ist kaum auf einen Mangel an Seelsorge, sondern weit mehr auf die heutigen gesellschaftlichen, kulturellen und klinischen Bedingungen zurückzuführen.

Deswegen darf Seelsorge den Raum des Sterbens, der von vielen Deutungen besetzt ist, selbstbewusst mit ihrem eigenen Selbstverständnis betreten. Sie bringt etwas Spezifisches mit – und das hat eine unersetzliche Funktion, in welchem Abschnitt eines langen Krankheits- und Sterbeprozesses die Begegnung auch stattfindet. Alle Aufs und Abs im heutigen ‚langen' Sterben sind der Mühe aller Beteiligten wert, gelebt, begleitet und gesegnet zu werden. Zwar gehen bei der heutigen Medizin-Organisation Arzt und Seelsorger über weite Strecken getrennte Wege. Aber *die letzte Wegstrecke sollten sie gemeinsam gehen* und in ein konzertiertes Bemühen einmünden lassen.

So ist Seelsorge an Sterbenden strukturell (d.h. von der Medizin-Struktur und -Organisation her) gesehen überflüssig, anthropologisch und spirituell gesehen aber lebensnotwendig. Um diese Spannung zwischen ‚überflüssig' und ‚notwendig' und die Defizit- und Insuffizienzgefühle ertragen und verarbeiten zu können, dafür haben Seelsorger nicht nur eine soziale und psychologische Unterstützung durch Super- oder Intervision, Selbsteinschätzung und Fachwissen zur Verfügung. Sie sind letztlich selbst auf einen Deute-Horizont angewiesen: denselben, den sie auch den Patienten und ihren Angehörigen mitbringen. *In diesem Horizont müssen und dürfen sie auch ihr eigenes Fragment-Sein leben.*

ZWEITER TEIL:

BRAUCHEN WIR NICHT DOCH EINE ‚LETZTE ÖLUNG'?

1. Wer ‚braucht' eigentlich die Krankensalbung?

1.1 Von den Bemühungen, das letzte Sakrament loszuwerden

Die Klagen reißen nicht ab! Trotz vieler beschwörender Worte ist die ‚Letzte Ölung' nicht aus dem Wortschatz des Alltags geschwunden: Krankenschwestern, Ärzte, die Massenmedien, Filme .... sie alle haben wohl noch nicht begriffen, dass das altvertraute Sakrament, das den Reigen der Sakramente früher beschlossen hat, nicht mehr existieren soll. Dabei haben sich viele Theologen, Pastoralpsychologen, Liturgiker, Dogmatiker doch so darum bemüht, einen alten Begriff und ein altes Verständnis buchstäblich auszumerzen und eine theologisch und anthropologisch viel sinnvollere Institution an seine Stelle zu setzen: die Krankensalbung.

Das zweite Vatikanum hat viele Schritte zu einer Erneuerung dieses Sakramentes getan: Der Name wurde geändert, die Spendung in jeder schweren Krankheit empfohlen, ein wiederholter Empfang wurde möglich, die Zahl der zu salbenden Körperstellen wurde reduziert, das Sakrament kann/soll in der Volkssprache gespendet werden, eine Textauswahl für verschiedene Situationen steht zur Verfügung, Spendung an Tote ist nicht erlaubt. Eine Verpflichtung zum Empfang, wie in der Volkstradition üblich, gibt es nicht mehr.

Die Praxis sieht offensichtlich ganz anders aus: Das neue Sakrament wird nicht so angenommen, wie es beabsichtigt war und ist. In fast jeder Abhandlung der letzten 30 Jahre über die Krankensalbung findet sich die Abwehr des alten und die Begründung eines neuen Verständnisses.

– „Entgegen dem von vielen betonten Charakter als Sterbesakrament sagen die Bischöfe: Krankensalbung ist ein Sakrament der Heilung ...." „Es war überfällig, dass aus der ‚Letzten Ölung' wieder das ‚Sakrament der Krankensalbung' geworden ist" (Glaube und Leben 1994, 4).

- „Trotz positiver Anzeichen hat sich immer noch nicht genügend herumgesprochen, dass es bei der Krankensalbung in erster Linie um Heilung und Genesung geht und nicht um Sterben und Tod" (Koch 1993, 371).
- „Normalerweise gehört nämlich die Krankensalbung nicht in den engsten Zusammenhang mit dem so genannten Versehgang" (Die Feier der Krankensakramente 1975, 22).
- Das „überlieferte Verständnis der Krankensalbung sitzt so tief im Bewusstsein der Menschen, dass eine Veränderung nur mühsam zu erreichen ist ....". „Leider ist das apostolische Heilszeichen für Kranke in der so genannten ‚Letzten Ölung' zu einem Sakrament der Sterbenden verkümmert" (Tigges 1986, 413).
- Die Salbung „darf nicht als Vorbote des Todes erscheinen" (Die Feier der Krankensakramente 1994, 29).
- „... das stark verwurzelte Missverständnis zu überwinden ..., dass die Salbung das Sterbesakrament sei" (Collins 1991, 101).
- „Wenn wir in den Augen der Gläubigen das ursprüngliche Bild wieder herstellen wollen, dürfen wir nicht damit weiterfahren, für gewöhnlich die Salbung Sterbenden zu geben. Wir müssen sie um jeden Preis aus dem Zusammenhang mit dem Sterben herausreißen" (Oñatibia, 1976, 609).

Die Reihe von Zitaten ließe sich mühelos fortführen.*
Zugegeben: Das Sakrament hat im Laufe der Zeit viele Engführungen erlebt (vgl. z.B. Reiner 1994, 424; Mayer-Scheu, Reiner 1972; Probst, Richter 1975; Knauber 1969).
Nun wird bei allen veröffentlichten Äußerungen nicht verkannt, dass es eine rituelle Begleitung der letzten Sterbephase geben muss. Und ebenso selbstverständlich wie für die Notwendigkeit einer Krankensalbung wird für die „Wegzehrung" als Sakrament für die Sterbenden plädiert. Nicht die Krankensalbung, sondern die Wegzehrung gilt sogar als verpflichtend für alle Getauften, die die Kommunion empfangen können (Die Feier der Krankensakramente 1994, 18). Letztere soll auch noch möglichst im Rahmen einer Messfeier stattfinden. – Diese erste Skizze von Begründungen, Zurückweisungen und Empfehlungen zeigt ein Ergebnis: Theologische Forderungen und seelsorgliche Praxis fallen immer noch weit (und immer weiter) auseinander. Offensichtlich geht die bisherige theologische und pastoral-liturgische Diskussion meist an der Realität vorbei: Die mit der

---

* Es gibt aber auch Ausnahmen, so z.B. Greshake 1997, dort auch Literaturangaben; Ders. 1983.

Pastoral angezielten Menschen sind nicht bei den Einstellungen anzutreffen, bei denen die Seelsorge sie gerne hätte. – Die Frage muss erlaubt sein: Wer ‚braucht' eigentlich die Krankensalbung: die Patienten, ihre Angehörigen oder die Seelsorger und Pastoraltheologen? Zwar sollte sie als ‚Letzte Ölung' abgeschafft und im Gefolge des Konzils aus der Nähe zum Tod herausgeführt werden. Auch mag die Krankensalbung im gemeindlichen Zusammenhang (vor allem in gemeinschaftlicher Feier) auch für die Zeit der Krankheit und der Gebrechlichkeit angenommen werden, *in der Krankenhaus-Seelsorge wird das Sakrament dennoch in den weitaus meisten Fällen erst im Umkreis des Todes erbeten.*
Hier wird die These vertreten:

> Es ist nicht nur verständlich, sondern auch anthropologisch und seelsorglich begründbar, dass es für das Lebensende ein letztes Sakrament braucht. Zwar ist dieses mit dem Begriff ‚Letzte Ölung' nicht glücklich umschrieben, dennoch muss es an das über viele Jahrhunderte geltende Verständnis anschließen, wenn es das volle Gewicht des Sterbens und des Todes tragen soll.

In den folgenden Überlegungen sind daher zwei Spuren zu verfolgen:
1. Warum gelingt es offensichtlich so wenig, ein neues Verständnis von Krankensalbung zu etablieren?
2. Was ist dran, dass sich die ‚Letzte Ölung' in der Praxis des Volkes so hartnäckig hält?

Diese Fragen sollen nicht dogmatisch oder exegetisch verfolgt werden, sondern mit den Anliegen der Pastoraltheologie: psychologische, soziale, pädagogische und anthropologische Aspekte mit der Theologie so zusammenzuführen, dass eine situationsbezogene seelsorgliche Praxis ermöglicht wird. Dabei wird auch die Frage zu bedenken sein, welche religionsgeschichtlichen und anthropologischen Elemente sich im Verständnis des Volkes finden, die man nicht einfach übergehen darf, will man Riten für heute hilfreich gestalten. Nicht zuletzt geht es um das Phänomen, dass Sakramente oder andere Rituale, die zunächst nicht per se an bestimmte Momente des Lebens gebunden sind, dann doch mit den Höhepunkten des menschlichen Lebenskreises verbunden werden: Taufe also wird an die Geburt gekoppelt, Firmung an das Reifungsalter, Krankensalbung an die Sterbestunde. Es wird sich zeigen, warum sich so hartnäckig ein Sakrament für den Tod erhält. (Und wenn es nicht die Letzte Ölung ist, so ist vom Volk die Beerdigung in den Rang eines (Quasi-) Sakramentes erhoben worden.)

1.2. Die Krankensalbung ist doch ein so hilfreiches Sakrament – warum will es niemand so recht?

Die *innere und die äußere Landschaft des Sterbens* hat sich im Lauf des 20. Jahrhunderts entscheidend verändert. Deshalb müssen auch Theologie und Seelsorge ihre Sakramentenpastoral auf die neue Realitätsbasis beziehen lernen. Einige der in diesem Zusammenhang wichtigen Aspekte seien genannt.

Die äußere Landschaft, in der sich Sterben heute vollzieht

1. Die medizinische Dimension
„Der Tod ist in eine Serie von kleinen Teilphasen aufgelöst, zerstückelt, von denen man nicht mehr mit Sicherheit weiß, welche den wirklichen Tod bedeutet. ... Alle die kleinen stillen Tode haben den großen dramatischen Vorgang des Todes ersetzt und unkenntlich gemacht." (Otte 1995, 58)
Die Geschichte der modernen Medizin ist charakterisiert durch ihren Kampf gegen den Tod und durch ein ständiges Zurückdrängen dieses Feindes des Menschen. Diesen Rückzug des Todes aus dem Feld des Lebens wollen – schlicht gesagt – alle, auch die Kritiker der Medizin. Das Sterben ist infolge des Könnens der Medizin eine Sache von Experten und Spezialisten geworden. Mediziner können an den Lebensfunktionen immer noch etwas machen: Sie können unter Umständen fast beliebig lange bestimmte Körperfunktionen aufrecht erhalten, an fast jedem Parameter des Funktionsgefüges lässt sich noch etwas tun. An vielen wichtigen Organversagen muss heute niemand mehr sterben, dieses Versagen kann in vielen Fällen verhindert oder (z.B. intensivmedizinisch) überbrückt werden. Dadurch vermittelt die Medizin den Eindruck, Sterben erfolge durch Einzelereignisse, von denen jedes im Prinzip zu verhindern sei. *Den ‚sterblichen Menschen'* gibt es nicht mehr. In den Augen der Medizin muss – von wenigen Ausnahmefällen abgesehen – kein Mensch mehr direkt auf sein Sterben zugehen. ‚Das Sterben' ist in der Rolle der somatischen Medizin ausgeblendet, es muss privat ‚geregelt' werden. Sterben ist kein öffentlicher Vorgang mehr, geschweige denn ein Institutions-öffentlicher. Im Gegenzug dazu (und das ist kein Widerspruch) geschieht ‚der Tod als Vereinbarung': Wenn Ärzte immer noch etwas tun können, müssen sie (und oft die Angehörigen) vereinbaren, wann man ‚der Natur' (und was davon noch natürlich ist) ihren Lauf lässt. Für den Patienten, der schwerwiegend krank wird, und für seine Angehörigen bedeutet das,

dass es „eigentlich nie so weit ist": „Das ist noch nicht der Anfang vom Ende", sagt ein Patient. – Wann ist der Anfang? Es gibt bei den meisten Krankheiten so viele Behandlungsphasen, dass der Krankheitsprozess in eine Abfolge von Niederlagen und Hoffnungen aufgelöst ist. Dann „dürfen" Angehörige doch nicht die Hoffnung zerstören.
- „Mir geht es heute nicht so gut", sagt ein Patient.
    Die Ehefrau: „Das ist bestimmt, weil die das Medikament abgesetzt haben."
    Der Patient: „Nein, es ist der Krebs."

Zu solcher vollen Erkenntnis der Wahrheit seines Lebens und Sterbens muss sich der Patient im Raum der medizinischen Behandlung oft ganz einsam durcharbeiten. – Auf ihre Weise müssen sich auch Pflegende und Ärzte *alleine* zur Wahrheit dem Patienten gegenüber durcharbeiten, weil es in ihren Rollen kaum gemeinsame und trainierte Kommunikationsmöglichkeiten gibt. Für den Arzt ist es sprachlich und beziehungsmäßig einfacher, noch mal eine (unnötige) Chemotherapie vorzuschlagen, als sich mit dem Patienten über das Sterben zu verständigen.

2. Die gesellschaftliche Dimension

Wenn alle ständig alles machen können (so erscheint es) und wenn der Einzelne nur will, muss er nicht zu den Verlierern gehören, dann ist das Eingeständnis: „Ich bin ernstlich krank" besonders schwer. Auch da gilt die Vorstellung: Irgendetwas lässt sich sicher noch machen, es kann doch nicht wahr sein, dass es keine Möglichkeiten mehr gibt: ein Heiler, die Naturmedizin, ein neues Mittel aus den USA ... – Sterben und Tod gehören nicht in das herrschende und öffentlich ausgedrückte Lebensgefühl. Sterben gilt nicht einfach als Schicksal. Wenn eine Gesellschaft *keine Kultur*, sondern *nur eine Organisation für das Kranksein und das Sterben hat*, dann ist es auch von daher Sache des Einzelnen, damit zurechtzukommen. In einer Gesellschaft, in der bei Krankheit an die Stelle der religiösen Riten die medizinischen Rituale getreten sind, braucht es ein hohes Maß an Autonomie, im Verlauf einer Krankheit den christlichen Ritus zu erbitten und damit die medizinischen Bemühungen zu relativieren. Das Angebot der Letzten Ölung geschah ja früher im Rahmen einer religiös-gesellschaftlichen Kultur. Niemand musste sich eine bewusste Entscheidung abringen; „wenn es so weit war", haben die Angehörigen den Priester gerufen. Auch der musste sein Auftreten – anders als heute – nicht deuten: Der Kontext hat ‚gedeutet'. Die Worte ‚Sterben' und ‚Tod' mussten nicht ausgesprochen werden, ‚das Medium' war die Botschaft. Der Pfarrer war zwar der ‚Todesengel', aber das Gewicht dieser Ankündigung musste *nicht von der Person* des Seelsorgers, sondern *von der Rolle* und *der zugehörigen Kultur* getragen werden. Solange die Lebensbestimmung des Menschen auch durch eine Kultur des Sterbens ausgelegt wurde, brauchte der Tod nur symbolisch angekündigt zu werden. Dagegen müssen sich heute der Kranke und seine Angehörigen ganz persönlich ‚ihre Wahrheit' *auch psychisch* aneignen. Auch Glaubensbilder, Vorstellungen vom Tod und einem Ewigen Leben werden ja kaum noch kulturell gestützt, sie müssen sozusagen psychologisch erworben und persönlich ausgelegt werden, damit sich das religiöse Geheimnis für den Einzelnen erschließen kann. Insofern müssen in einer Zeit der öffentlichen Verdrängung – es gibt eine strukturelle Abblendung des Todes, aber in vielen Lebens-, Bildungs- und Arbeitsbereichen werden Sterben und Tod durchaus und sehr ernsthaft thematisiert – die Menschen paradoxerweise *dem Tod bewusster ins Auge sehen*: Er erscheint nicht als allgemeines Schicksal, sondern als persönliches Unglück.

3. Die soziale Dimension
Was früher im Kreis der Familie durchlebt wurde, schwere Krankheit und Sterben, das ist heute, wenn nicht in seinem ganzen Verlauf, so doch in vielen Phasen in Institutionen ausgelagert. Der Prozess von schwerer Erkrankung bis hin zum Sterben ist wesentlich länger geworden und vielfach zergliedert. Wenn Sterbende dann (zunehmend häufiger) am Ende doch noch aus der Klinik in ein kleineres Krankenhaus oder nach Hause entlassen werden, will man es ihnen noch so schön wie möglich machen und ihnen auf keinen Fall hier ‚die Hoffnung nehmen'. Aus vielen Gesprächen mit Hinterbliebenen, die ich dann treffe, wenn sie selbst als Patienten im Krankenhaus sind, erfahre ich, wie sehr persönliche Schuldgefühle („Ich habe das Sterben nicht verhindert, sondern bin vielleicht schuld daran.") zurückbleiben, wenn der Mensch an einer bestimmten (vielleicht verhinderbaren) Ursache stirbt und es kein schicksalsmäßiger Verlauf sein durfte. Wenn der Sterbeprozess im Krankenhaus geschieht, werden Angehörige in vielen Fällen erst dann gerufen, „wenn es so weit ist". Wann soll man – als Schwerkranker oder auch als Angehöriger – in diesem zergliederten und unübersichtlichen Prozess um die Krankensalbung bitten, wann ‚ist es soweit', dass man das nötig hat? Es geht ja nicht um ein Nachdenken in sorgenfreien Tagen, sondern in der Zeit der Krise, des Ringens mit einer Bedrohung. Wann ist Zeit

für dieses ausgesprochene ‚Ja': „Ja, ab jetzt brauche ich ein Zeichen der Kirche und der Glaubensgemeinschaft, das die Ernsthaftigkeit meiner Lage auf den Punkt bringt und meine ausdrückliche Bedürftigkeit vor Gott und vor allen dokumentiert"?

In einer säkularen Klinik, in der keine Ordensschwestern auf den Empfang der Krankensalbung ‚rechtzeitig' aufmerksam machen, wird dieses an sich *sinnvolle Sakrament sehr selten erbeten* – noch am ehesten vor einem so greifbaren Ereignis wie einer schweren Operation (aber da wird ja gerade ein aussichtsreicher Eingriff unternommen, der die Bedrohung abwendet und eine begründete Hoffnung auf Besserung eröffnet). Dagegen wird die Seelsorge *bei einem erheblichen Teil aller Sterbe- und Todesfälle* der Klinik gerufen. Dann wird eine liturgische Handlung (offensichtlich anders als bei Sterben und Tod in häuslicher Umgebung) als einer der therapeutischen Dienste eines Krankenhauses in Anspruch genommen. Dieser Befund darf nicht verwundern, wenn man die gesellschaftlichen und sozialen Implikationen von Kranksein und Sterben bedenkt. Viel pastorales Pädagogisieren geht an diesem Befund vorbei.

Die innere Landschaft des Sterbens

Auch viele heimliche Pastoral-Moralisierer („Die Leute kommen immer erst, wenn es zu spät ist") müssen sich eines Besseren belehren lassen. Wir müssen endlich von leichtfertigen Anklagen wegkommen, die da heißen:
- Angesichts des Todes fallen die Leute in die „längst überholte Tradition zurück".
- Man will dem Gesetz Genüge tun und „sich nichts vorwerfen lassen".
- Die Menschen haben nur ein magisches Verständnis von diesem Sakrament.
- Die Leute glauben, nur durch die Letzte Ölung könne der Mensch vor dem Richterstuhl Gottes bestehen – „das ist ein völlig überholtes Gottesbild".

Solche einfachen Qualifizierungen halten den inneren Absichten der Kranken und der Angehörigen nicht stand.

1. Die gemeinsame Welt ist bedroht

In Gesprächen draußen vor der Tür des Kranken oder in Briefen nach dem Tod äußern Angehörige, was sie hindert, die Spendung des Sakramentes mit dem Patienten zu erörtern:
- „Man kann das doch nicht glauben, dass es wirklich so weit sein soll."

- „Ich will ihn noch nicht loslassen, wir haben doch erst vor drei Monaten geheiratet."
- „Dass es so ernst ist, wer hat denn an so etwas gedacht."
- „Wir bleiben immer zusammen. Ich kann ihm doch nicht sagen, dass es so weit ist."
- „Meine Schwester hat ihm gesagt, dass wir den Pfarrer rufen, ich konnte ihm das nicht antun."
- „Die Mutter will doch noch leben – ich will ihr doch nicht die Hoffnung nehmen – ich denke halt so."
- „Ich muss erst einmal mit meinen Geschwistern reden, ich will da nichts falsch machen."
- „Sie ist eine so schöne Frau", sagt der Ehemann, „das kann ich ihr doch nicht antun."

Diese Liste ließe sich beliebig fortsetzen: Angehörige machen mit solchen Worten nicht nur eine Sachaussage, sondern sie symbolisieren damit auch etwas von ihren Ängsten, Hoffnungen, Fantasien, von ihrer Beziehung zum Patienten, von ihren inneren Möglichkeiten und Grenzen in dieser Beziehung und von der ein Leben lang praktizierten und (un-)geübten Kommunikation über schwierige Lebensthemen. Krankheit und Sterben bedrohen nicht nur den Patienten, sondern auch die mit dem Kranken zusammen aufgebaute Welt und somit das Überlebens- und Zukunftskonzept der Angehörigen. Das ganze Gleichgewicht eines Systems steht auf dem Spiel: Wer will schon aus dem ‚Mobile' seiner Beziehungen eine ‚Figur' herausdenken oder herausnehmen? Um Trauer ‚vorwegzunehmen', dafür braucht es einen gut begleiteten Prozess.

Wenn man bereit ist anzuerkennen, dass auch die ‚gesunden' Angehörigen einen tiefgreifenden Prozess der Auseinandersetzung durchmachen müssen und dass auf diese Weise die Auseinandersetzung mit Krankheit und Sterben symbolisiert wird, dann kann man seine Seelsorge mit mehr Fantasie und Realitätsnähe betreiben. Dann kann man auch die wirklichen Motive der Betroffenen verstehen, in denen mehr Weisheit zum Ausdruck kommt, als moralisierendes Urteilen ihnen zugesteht.

Vielleicht noch wichtiger als die gesellschaftlichen und sozialen Randbedingungen, unter denen Krankheit und Sterben gelebt werden, sind die seelischen, existenziellen Implikationen einer Krankensalbung oder gar ‚Todesweihe'.

Die Thanato-Psychologie (Petzold 1984, 473; Lückel 1994, 22) weist zurecht daraufhin, dass schwere Krankheit etwas ist, „was ich ein Leben lang vermeiden wollte". Eine lebenslang eingeübte Haltung kann auch Seelsorge nicht einfach aufbrechen (wollen). In der Haltung des Patienten seiner Krankheit gegenüber manifestiert sich sein Vertrauenskonzept, das er meist un-ge-wußt in sich aufgenommen hat. Wieviel Schutz hat er dann, wenn auf einmal alles bedroht ist? Auch das ‚Vermeiden' ist eine von der Evolution vorgesehene und zur Verfügung gestellte Kategorie, die von vielen Seelsorgern zu leichtfertig abgewertet wird.

In der Seelsorge galt lange die Vorstellung, dass jeder Glaubende sein Erleben von Krankheit und Leiden spirituell in bestimmte Bahnen lenken und vertrauensvoll sterben könne. Das große Verdienst von E. Kübler-Ross und anderen war – aus heutiger Sicht – weniger die Behauptung bestimmter Gesetzmäßigkeiten im Sterbeprozess (was heute zwar allenthalben noch gelehrt wird, aber nicht mehr aufrechterhalten werden kann). Für die Seelsorge (wie für alle Helfer) unbestreitbar wichtig war die Erkenntnis, dass man von außen, also auch religiös, keine ‚Vorschriften' machen oder Ideale für das Sterben formulieren kann, sondern anerkennen muss, dass jeder Mensch seinen eigenen inneren Weg geht. Ähnliches muss man auch für die Angehörigen sagen und – in anderer Form – auch für die professionellen Helfer. Auch heute noch gilt die seelsorgliche Erwartung, dass der Patient, vor allem der Sterbende, sich seiner Lebenssituation offen stellen müsse. Wenn Kranksein und Sterben aber persönlich sehr unterschiedliche Prozesse sind, und wenn auch die Muster einer religiösen Kultur nicht mehr greifen und stützen, dann wird es eher schwieriger als leichter, zu einem Sakrament ja zu sagen, das ein hohes Bewusstsein und eine gereifte Fähigkeit der Auseinandersetzung mit schwierigen und krisenhaften Lebenssituationen voraussetzt.

Auch Nicht-Sterbenskranke, denen der Seelsorger die Krankensalbung anbietet, wehren häufig ab:
- „So weit ist es noch nicht."
- „Jetzt noch nicht."
- „Ja, ich habe mir das mal kurz überlegt, aber ich bin noch nicht so weit."

Der Seelsorger ist schnell in Versuchung, den Patienten von einem neuen Verständnis der Krankensalbung zu überzeugen: „Aber die Krankensalbung will doch stärken, sie hat nichts mit dem Tod zu tun." Wenn er dieser Versuchung nicht sofort nachgibt, sondern auf die verborgenen Befürchtungen hört, dann geben die Betroffenen zu erkennen:
- „Dann würde ich ja schon zu denen gehören" (gemeint sind die unheilbar Kranken).

- „Dann stelle ich mir vor, du betrittst freiwillig einen Weg, der dich immer weiter vom Leben wegführt."
- „Wenn ich die Krankensalbung akzeptiere, dann müsste ich auch Ja dazu sagen, dass ich ein richtiger Kranker wäre."
- „Ich empfinde das wie eine Prophezeiung, die sich selbst erfüllt, und wie wenn ich dann nicht mehr gesund würde."
- „Das würde ja heißen, dass ich den Kampf schon verloren habe."

Solche Äußerungen offenbaren Ängste, die sich nicht als magisches Verhaftetsein an überholte Vorstellungen abtun lassen. In einer Zeit, in der der Mensch viele Gefährdungen abwehren kann, und die Medizin viele Hilfsmittel in der Hand hat, die Zeit des Lebens deutlich zu verlängern und das Sterben hinauszuschieben, ist es für den Erkrankten wesentlich schwieriger, sich mit dem vollen existenziellen Gewicht einer Krankheit zu belasten und möglicherweise dadurch den Kampf zu verlieren.

Auch wenn nachkonziliare Bestrebungen ‚den Tod' aus dem Sakrament auszuklammern versuchten: Ein Sakrament mitten im Krankheitsprozess ist verbunden mit einer *individuellen Annahme der Endlichkeit und grundsätzlichen Gebrochenheit der eigenen Existenz.* – Diese zu heilen verspricht zwar das Sakrament, aber qua Disposition für das Sakrament setzt dieses zugleich beim Empfänger die grundsätzliche existenzielle Annahme *voraus*, also das Ergebnis eines Prozesses. Solche hohe Ich-Leistung der Betroffenen ist in heutiger Zeit selten zu beobachten. Es ist daher nicht verwunderlich, dass ein so anspruchsvolles Sakrament nicht (nach den Vorstellungen der Kirche) ‚rechtzeitig' erbeten wird, sondern erst im Angesicht der völligen Aussichtslosigkeit menschlicher Bemühungen – also am Lebensende – und dann in der Regel von den Angehörigen.

Wenn es unwiderruflich zum Sterben kommt und der Patient z.B. schon bewusstlos ist, dann hat offensichtlich *ein anderer entschieden,* wie der Kampf auszugehen hat: der Herr über Leben und Tod. Dann wird die Krankensalbung als ‚Letzte Ölung' erbeten. Vorher aber (das unterscheidet das Lebensgefühl heute von dem vor 30 oder 40 Jahren), solange der Mensch sich noch selbst verantwortlich für sein Leben empfindet, will er keine Vorentscheidungen treffen und nicht ein mögliches Ergebnis vorwegnehmen, das im Prinzip noch zu verhindern ist. Es gehört zwar zum Grundverständnis eines Sakramentes, dass die Initiative für die Feier dem Empfänger selbst zukommt: Die Gläubigen sollen „dahin geführt werden, dass sie von sich aus nach der Krankensalbung verlangen und sie sofort, wenn die rechte Zeit zum Empfang des Sakramentes gegeben ist, mit vollem Glauben und tiefer Andacht empfangen" (Die Feier der Krankensakramente 1994, 16). Trotz vieler katechetischer und seelsorglicher Bemühungen ist die Bitte eines Kranken um die individuelle Salbung eine Ausnahme, ebenso die freimütige Annahme, wenn Seelsorger sie anbieten. – Wollte man die Eigeninitiative des Kranken zum Kriterium machen, dann käme die Salbung erst recht nicht als ‚Letzte Ölung' in der Nähe des Todes in Betracht, denn dann sind potenzielle Empfänger bei den heutigen Bedingungen des Sterbens kaum mehr zu dieser Initiative in der Lage. Es ist also auch aus dieser Perspektive dringend notwendig, die Intention von Krankensalbung und Letzter Ölung neu in der Realität zu verankern.

2. Es gibt mehrere Lebenswenden – aber eine ist die letzte
Ein Sakrament, das wie die Krankensalbung an bestimmte Lebenssituationen gebunden ist, bedeutet für die Betroffenen immer auch, dass sie einen neuen Status (vgl. Werbick 1994, 164 f) durch das Sakrament zugesprochen bekommen: Durch die Heirat wird man Ehepartner, durch die Erstkommunion wird aus einem Kind ein Jugendlicher ... durch die Beerdigung wird die Ehefrau zur Witwe, das Kind zur Waise. Offensichtlich erscheint in der spirituellen Praxis vieler Menschen die Krankensalbung als entscheidender Wendepunkt, der Gedanken an ein Letztes weckt, die man nicht mehr beschwichtigen kann, wenn sie einmal freigesetzt sind: Schon das Erbitten eines seelsorglichen Krankenbesuches oder der Krankenkommunion kann ein Eingeständnis bedeuten, dass man aus einem ‚Zeitgenossen' oder ‚Gemeindemitglied' zu einem ‚Kranken' geworden ist. Die Krankensalbung verlangt aber schon die Anerkennung einer Verwandlung von einem Kranken in einen ernstlich Kranken (oder möglicherweise Sterbenden?). Erst recht kündigt sich mit einer lebensbedrohlichen Krankheit ein Wendepunkt an, hinter dem sich nicht wie bei anderen Lebensübergängen ein neuer hoffnungsvoller Lebensabschnitt auftut, sondern möglicherweise der letzte Abschnitt des Lebens anbricht. Dann wird die Krankensalbung sehr schnell als Letzte Ölung begriffen, die dem Patienten einen Status *jenseits* der Schwelle zuweist, hinter der er fürchten muss, nicht wieder ins volle Leben zurückkehren zu können. Dieser neue Status verlangt, dass er auch angenommen und mit Hingabe gefüllt wird. Hier liegt m.E. der schwierigste Punkt für die persönliche Aneignung dieses Sakramentes: Das existenzielle Anerkennen ist mit den sozialen, gesellschaftlichen und psychologischen Bedingungen verknüpft, auch mit der psychischen Tragfähigkeit eines Menschen. Was früher im Kontext der Kultur und durch die

Krankheit begleitende Signale nahe gelegt wurde, das ist selten *psychisch* wirklich vorhanden: die persönliche Zustimmung, die Einwilligung, die Annahme des Todes. Eine Kultur, die, wie die Moderne, so viele Medien, Instrumente, Methoden bereithält, die der Mensch *zwischen sich und die Welt* mit ihren Widerfahrnissen stellen kann, macht es dem Subjekt nicht leicht, sich ‚Auge in Auge' von Lebensmöglichkeiten zu verabschieden. Einerseits suchen Menschen heute unmittelbare Lebenserfahrung, andererseits kann solche Unmittelbarkeit beliebig gemildert und auf Abstand gebracht werden. „In der Tat gibt es wohl kaum etwas, das für den Menschen beängstigender ist, als wenn die Strukturen seiner Lebenswelt sich auflösen – wenn jedwede Ordnung zusammenbricht und er sich dem Unvorhersagbaren ausgeliefert erleben muss. Schon relativ geringe Anzeichen solcher Auflösungstendenzen erfüllen uns mit Schrecken" (Kriz 1998, 133). Wie soll ein Mensch da, ganz in die Freiheit und Schutzlosigkeit seiner Individualität gestellt, dem Letzten und Schwersten ins Auge sehen: dem Sterben? In eben solcher Erlebenskultur kommt die sicher elementare menschheitliche Erfahrung besonders zum Tragen: Krank zu werden, geschwächt zu sein, ist eine den Menschen *zutiefst kränkende Erfahrung*, die ihm aufgenötigt wird, zu der er sich nicht (auf keinen Fall bewusst) entscheidet. Sich einzugestehen, dass man immer schutzloser und hilfsbedürftiger wird, das erschüttert massiv die eigene Identität und das bisherige Sinngefüge. Bei solcher Kränkungserfahrung, die für den modernen Menschen besonders schmerzhaft ist, ist es eher schwieriger, sich in den Horizont der Religion und damit eines letzten Sinnes zu stellen und so diese Erfahrung gerade ‚auf den Punkt' und schmerzlich zu Bewusstsein zu bringen – so lange man noch eigene Ressourcen des Überlebens hat und der Kränkung seinen gesunden Trotz entgegensetzen kann. Dieser Einschätzung widerspricht auch nicht die Beobachtung, dass Sterbende in Hospizen und auf Palliativstationen für die letzte Lebenszeit ausdrückliche religiöse Begleitung wünschen (Zielinski 1989, 117). Für solche Einrichtungen und die Verlegung eines Patienten dorthin gelten nämlich andere Gesetze. – Auch die Tatsache, dass Salbungsgottesdienste für Alte und Gebrechliche in vielen Gemeinden gut angenommen werden, löst nicht das grundsätzliche Problem, zumindest nicht von säkularen Krankenhäusern und von Gemeindemitgliedern, die zum Gemeindekern keinen Kontakt haben. Die ‚soziale Vermittlung' des Sakramentes überblendet leicht die existenzielle Befindlichkeit von Schwerkranken und Sterbenden und ihren Angehörigen in einer individualisierten Gesellschaft.

Zudem „sind solche gemeinschaftlichen Gottesdienste keine Alternative zur persönlichen Krankensalbung" (Depoortere 1998, 563). Denn eine Salbung, die nicht an eine eindeutige Lebenssituation gebunden ist, nimmt den Betroffenen – anthropologisch betrachtet – die Möglichkeit eines ausdrücklichen persönlichen Übergangsritus. Das gilt erst recht für den letzten Übergang, die konkrete Zeit des Sterbens und des unmittelbar eintretenden Todes.

3. Krankheit und die Heilmittel der Kirche
Das theologische Argument, Krankensalbung verbinde den Weg der Krankheit heilsam mit dem Weg Jesu Christi, darf nicht übersehen, dass es bei der Krankensalbung nicht um die von viel Zuversicht und Freude begleitete Einweihung ins Leben (Taufe), das freudige Ereignis der Erstkommunion, die feierliche Hochzeit oder Priesterweihe geht. Diese sind doch im aufsteigenden Teil des Lebensbogens angesiedelt und dementsprechend wird die bedrohliche Seite solcher ‚Lebenswenden' weitestgehend ausgeblendet. Bei der Taufe, bei der Firmung, bei der Eheschließung ... wird im Wesentlichen eine Welt *aufgebaut*, die Identität weiterentwickelt – bei schwerer Krankheit und Sterben droht diese Welt jedoch *zusammenzubrechen*. In der sonntäglichen Eucharistiefeier wird das Wort „Deinen Tod o Herr verkünden wir ..." gemeinschaftlich gesprochen. Zu einer Zeit, in der das Kreuz der Nachfolge an Leib und Seele unausweichlich bedrückend werden kann und *der eigene Leib zum Ort dieses Todes* wird, muss ein solches Bekenntnis ganz persönlich verstanden und angeeignet werden. Zwar ist diesem Tod die Auferstehung verheißen, aber es bedeutet einen hohen Reifegrad im Laufe des Krankheitsprozesses, die ‚Passage Jesu Christi' als eigenen – den letzten – ‚Durchgang' bewusst anzunehmen.
In diese Überlegungen gehört auch die Stellung der ‚*Wegzehrung*' als letzter Heiliger Kommunion, der Verbindung zum Letzten Abendmahl. Im Krankenhaus und in den meisten Sterbesituationen ist die ‚Sterbekommunion' ganz einfach unrealistisch. Zwar ist sie immer noch als ‚das Sterbesakrament' für jeden Katholiken geboten (Die Feier der Krankensakramente 1994, 18), und im äußersten Fall kann die Krankensalbung eher entfallen als die Wegzehrung (ebd. 19), aber die pastorale Praxis ist aus oben genannten Gründen genau umgekehrt: Der bewusste Empfang des Viaticums ist noch seltener möglich als die Krankensalbung, ganz abgesehen davon, dass – zumindest im Krankenhaus – Patienten in der Sterbezeit selten ansprechbar und noch weniger fähig sind, die Kommunion zu sich zu

nehmen. – Außerdem: Welche Kommunion von den Krankenkommunionen bei längerer Begleitung soll als *die letzte* verstanden und angekündigt werden? Überfordern nicht die Gesunden die Betroffenen mit einer Deutung, die der Gesunde hören kann, die die Situation der Betroffenen aber kaum erreicht? Gilt nicht das Sakrament, das manche täglich, wöchentlich, oder mindestens einmal im Jahr empfangen, als das Sakrament der *Wegbegleitung im Normalfall?* Zumindest hat sich das Letzte Abendmahl Jesu zu diesem Symbol entwickelt. „Auf anthropologischer Ebene hat das höchste Sakrament" (die Kommunion als Wegzehrung) ... „nicht die Funktion eines Übergangsritus" (Depoortere 1998, 561). Lebensbedrohliche Krankheit und Sterben sind – für die meisten Menschen – *einmalige Situationen.* Sie brauchen auch ein einmaliges Zeichen, das *im Reigen der Sakramente das letzte* darstellt. Und das Volk, nicht nur die mittelalterlichen Theologen, hat die Krankensalbung zum Ende des Lebens herübergezogen. Alle Bemühungen, es aus dem Geruch und der Nähe des Todes zu befreien, haben wenig genützt: Im Zusammenhang mit dem Tod denken viele Menschen immer noch an die Kirche (Zulehner 1987, 192), dann rufen auch Fernstehende einen Priester. – Ist dann das Sakrament sinnlos, wenn es faktisch doch erst bewusstlosen, verwirrten, kaum ansprechbaren, dahindämmernden Patienten gespendet wird oder ein Seelsorger in die letzte Stunde gerufen wird, sodass der liturgische ‚Notfall' zum Normalfall und der ‚Notfall am Krankenbett' *zum pastoralen Normalfall geworden ist?* Entscheidend bei der Diskussion um die Krankensalbung ist hier die pastorale Frage, wie die innere Auseinandersetzung mit bedrohlicher Krankheit verläuft, welche krisenerprobten oder -unerprobten Ressourcen der Verarbeitung von Leiden und Kranksein ein Patient hat – und seine Angehörigen auch – welche Vorstellungen und Bilder (hilfreiche und hinderliche) sie in ihrer Seele zur Verfügung haben. In der Seelsorge geht es um eben ‚die Seele', nicht um isolierte theologische Ideen. Damit sei der Krankensalbung nicht Sinn und Wichtigkeit abgesprochen („Das war eine Bombe von Kraft", sagt eine Patientin), sondern es soll den Gründen nachgegangen werden, warum sie bei den heutigen Krankheits- und Behandlungsverläufen in der Pastoral schwer Erkrankter und Sterbender so selten erbeten und angenommen wird. Es geht nicht allgemein darum, einer reinen Praktikabilität das Wort zu reden, sondern darum, nach ‚der Seele' der Menschen zu fragen, nach psychischer und spiritueller Erschlossenheit für das Sakrament und dann erst nach den Heilmitteln der Kirche.

2. Brauchen wir nicht doch ein letztes Sakrament?

Zu einem erneuten Zugang zur Krankensalbung ist es bisher – außer bei gemeindlichen Feiern – nicht in dem Maße gekommen, wie das nach dem II. Vatikanischen Konzil zu erhoffen war: „Man sollte wohl erwarten dürfen, dass ... aus der bisherigen – oft gefürchteten ‚Letzten Ölung' künftig die tröstende ‚Feier der Krankensalbung' wird und den Kranken als ihr eigentliches Sakrament willkommen sein wird, das zum normalen Alltag ... eines Krankenhauses ... gehört ..." (Die Feier der Krankensakramente 1974, 24). Die Befreiung dieses Sakramentes von den Engführungen der Geschichte und die Rückkehr zu den biblischen Ursprüngen ist zwar theologisch in beeindruckender Weise vollzogen worden, aber der moderne Mensch hat sich nicht an dem befreiten und entritualisierten Verständnis angesiedelt. Offensichtlich entbindet die moderne Erfahrung von Krankheit und ihrer medizinischen Behandlungen kein der Absicht des Sakramentes entsprechendes Transzendenz-Bedürfnis.

Eine Entsprechung zu ihren – sicher weithin ungewußten – Transzendenz-Bedürfnissen aber finden Menschen des ausgehenden 20. Jahrhunderts – nicht nur – aber offenbar *doch sehr häufig im Umkreis des Todes.*

Deshalb soll im Folgenden der Frage nachgegangen werden: Was für ein Sakrament brauchen wir – und für welche Lebens- und ‚Sterbekonstellation'?

2.1 Was tut man, wenn es so weit ist?

Eine für die Begegnung mit dem Tod hilfreiche Vorstellung ist die von der Schleusenzeit und der ‚Todesschleuse' (R. Smeding), wie sie im fünften Teil näher beschrieben ist (s. Abb. 6). Das ist die Zwischenzeit zwischen dem Eintritt des Todes und der Beerdigung eines Menschen. Einerseits grenzt der Tod die Welt der Lebenden scharf von der Welt der Toten ab, andererseits ist er, im psychischen, sozialen und spirituellen Erleben, ein Prozess, in dem die Verbindung zwischen Lebenden und Toten nur allmählich schwindet bzw. verwandelt wird. Die endgültige soziale und physische Trennung des Toten von der Welt des Lebens geschieht bei der Beerdigung. Vorher sind der Verstorbene und die Angehörigen in einer ‚Schleuse', deren ‚Türen' zuerst offen sind und die allmählich geschlossen werden: die ‚hintere Tür' bei der Beerdigung. Aber es gibt auch eine ‚vordere Tür', die sich nach Eintritt des Todes bis hin zur Beerdigung langsam schließt: Der Raum der Kommunikation mit dem gerade Verstorbenen ist noch eine Zeit lang offen. Spätestens hier kann dem Verstorbenen noch ‚ein Letztes' gesagt werden. Aber das Bedürfnis nach einem ‚Letzten' meldet sich schon, wenn im Verlauf einer schweren Krankheit oder bei akuter Todesgefahr die Tür zur Todesschleuse am Horizont auftaucht. Ab wann ist der Zeitpunkt, zu dem man ein Letztes ins Auge fassen muss – wie bei einem großen Abschied auf dem Bahnhof: Vieles ist gesagt worden – ein Leben lang – aber es will auch ein Letztes gesagt und getan sein. Wann wird sich ‚die Tür schließen', wann ist das ganze Gewicht des letzten Augenblicks anwesend, wie lange sind die ‚Fenster' noch offen – oder wie lange wird es dauern, bis der ‚Zug im Tunnel' verschwindet?

Die Beziehung der Angehörigen zum Sterbenden muss auch auf dem Hintergrund der Todesschleuse gesehen werden.

Genauso wenig, wie man die Scheu vor dem frühen Ruf nach dem Priester leichthin abqualifizieren kann, genauso ernst muss man die Motive der Betroffenen nehmen, dies dann doch zu tun, wenn es so weit ist (oder erst kurz danach). Solche Abqualifizierungen lauten:
- Es sei eine Unsitte, das Sakrament hinauszuschieben.
- Es seien nur die Folgen vorheriger Verdrängung, die Folgen des Unglaubens und einer Flucht in Illusionen.
- Es sei nur „alte Gewohnheit", sagen Liturgiker.
- Man unterstellt den Angehörigen zwanghaftes oder magisches Denken.
- Der Schrecken vor dem Gericht und die Vorstellung, der ‚Versehgang' sei für den Weg ins Jenseits notwendig, sei längst überholte Theologie.

Auf Grund vieler Begegnungen mit Betroffenen muss ich auf tieferliegende Motive als die angedeuteten schließen.

Die Wichtigkeit des Rituals
Krankheit und Sterben stehen heute unter dem Vorzeichen einer fast unüberschaubaren Komplexität hochspezialisierter medizinischer Vorgänge und Sichtweisen. Was vermag in dieser Situation zu symbolisieren, worauf es dann ankommt, wenn die vielen medizinischen Aktivitäten nicht mehr greifen? Wer oder was vermag die bisher zurückgestellte Sehnsucht nach einem übergreifenden Ganzen aufzufangen, die Sehnsucht nach der ‚ganzen Gestalt' dieses zerfallenden Lebens?

Menschen brauchen für die Situation, in der sie hilflos dem Sterben ihrer nächsten Angehörigen zusehen, zuhören, beistehen wollen, einen Ausdruck: „Was man dann tut, wenn es so weit ist." Sie *wünschen* ein Ritual und *fürchten* es zugleich, weil die Religion nach dem Zurücktreten der Medizin oft erstmals die Wirklichkeit bezeugt, an der man lange vorbeisehen wollte. Sterben und Tod sind für die meisten Menschen heute ein Erst-Erlebnis, sie sind „Tod-unerfahren" (Zulehner 1991, 27), es fehlt an ‚Sterbekompetenz', allein fühlen sich viele Menschen unsicher. Ein solcher *situations*bezogener Bedarf ist ein anthropologisch begründeter Sinnanteil des Rituals, an dem auch ein christlicher Ritus partizipiert.

Menschen (und dazu gehören wohl auch die Seelsorger) müssen/wollen diese äußerste Herausforderung nicht alleine leisten, sie wollen abgeben und sich einem Geschehen anvertrauen, zu dem sie alleine nicht fähig wären. – Nun hat die Gemeinschaft für diese Fälle, dass man die ‚Tür zum Tod am Horizont schon offen' sieht, Zeichen, die noch einmal alles fassen können, auch das Unfassbare, auch das Nicht-Bewusste. Bei solchen Zeichen muss man nicht an alles ‚denken' und alles recht ‚machen', vor allem nicht aus eigener Kraft – und dennoch ist alles ‚heil' und ‚gut', obwohl zugleich alles ‚unheil' und ‚ungut' ist. Dieses Oxymoron ist dem *Trost* eigen: *Obwohl das Liebste geht, ist alle Liebe und Sorge gerade jetzt versammelt.* Ein letzter Liebesdienst, solange der Mensch noch lebt und er noch Empfänger auch einer letzten Sorge werden kann (man weiß ja nicht, wann der Tod die Tür zu diesem Sorgeraum schließt), soll – über das Private hinaus – öffentlich dokumentiert werden: Hier werden ‚die Ältesten der Gemeinde' gerufen, Amtsträger, nicht Privatpersonen. Damit wird dem Sterbenden (auch im Fall zerstrittener und unglücklicher Beziehungen) ein Letztes ‚gesagt' (oft ohne eigene Worte, das Medium ist die Botschaft), was man später nicht mehr ‚sagen' kann. Deshalb wird der Seelsorger auch ans Sterbebett (oder auch ans Totenbett) gebeten, auch wenn von den Angehörigen niemand da sein kann. *Dafür brauchen Angehörige den Ritus – also letztlich auch für sich selbst*: damit diese Zeit des Zerfalls der Beziehungen nicht banal und leer bleibt, sondern bedeutungsvoll und heilig ist: ‚Das Heilige' soll auch an unserem Sterbenden, unserem Toten geschehen. Deshalb kann die mögliche Intervention des Seelsorgers: „Warum haben Sie erst jetzt gerufen" oder noch schlimmer: „Jetzt braucht auch niemand mehr zu kommen", eine tiefe Verletzung zufügen. Als Seelsorger haben wir nicht das Recht, Menschen in ihrer naiven Sakramentalität bloßzustellen und in einer Zeit der Hilflosigkeit zusätzlich zu belasten. Für viele Menschen bleibt ohne diesen diakonischen Dienst der Kirche etwas unausgeglichen, was später kaum mehr zu heilen ist. „Wenn der Geist nicht in Frieden ist, dann kann das kaum wieder gutgemacht werden", sagte mir der Herzchirurg, als ich zögern wollte, die Krankensalbung auf Bitten der Ehefrau während einer gefährlichen Herz-Operation zu spenden. – In diesem Sinn ist die Letzte Ölung *entscheidend für die Eröffnung der Trauer*. Die Aussage, „Wir wollen doch alles tun ..." als enges Gesetzesdenken oder kleinliche Angst der Angehörigen zu interpretieren, ist eine zu billige Unterstellung mancher Theologen. Weit über die unterstellten Motive hinaus liegt diesen Wünschen der Angehörigen eine ‚Weisheit' zu Grunde, die es aufzugreifen und nicht abzuqualifizieren gilt. „Wir werden diesen diakonalen Anteilen der Riten künftig mehr Verständnis entgegen bringen" (Martini 1989, 94) müssen.

So kann der Seelsorger die Angst der Tochter, bei der Krankensalbung der Mutter dabei zu sein („weil ich dann so sehr weinen muss"), aufgreifen: „Ich helfe Ihnen (mithilfe des Ritus), hinein- und auch wieder herauszukommen." Im Ritual bekommen die Trauer, das Weinen eine ‚Fassung', danach muss (und kann) die Trauer nicht verschwunden sein, der rituelle Durchgang gilt zunächst nur für das Jetzt. Das Ritual der Gemeinschaft gibt dem Chaos und der Flut der Gefühle einen bergenden Raum. Worte genügen da meist nicht, es muss zeichenhaft gehandelt, etwas ‚durchgeführt' werden. Die innere Spannung (oder Erstarrung) aller Beteiligten ist groß, das braucht einen Kanal, durch den sie durchgeführt wird.

Angesichts des Todes wird dem *kirchlichen* Ritus wohl noch am meisten zugetraut. An der Lebenswende ‚Sterben' verlangen Menschen, diesen Übergang („von dieser in die andere Welt") begehbar zu machen – das gilt für ihren Sterbenden und das gilt für sie als Beistehende. Ein wirklicher Passage-Ritus wird aber *nur einmal* begangen: *Er ist die Letzte Salbung*. In diesem äußersten Moment öffnet sich für viele Menschen das Bedürfnis nach und zugleich die Ahnung von dem Geheimnis des Menschen, der im Geheimnis Gottes aufgehoben ist. Diese Verbindung zwischen dem menschlichen Geheimnis und dem Geheimnis Gottes hat Jesus Christus aufgetan, den Weg ‚im Geist' begehbar gemacht. Christliche Seelsorge begeht diesen Übergang nicht mit einem unverbindlichen ‚Ritual', sondern sie bietet dem Sterbenden und seinen Angehörigen das ‚Sakrament' an: das heißt, die Verheißung, dass hier der Geist Jesu Christi am Werk ist. In diesem Geist sind alle von Sterben, Tod und Trauer Betroffenen nicht nur mit dem ‚Tod' des Menschensohnes sondern auch mit seiner ‚Auferstehung' verbunden. Das Sakrament feiert dies als ‚heiligen Weg', der in der Hand und unter der Verheißung Gottes steht. Gelegentlich sage ich bei einer Letzten Ölung: *„Dies ist einer der schwersten Augenblicke des Lebens – und zugleich einer der heiligsten."* Dieser Weg wird sinnlich-erfahrbar gegangen, mit Berührung des Leibes und der Sinne, sodass etwas von der Zärtlichkeit Gottes für den nackten, ungeschützten, röchelnden, bewusstlosen, seiner Kräfte nicht mächtigen Menschen spürbar wird. Der Patient muss nicht alles bewusst vollziehen, sich auch nicht „in letzter Minute entscheiden". Er muss auch nicht, gerade jetzt, mitten auf dem Seil sozusagen, in den tiefen Abgrund Tod schauen. Er darf sich auch der Gnade der Natur, der durch die Krankheit reduzierten Wahrnehmung, der Bewusstlosigkeit anvertrauen. (In den ‚Abgrund' hat der Patient – entsprechend seinen Kräften – vorher schon geschaut, im Auf und Ab des Prozesses, zu dem ein Krankheits- und Sterbeweg heute geworden ist). – Ist es nicht die Aufgabe und der Sinn der religiösen Denksysteme (immer schon gewesen), – und somit auch der christlichen Religion – *einen Raum von Geborgenheit bereitzustellen*, die „durch Schmerz und Todesangst trägt" (Petzold 1984, 466). Hier tritt auch eine gewisse *Objektivität* in Kraft: Der Ritus drückt für den Sterbenden den Glauben aus, zu dessen Ausdruck er (und seine Angehörigen) in so belasteten und zugleich ohnmächtig machenden Situationen nicht imstande ist. *Der Ritus trägt die, die sich selbst nicht tragen können.*

Der Gehör- und der Tastsinn des Menschen sterben als letzte – aber das ist keine Garantie dafür, dass der Patient bewusst reagiert („Papa, sag doch mal was"). Oft ist es wichtig, dass die Pflegenden und die Seelsorger Angehörige darauf aufmerksam machen, dass „Ihr Mann Sie wahrnimmt, dass die Seele weiß, wer da ist und wie das gemeint ist, was wir jetzt tun und sagen". Seelsorge geht davon aus, dass auch bei eingeschränkter Wahrnehmung die ‚inneren' Augen und Ohren umso offener sind und das tiefste Innere weiter und freier empfinden kann als vielleicht in Zeiten klarer Vernunft.

Ein Sakrament – am Ende nur für die Angehörigen? – Das Intersubjekt salben
Wird die Letzte Ölung – bei so viel Einschränkungen – dann nicht nur noch gespendet, damit die Angehörigen beruhigt sind? – Sterben ist ja nicht nur das Sterben des *einen*, während die *anderen* folgenlos weiterleben. Nicht einmal Ärzte und Pflegende arbeiten weiter, als ob nichts gewesen wäre. Allen tut es gut, einen Menschen ‚gut' ge-

hen zu lassen, auch wenn die medizinisch Tätigen das in ihrer Rolle anders einordnen (müssen) als die Angehörigen. Deshalb spendet Seelsorge ein Sakrament (auch eine Nottaufe, eine Aussegnung) *in eine Gesamtsituation* hinein. Die Sakramentenspendung ist eine Sinndeutung für *alle* Betroffenen (wie auch immer die einzelnen Umstehenden diesen Sinn für sich auslegen), eine Möglichkeit, diese Situation religiös zu bewältigen.

Wenn das Sakrament die Zusage Gottes ist, dass auch *dieser* Mensch in *diesem* Zustand in Gott aufgehoben ist, dann hat das eine Rückwirkung auf die, aus deren Lebenskreis der Sterbende weggeht. Wenn die Beziehung – äußerlich – zerfällt, dann sind alle in diesem Beziehungsgeflecht von diesem Zerfall mitbetroffen: „Wenn darum ein Glied leidet, leiden alle Glieder mit, wenn ein Glied geehrt wird, freuen sich alle anderen mit" (1. Kor. 12,26). Wenn ein Glied mit Gott und der Welt versöhnt wird, werden alle anderen mit-versöhnt.

Deshalb salbt der Seelsorger nicht nur ein (mehr oder weniger bei Bewusstsein befindliches) Individuum, sondern den „Sozialleib" (Werbick 1994, 306). *Einer* wird gesalbt, und *alle anderen* empfangen dies als ‚Mit-salbung'. Was der Sterbende tut, tut er für die anderen mit: den Weg aller endlichen Wesen in die andere Welt gehen. Er kämpft jetzt einen letzten Kampf, der alle menschlichen Kräfte fordert und sie zugleich übersteigt. Und diesen Kampf müssen alle mit-bestehen, *alle* gelangen durch den Tod in einen neuen Status, von dem es kein Zurück mehr gibt. Was also die Umstehenden tun, das tun sie für den, den sie aus der Beziehung entlassen müssen. *Die Letzte Ölung salbt das ‚Intersubjekt'* (wie die Taufe das ‚Intersubjekt' tauft, und nicht nur ein hilfloses Kind). Das Leib-Sakrament Krankensalbung begeht die Berührung, wo Beziehung bedroht ist, es gliedert ein in den – alle übergreifenden – ‚Leib Christi'. Da, wo für die Umstehenden die Beziehungen zerfallen, wenden sie sich an den, der die letzte und tiefste Beziehungsmöglichkeit schenkt: an den Gott, der in Jesus über den Tod hinaus und durch den Tod hindurch Beziehung gehalten hat. Bei dieser Berührung sind alle (die meisten) tief ‚berührt', oft weinen die Angehörigen im Verlauf des Ritus, weil das Intersubjekt stirbt – und auf Auferstehung hofft und diese ‚Auferstehung' einen anderen Sozialleib hervorbringen wird als der, der jetzt stirbt. Deshalb hat – sozialpsychologisch gesehen – *die Letzte Ölung* u.a. die *(eigentlich unersetzbare) Funktion, die Trauer der Weiterlebenden zu eröffnen.* Die Bilder, die jetzt ‚gesetzt' werden, sind ein oft entscheidender Teil für die Trauer, nämlich ihr sichtbarer und öffentlich gemachter Anfang. Deshalb – und vor allem deshalb – wollen, psychologisch betrachtet, die Angehörigen vor dem Tod noch „alles getan haben". Diese Eröffnung der Trauer trägt über den Todeszeitpunkt hinaus. Hier ist bereits der erste ‚Stützpunkt' für das Weiterleben nach dem Sterben des Patienten. Deswegen ist auch die Vorschrift: „Toten wird die Salbung nicht gespendet" sehr in Frage zu stellen. Diese Überlegung wird im fünften Teil dieses Buches aufgegriffen und begründet. Im Zusammenhang mit dem *Übergangssakrament für das Intersubjekt* aber muss ein wichtiger Anteil in der Entwicklung des Sakramentsverständnisses bereits an dieser Stelle verdeutlicht werden.

Natürlich kann man Toten kein Sakrament mehr spenden (und z.B. eine ‚Seele' im Jenseits nachträglich damit heilen). Nach der mittelalterlichen Auffassung war die Letzte Ölung das Heilmittel der Kirche, das den Sterbenden für das Erscheinen vor dem Richterstuhl Gottes vorbereitete. Es galt nur der ‚Seele', war also mehr oder weniger spiritualistisch und entleiblicht; andererseits war es sehr konkretistisch auf bestimmte Wirkungen an der ‚Einzelseele' ausgerichtet. Ein *heutiges Sakramentsverständnis* muss auch die *Beziehungs-Dimension und die Prozess-Dimension beinhalten:*

– Der Tod ist – auch medizinisch – ein Prozess. Immer öfter wird durch die moderne Medizin der exakte Todeszeitpunkt zerdehnbar und unanschaulich. So geht z.B. die Hirntod-Definition von einem irreversiblen Verlauf mit bestimmten Zäsuren aus: Zwar sind noch nicht alle Zellen des Körpers abgestorben, es sind noch Partialfunktionen erhalten, aber es gibt eine entscheidende Etappe, ab der der Todesprozess unumkehrbar abläuft (Wagner 1998, 59 f).

– Der Tod bricht in die Beziehung des Intersubjekts ein, er erschüttert das ganze Gefüge – gerade auch wenn im Zeitalter der Hoffnung auf Rettung durch Notarzt und Maximalmedizin die Angehörigen bei erfolgloser Hilfe oft erst *nach* dem Tod zu ihrem Verstorbenen zugelassen werden. Hier ist das Intersubjekt in Not – dieses braucht Stärkung und Aufrichtung, nicht nur eine sehr konkretistisch gedachte Einzelseele.

– Für die Umstehenden ist auch nach der medizinischen Todesfeststellung die ‚Tür der Todesschleuse' und damit der Beziehungsraum mit den Angehörigen noch offen. Sie sind noch ganz verbunden mit ihm, mit seiner ganzen, auch leiblichen, Gestalt (nicht nur mit der unsterblichen Seele).

Auf diesem Hintergrund relativiert sich die ‚Salbung an Toten': Wenn der Tod (sogar auch medizinisch) ein Übergangsgeschehen ist, dann ist der gerade Verstorbene *eben erst* zu der zugleich gefährlichen wie schwierigen ‚Reise' aufgebrochen. Es ist, als könnten die ihm Nahestehenden am ‚Todes-Zug' noch ein Stück weit ‚entlanglaufen' – bevor dieser immer schneller wird und man umkehren muss zum ‚Bahnhof', von dem aus ‚Züge in den Tod' fahren (Beerdigung) und ‚Züge ins Leben' (Trauer). Die Vorstellung ist also durchaus nicht abwegig, diese Todesreise anfangs noch mit einem Sakrament begleiten zu können: Ist nicht der, der *jetzt* (und nicht nur im Sterben) *alle Kräfte und allen Schutz braucht*, um diesen Durchgang zu bestehen, religiös und sakramental begleitungsbedürftig und -würdig? Und muss nicht das vom Tod betroffene Intersubjekt durch eben dieses Sakrament zugerüstet werden für diesen Prozess, der oft als Schock alle trifft und erschüttert?

Ist es nicht vorstellbar (im Notfall), den Toten *am Beginn* der ‚Todesreise' noch sakramental zu versorgen? Auch der Begriff ‚Wegzehrung' geht ja von der Vorstellung aus, dass jemand für einen längeren ‚Weg' zugerüstet wird, der durch den Tod in eine andere Welt führt. Von diesem geistlichen Vorrat soll er auf dem Weg zehren können. Noch bis in die Mitte des 20. Jahrhunderts wurde der Tote ja auch durch ‚Totenwache', ‚Öffnen und Schließen des Fensters', durch ein ‚letztes Geleit' usw. aus der Welt hinaus begleitet. Da hat die Gemeinschaft diese Prozessvorstellung tradiert, während die Sakramenten-Theologie diesen Teil abspalten konnte bzw. abgespalten hat. Seelsorge heute hat die Aufgabe, diese rationalistische Spaltung aufzuheben und in ganzheitlicher Absicht die Prozess-, Beziehungs- und religiöse Dimension zusammenzuführen. – Rituelle Diakonie muss auch bereit sein, die Verbundenheit über den *medizinischen* Todeszeitpunkt hinaus *spirituell* möglich zu machen.

Die theologische Lehre von der Letzten Ölung wurde in einer Zeit entwickelt, als der religiöse Kosmos und der gesellschaftlich-soziale eine Einheit bildeten. Von diesem bekam der einzelne Mensch Identität und seinen Platz in der Welt zugewiesen. Im Übergang des Todes mussten deshalb die Beziehungen zu den Umstehenden nicht eigens berücksichtigt werden: Es ging um ein Geschehen zwischen Gott und einer ‚geistigen Seele'. Die Umstehenden waren ja ihrerseits über den religiösen Kosmos mit Gott in Verbindung.

Heute, nach der Auflösung dieses Kosmos, in einer Zeit von Individuum und Subjekt muss der Abschiedsprozess der Angehörigen auch als psychisches und soziales Geschehen gesehen und gestaltet werden – nicht nur als objektives ‚Abliefern einer Seele für den Himmel'. Was einmal vom religiösen Kosmos geleistet wurde, das muss heute subjektiv ein- und symbolisch nachgeholt werden. Auch deswegen ist die ‚Letzte Ölung' *nicht nur die Salbung des Sterbenden*, sondern *zugleich auch eine Salbung der Trauernden!* Solange der alle und alles verbindende ‚Kosmos' noch existierte, konnte dieser (implizit) die Trauer der Zurückbleibenden auffangen: Die Welt der Lebenden und Toten war eine Einheit. Aus nachmittelalterlicher Sicht muss die mit der Realisierung „er ist ja tot" beginnende Trauer auch religiös einen Ort haben: Der letzte Moment des Sterbens des *einen* wird zum ‚ersten' Moment der Trauer des *anderen*.

2.2. Die Religion als Schutzschild

Die Krankensalbung ist in der Letzten Ölung zu einer sinnenhaften Verabschiedung ‚auf immer' geworden, ein Zuwinken bei der Abfahrt in eine andere Welt.

Geheimnis des Todes
Die meisten bekannten Kulturen verlangen für das Geschehen um den Tod ein Durchgangsritual. Es geht nicht wie bei der Geburt, Geschlechtsreife, Partnerwahl um einen neuen Status in dieser Welt, sondern der Sterbende geht auf einen neuen Status zu, der ihm *durch den Tod zugemutet* wird, durch einen Übergang in eine jenseitige Welt, jenseits des Todes. Der Tod ist das größte Geheimnis des Lebens, das unheimlichste zugleich. Das Sterben reißt eine tiefere Schicht im Menschen auf, als man sich das in guten (und frommen) Tagen vorstellt. Ich habe bei vielen Sterbebegleitungen nur wenige Menschen erlebt, die gelassen und ausgeglichen auf diese letzte Grenze zugegangen sind. – Die Kunstgeschichte, die Mythologie der Völker, die Träume von Patienten lassen einen Blick in diese tiefere Schicht zu: Sterben und Tod sind bei vielen Menschen mit Urbildern, dämonischen und friedlichen, verbunden (vgl z.B. Condrau 1984; Steffen 1987; Hark 1995; Kearney 1997, dort jeweils auch weitere Literatur). Der Abgrund ist voll erschreckender, aber auch hilfreicher Bilder – oder er ist das gähnende oder gleichgültige Nichts, geht es doch um einen ‚Weltuntergang': *Die ganze mit dem Sterbenden verbundene Welt stirbt*. Auch in dieser Schicht wurzeln die Ängste von Patienten und Angehörigen, auch hier sind Motive, die Religion als Schutzschild gegen diese Mächte herbeizurufen – oder (fast im selben Atemzug) diese Dimension zu meiden, weil Religion ja diese Schicht mit ihren Bildern wecken könnte. Auf keinen Fall dürfen diese Geister zu früh beschworen werden, könnten sich doch mit den

guten Geistern auch die dämonischen melden: „Das könnte den Patienten beunruhigen", wenn nicht gar zu Tode erschrecken.

Bote des Lebens! – Bote des Todes?
Es bricht also angesichts des Sterbens nicht nur („leider", „ärgerlicherweise", wie viele Autoren beklagen) die ‚alte Tradition' immer wieder aus, sondern es meldet sich die Schicht, die zu allen Zeiten schon bei schwerer Krankheit und erst recht beim Sterben mit in Resonanz kam: die der ‚Todesengel'. Alle Aufklärung der Theologie kann sie nicht vertreiben, in Esoterik, Astrologie, neuen Kulten schafft diese Unterwelt sich eben neuen Ausdruck, während die Liturgie der Kirche sie schon abschaffen wollte. Müsste es nicht wenigstens die Religion sein, die das Sterben und den Tod ‚mit gutem Grund' zur Sprache bringt? Freilich, sie wird es seelsorglich tun, nicht in kühler Richtigkeit und nicht mit der Versuchung, Menschen mit dem heiligen Geheimnis zu drohen oder sie damit zu erziehen. Gerade die Seelsorge weiß um die seelischen Abgründe, in die Menschen stürzen können – und sie weiß zugleich um die vielen Bilder und Symbole, die Menschen helfen, ‚die Wahrheit' auszusprechen, ohne dass diese Wahrheit unerträglich oder gar vernichtend wird.

Gerade in der Zeit des Sterbens und beim Tod ist die ‚Haut zwischen dieser und der anderen Welt' besonders dünn. Da wird die Hilfe der Religion angerufen:
– als Helfer bei der letzten Reise,
– auf dem Weg, auf dem die Seele am meisten gefährdet ist,
– als Eröffnung des Weges, der durch unbekanntes Gelände führt,
– als Begleitung bis an die Tür, durch die kein Lebender durchkommt, ohne zu sterben,
– als Ermutigung, auch mit der Angst getrost weiterzugehen,
– als Schutz vor abgründigen Erfahrungen und
– als Hilfe für die Angehörigen, dass sie sich ein Bild vom Übergang machen können und den Sterbenden im Schutz Gottes wissen.

Gleichgültig, ob sie nun sakramental richtig eingeordnet und in ihrem Inhalt verstanden werden, niemand kann daran zweifeln, dass Menschen dann „nach der Gegenwart des höchsten Archetyps verlangen" (Borobio 1978, 119).

Nur wenn das Gewicht des Todes angenommen wird, wird die Repräsentation des Heiligen glaubhaft: Wer dem Geheimnis des Todes ausweicht, wird – als Amtsträger – auch nicht das Geheimnis des Lebens ‚mitbringen' können. Nur das erste setzt das zweite frei, sonst ist der

Ritus bloße Pädagogik, nur eine Fassade des Glaubens, dann kann er die spirituelle Dimension nicht tragen.

Eine wichtige Gemeinsamkeit zwischen Medizin und Seelsorge gilt es hier kurz anzuschauen: Auf ihrer Ebene sind auch Ärzte Träger des Geheimnisses von Leben und Tod. Medizin kann letztlich nicht ‚den Tod' aus ihrem Gebiet verbannen und ihn ins Gebiet der Religion hinüberschicken. Zwar herrscht immer noch unterschwellig die Zweiteilung:
- Der Arzt gilt als der Lebensbote.
- Der Priester gilt als der Todesbote.

Aus der Sicht des Patienten mag das eine Entlastung sein: Er kann das Ringen um seine Wahrheit so leichter darstellen und zwischen Hoffnung und Angst hin- und hergehen. Vonseiten der Medizin gilt es aber, um des ganzen Lebens willen die Annahme dieser Projektion aufzugeben und sich dem Patienten ganz zur Verfügung zu stellen. Wenn der Arzt in seinem Fach der Todesprojektion nicht ausweicht, kann er auch zum Träger des ganzen Lebens bis zum Tod werden (Linderung von Leid, Lebensqualität, Sterbebegleitung, zu Grenzen stehen). Im Prinzip gehen Medizin und Seelsorge zunächst getrennte Wege – aber am Ende muss daraus eine gemeinsame Strecke der Sterbebegleitung bis zum Tod werden: „Getrennt gehen – vereint dem Tod begegnen."

Auch die Kirche muss bereit sein, die Projektion vom ‚Todesboten' wieder anzunehmen. Denn nur dann wird sie im Gegenzug auch den guten Geist repräsentieren können. Wie erleichtert sind die Umstehenden oft, wenn das ‚Letzte' ausgesprochen wird. Der Seelsorger wird ja in vielen Fällen zur „Krankensalbung" gerufen – dabei wissen Angehörige, Pflegekräfte und Ärzte sehr wohl, dass sie das Sterbesakrament damit meinen. Der Seelsorger ist es dann oft, der ‚öffentlich' ausspricht, worum es sich handelt:
- „Herr A., Sie haben um die Krankensalbung gebeten – es wird wohl die Letzte Ölung sein."
- „Wir feiern jetzt miteinander die Krankensalbung – wir müssen davon ausgehen, dass es die Letzte Ölung für Ihre Mutter ist."

Der Amtsträger ist bei der Letzten Ölung keine Privatperson, sondern der Repräsentant ‚des Heiligen'. Er ist nicht nur ‚Durchführer', der durch das Ritual führt, sondern zuallererst ‚Anführer' (Josuttis 1996, 18 ff.) auf dem Weg ins Geheimnis. Der geistliche Begleiter von Kranken geht *den Spurrillen nach*, da geht der Patient (psychologisch gesehen) *voraus*. Der seelsorgliche Begleiter ist im Wesentlichen aktiver Zuhörer, er sagt, tut, was er aus der Einfühlung in den

Patienten heraus ‚hört', wahrnimmt .... Der geistliche Liturge am Sterbebett ist jedoch auch Mystagoge, der ‚das Geheimnis' eröffnet. Er ist *Vorausgeher*, er hört und sagt mehr, als er alleine zu sagen wagte. In einem tieferen Sinn ist er mehr als nur ‚Begleiter' oder ‚Leiter' des Gottesdienstes: Er wird zum ‚Geleiter', der durch ‚das Geheimnis' hindurch geleitet. Freilich: Er tut das im Namen des Einen, denn „Nur einer gibt Geleite, das ist der Herre Christ ...". Er gibt *nur* Geleit, den Weg *gehen*, das muss der Sterbende selbst tun – und auf je eigene Weise die Mitglieder des Intersubjektes. Das ist gerade das unersetzlich Spezifische der Letzten Ölung: Sie wird zur ‚Todesweihe'. Der Mensch wurde nicht nur ‚eingeweiht' ins Leben, in die Jugend, in die Ehe, sondern er wird als Sterbender auch ‚ausgeweiht' aus dem irdischen Leben und eingeweiht in ein anderes Leben. Das Leben des Menschen führt durch viele Krisen und Probleme, Beziehungskrisen, Schuldig-Werden, Krankheiten, berufliche Krisen, Misserfolge, Konflikte. Die sind nicht absehbar und mehr oder weniger schwer, und doch sind sie ‚normal'. Das Leben kennt aber auch *Krisen, die vom Lebenslauf selbst gefordert sind*: Geburt, Pubertät, Erwachsen-Werden, Altern – und am Ende der Tod. Solche Lebens-Übergänge haben einen passiven und einen aktiven Aspekt. Geburt, Erwachsen-Werden und Altern etwa werden dem Menschen zugemutet und er wird unausweichlich in sie hineingestellt. Der Mensch kann aber andererseits ‚aktiv' diesen sich vollziehenden Übergängen ins Auge sehen und sie bewusst als sein Schicksal mit Risiken und Gestaltungsmöglichkeiten übernehmen und sich in seiner Freiheit zu ihnen stellen. Dann wird er nicht nur schicksalsmäßig von seinem früheren Zustand getrennt, sondern er kann Abschied nehmen und sich bewusst in einen neuen Zusammenhang stellen.

Diese beiden Aspekte finden sich auch im christlichen Sakramentsverständnis wieder: An entscheidenden Übergängen des Lebens verbinden kirchliche Sakramente den Abschied von einer bisherigen ‚Welt' und die Einführung in ein neues – diesseitiges – Leben mit dem Schicksal Jesu Christi. Einzig der leibhaftig erfahrbare letzte – diesseitige – Abschied, *das Sterben* fordert die Glaubenden dazu heraus, sich auch leibhaftig und nicht nur im übertragenen Sinn in den *Tod* Jesu Christi eintauchen zu lassen. Zulehner (1991, 61) spricht denn auch von der Krankensalbung als ‚Todestaufe'. Dem Menschen wird das Überschreiten einer Schwelle zugemutet, hinter der er zu einer anderen Welt gehört. Das Sakrament der Taufe sagt: Du gehörst diesseits und jenseits dieser Welt zur Welt Jesu Christi, d.h. in den Lebensraum Gottes. Greshake betont deshalb in der Krankensalbung den Aspekt der Tauferneuerung und -entfaltung angesichts des Todes (Greshake 1983, 134; 1998, 551). In der pastoralen Praxis zeigt sich jedoch, dass zu dieser ‚Tauferneuerung im Angesicht des Todes' im strengen Sinn nur wenige Schwerkranke aktiv bereit sind, weil bei dieser Taufe nicht ‚das Licht der Welt erblickt' wird, sondern ‚das Dunkel des Todes'. Ebenso rufen die meisten Angehörigen nach diesem Sakrament der Versiegelung angesichts des Todes erst, wenn der Sterbende in einen passiven Zustand geraten ist und das Sterben ihm jede Aktivität genommen hat. Dann, wenn die letztmögliche Trennung sich auf der wahrnehmbaren Ebene schon vollzogen hat, wird die Hoffnung bezeugt, dass der Sterbende *zugleich zu dieser Welt und zu einer anderen Welt* gehört: zur Welt Gottes. Dass er nicht nur dem Tod verfallen, sondern vom Ewigen Leben umfangen ist. – Psychologisch gesprochen sind die Umstehenden hier ein erstes Mal aktiv bereit, auch den Aspekt des ‚Ausweihens' aus diesem Leben mitzuvollziehen, das den Abschied und die Trennung anzeigt. Damit treten sie selbst in eine Übergangsphase ein, aus der auch sie (in aller Regel) sich in einer ‚anderen Welt' vorfinden: der Welt der Trauer. Auch dies braucht ein Sakrament der ‚Taufe': Auch das Intersubjekt wird in den Tod eingetaucht, aus dem es anders wieder auftauchen wird. Deswegen muss es in der Reihe der lebensbegleitenden Sakramente auch ein letztes Sakrament geben, das todesbezogene.

Dies ist das letzte und tiefste Geheimnis des Lebens und des Glaubens. Dieser Status-Übergang verletzt, zerstört und macht Angst – *und* er wird im Glauben geheilt. ‚Letzte Ölung' ist das Symbol der Heilung durch das Geheimnis Gottes selbst. Die Seelsorge kann hier also weitergehen als die Psychotherapie. Sie geht auf eine ganz andere Ebene: „Dein Hinübergang ist getragen von und geschieht in dem Geheimnis, in dem alles Leben steht."

Das ‚letzte Geheimnis' *muss* nicht psychologisch angeeignet werden, es trägt uns alle, die die handeln, und die, die sich überlassen – auch den Patienten im Koma oder den Verwirrten, die ‚schlafwandlerisch' hinübergehen.

Die Letzte Ölung *leitet* den großen Übergang *auf jeden Fall ein*, auch wenn eine letzte Weichenstellung in Richtung ‚Weiterleben', ein Rücktritt von der letzten Schwelle, theoretisch möglich ist. Die ‚Weihe' geschieht in der Regel am Lebenden, denn noch ist er nicht jenseits der Schwelle. Aber „alles ist jetzt vorbereitet", alles liegt jetzt nur noch in der Hand Gottes. Jetzt können alle beruhigt das Letzte kommen lassen. Deswegen ist für viele Angehörige und Sterbende jetzt erst wirklich alles getan, was angesichts des Geheimnisses ‚Tod' zu tun ist, jetzt ist spirituell alles erfüllt. Ob dieses todesbezogene Sakrament der Krankensalbung eines Tages wieder eine von allen bewusst vollzogene ‚Taufe' sein wird, steht dahin. Aus pastoraler Sicht muss Seelsorge bereit sein, das Bedürfnis des heutigen individualisierten und kulturell entkleideten Menschen nach Schutz vor der Unmittelbarkeit des Todes zu achten und die Konfrontation mit dem Tod nicht zu erzwingen. – Menschen müssen ‚das Geheimnis' nicht unbedingt vollumfänglich verstehen und dürfen es dennoch bewohnen und ‚begehen', weil Gott ihnen in der Heimatlosigkeit des Sterbens und der Trauer eine Heimat anbietet.

Mehr als Worte: Ein ‚starker Ritus'
Hier vertiefen sich die Gründe, weshalb es an dieser Schwelle eines besonderen sakramentalen Zeichens bedarf. Angesichts der großen Trennung muss etwas bezeugt werden, was einen Anschluss an die ‚heiligen Bilder' vollzieht, also nicht nur Worte (Gebet), nicht nur die vertraute Kommunion und nicht nur das (alltägliche) Kreuzzeichen. Es braucht ein Zeichen, das genauso gewichtig ist wie das der Taufe.
Die Salbung mit Öl kennt immerhin wenigstens zwei Spuren:
– *das Öl, das als Heilsalbe Wunden heilen lässt* und wohl tut und die Fülle und Freude des Lebens ausdrückt;
– *das Salböl, das zu einem neuen Status führt:* Salbung von Königen und Priestern, die Salbung Jesu zum Christus.
Während die Krankensalbung mehr das Öl der Linderung und Belebung aufgreift, entspricht die ‚Letzte Ölung' dem jeweils einmaligen Statusübergang (wie bei der Taufe, der Firmung, der Priesterweihe). Wenn Menschen für sich oder ihre Angehörigen erst die Letzte Ölung erbitten (und nicht die Salbung während oder bei Eintritt einer Krankheit), dann greifen sie auf etwas Besonderes zurück, das dieser Letzt-Bedeutung gerecht wird. Vielleicht ist es ein mythischer, archetypischer Bestand, der hier aktiviert wird. In einer rituell stark zerklüfteten und verarmten Landschaft lässt sich wohl nicht einfach ein Sakrament wieder beleben, indem man es von seinem biblischen Ursprung her neu aufzubauen versucht. Zwar wurde dieses Sakrament erst ab dem frühen Mittelalter zur Letzten Ölung im engeren Sinn, und sicher war vieles an seiner Entwicklung aus heutiger Sicht theologisch und spirituell problematisch. Aber zugleich bekam es immer mehr eine Bedeutung übertragen, und damit wurde ihm eine Tragfähigkeit zugetraut, die es wie die anderen Sakramente des Übergangs an die großen Reifungskrisen des Lebens gebunden hat. Offensicht-

lich konnte die ‚Krankensalbung' die Energie nicht binden, die von Sterben und Tod ausgelöst wird. Mit der Letzten Ölung wurde die Salbung über Jahrhunderte mit einer Bedeutung ‚aufgeladen', die sich nicht wieder entladen lässt, ohne dass etwas Entscheidendes fehlen würde. Nicht zuletzt verläuft diese Entwicklung parallel zur Entwicklung der modernen Medizin: Deren ‚Riten' vermögen offensichtlich die von der Krankheit entbundene Energie eine Zeit lang zu binden. Und wenn sich von daher keine Hoffnung mehr auftut, wenn alles Machbare gemacht ist, dann braucht es einen ‚starken Ritus'. Wo die letzte Stunde angebrochen ist, ist noch ein Letztes und Letztgültiges zu tun. Das kann nur die Religion: Nicht die Heilung *vom* Sterben, sondern die Therapie *des* Sterbens: Das Ja Gottes vernichtet nicht den Tod, sondern umfasst dessen Geheimnis mit seinem unendlichen Geheimnis.

Übrigens: Ein Ritus ist dann ‚stark',wenn er ‚stark aufgeladen' ist. Das ist die ‚Letzte Ölung',
- weil hier eine der objektiv dichtesten Lebenssituationen (neben dem Eintritt ins Leben: das Scheiden aus dem Leben) unzweideutig mit dem vollen subjektiven Erleben der Beteiligten zusammentrifft;
- weil dafür ein besonderes, nicht alltägliches und nicht verbrauchtes Zeichen (das an einen besonderen Amtsträger gebunden ist) nur für diese einmalige (weil letztmalige) Situation vorgesehen ist und sinnlich erfahrbar angewandt wird;
- weil alte Symbole, mit denen Menschen über viele Jahrhunderte dem (heute wie damals elementar erlebten) Tod begegneten, jetzt auch in dieser persönlichen Situation zum Tragen kommen;
- und weil zugleich der Kern der christlichen Glaubensverkündigung (Tod und Auferstehung Christi) auf die menschliche, aktuelle Situation (das erlebbare Sterben und die Hoffnung auf Rettung) bezogen wird.

2.3. Einige pastorale Implikationen des letzten Sakramentes

Es gibt viele anregende Modelle und Gestaltungshilfen für die Spendung der Krankensalbung. Keine Sammlung von liturgischen Hilfen und Gebeten kann allen Situationen und Aspekten gerecht werden, die man am Kranken- und Sterbebett antrifft. Der Seelsorger muss in konkreten Situationen oft den Themenhorizont erst ertasten und diesen behutsam in Zuspruch, Gebet und Segen, in Worte und Zeichen fassen. Im Folgenden seien nur einige wenige, aber zentrale seelsorgliche Brennpunkte aufgegriffen.

Intersubjekt werden
Der Seelsorger ‚versammelt' am Anfang alle, die dazugehören, die, die da sind, und die, die nicht (noch nicht) da sind oder sein können (vgl. Teil vier). – Dazu gehören oft auch die Verstorbenen, ‚die uns vorrausgegangen sind in die andere Welt'. Oft wird zu Beginn der Patient als der vorgestellt, der er als Träger von Beziehungen ist („Meine Frau", „unser Onkel" ...), *und* über die Menschen, über die er sich identifizierte („Ich bin die Tochter, wir waren einmal zu dritt ..., und das ist mein Mann, also der Schwiegersohn"; „Seine Enkel sind sein Ein und Alles"; „Vor zwei Jahren ist erst seine Frau gestorben"; „Sie hat das einzige Kind schon früh verloren und schwer daran getragen" ...).

Sünde und Würde
Der Seelsorger *formuliert* nicht nur das Symbol, er ist *auch selbst Symbol* für das Heilige. Deswegen repräsentiert er das Faszinosum *und* das Tremendum. Das letzte Sakrament ist nicht nur ein Ritus zur Beruhigung der Gemüter oder zur Verharmlosung des Ernstes bei Sterben und Tod. Angesichts des Letzten meldet sich eindringlich wirkliche und vermeintliche Schuld (ob die Kraft dazu reicht, diese auszusprechen und offen zu legen, ist eine andere Frage!). Die Letzte Ölung weckt auch Gedanken an Sünde und Gericht: Der Tod deckt die Schutzlosigkeit des Menschen vor dem lebendigen Gott auf. Die Angst davor entspricht der Einmaligkeit der Lebensgestalt, die nicht revidierbar ist, und dem letzten Ernst, der daraus resultiert. Nur Liebe ist das Gegengewicht zur Angst. Nicht ‚Wegreden' der Angst und der Schuld sind die Lösung, sondern der liebevolle (seelsorgliche) Umgang damit. Wir *sind* als Seelsorger nicht die Richter – aber wir bringen ‚den Richter' mit. Ich werde diesen ‚Richter' zwar nicht leichtfertig abstreifen, aber auch nicht automatisch aktivieren, wenn es der Sterbende nicht signalisiert. Bei kommunikationsfähigen Patienten und wenn eine angstfreie Beziehung zwischen Patient und Seelsorger besteht, spreche ich jedoch auch von mir aus die Schuldfrage an: „Herr ..., wollen Sie noch etwas klären mit (dem Herr-) Gott oder mit Menschen aus Ihrem Leben?" – Ich werde allerdings auf jeden Fall den Raum dafür eröffnen, dass alle Sünden, alles Versagen und alle Entfremdung von Gott geheilt werden. Oft werden weniger in einer ausdrücklichen Beichte

als in einem ausschnitthaften ‚Lebensrückblick' Sünde und Entfremdung bekannt, angeschaut und in Beziehung zum ganzen Leben gebracht.

Aufs Ganze gesehen darf allerdings die Letzte Ölung *nicht* die *Haupt*bedeutung ‚Sündenvergebung' bekommen. Zum Menschen gehört *mehr als seine Schuld* und sein Sünder-Sein. Der Mensch hat *auch seine Würde* durch die Art, wie er seine ererbten und erworbenen Möglichkeiten, seine Liebes- und Beziehungsfähigkeit, seine Genuss- und Leidensfähigkeit, seine Freiheit und seine Abhängigkeit, seine Endlichkeit und seine unendliche Sehnsucht gelebt und ausgefüllt hat. *Angesichts des Sterbens geht es um das Durchtragen der ganzen Existenz, nicht nur der Sünde.* Das ist meist schmerzhafter und erschütternder als das eine oder andere Versagen, die eine oder andere Verfehlung.

„Wir sind auch einander vieles schuldig geblieben." – Versöhnung des Intersubjekts
Gelegentlich bekennen Angehörige eine wichtige Schuld, ohne die sie den Sterbenden „nicht gehen lassen können". Im Jakobus-Brief heißt es bei der Ölsalbung: „Bekennt einander die Sünden." Es geht also auch um das ‚Einander', die gemeinschaftliche Vergebung.
Nach der Salbung kann man den Raum dafür öffnen: „Möchten Sie (einander) noch etwas sagen, was in einer solchen Stunde gesagt sein will?" – Erschütterung, Liebe, Freude, Klage, Dank, Stille ... in solchen Augenblicken zeigen, dass es beim Abschied um mehr geht, als nur um offen gebliebene Schuld. Dennoch sind viele dieser Äußerungen auch Symbol dafür, dass das Intersubjekt versöhnt sein will. Der *Raum* für diese soziale Schuld ist wichtig, sonst wird vieles zur Belastung in der Trauerzeit (Seelsorge wird allerdings auch später noch helfen, Versäumtes nachzuholen (s. Teil drei)). „Ich habe ihm schon alles gesagt, vorhin, als ich mit ihm allein war", sagen Angehörige manchmal.
In dieser symbolisierten Form wird das Thema ‚Schuld' bei der Letzten Ölung gefüllter und existenzieller verstanden als es der objektivierte Sündenbegriff der religiösen Tradition signalisiert: Angehörige erzählen dem Seelsorger als dem ‚Ältesten der Gemeinde' und dem Repräsentanten des Heiligen, „was er für ein Mensch war", und sie symbolisieren damit: „Ist er so, wie er ist und war, akzeptabel, ‚recht' und ansehenswert vor Gott und vor den Menschen?" Sie müssen und wollen ihn so, wie er ist, vor Gott brin-

gen, auch mit seinen Schwächen und Fehlern. Sie wollen auch stolz auf ihn sein und ihn gut gehen lassen können. Sie vertrauen ihn der Gnade Gottes an, dass dieser ‚gnädig' sei zu ihm und er zugleich ‚Gnade' finde – also Ansehen vor dem Höchsten, dem heiligen Gott. Der Priester segnet diesen Menschen, der – wie jeder Mensch – nur als ‚Fragment' in den Tod geht. Wenn er den Patienten heilend, vergebend berührt, dann berührt und segnet er mit ihm auch seinen ‚sozialen Leib', die Umstehenden. Manchmal explizit, viel eher aber implizit wird damit dem *Intersubjekt* zugesprochen: „Es ist gut so – du hast mit all denen, die zu dir gehören, Ansehen bei Gott."

Das ganze Leben in den Durchgang bringen
Krankensalbung und Letzte Ölung umfassen nicht nur die Sündenvergebung. Auch wenn Sünde und Schuld wichtige Themen beim Abschied des Menschen von dieser Welt sind, so darf nicht der Eindruck entstehen, sie seien in dieser Situation das entscheidende religiöse (und auch christliche) Thema. Erfreulicherweise werden die Texte und Gebete im Rituale „Die Feier der Krankensakramente" dem Anspruch der Seelsorge gerecht, den Kranken und den Anwesenden „das herzliche Mitfühlen der Kirche und den Trost des Glaubens" zu überbringen (1994, 20). Überhaupt machen die erneuerten Texte die Sündenvergebung nicht zum Hauptanliegen der Salbung, sondern ordnen sie in einen Gesamtduktus von Aufrichtung, Trost und Gottes Beistand und Zuwendung ein.
Dagegen ist es eine Engführung, wenn noch jüngst in „Verlautbarungen des Apostolischen Stuhls" die Betonung auf die enge „Verbindung dieses Sakraments mit der Sündenvergebung und mit dem würdigen Empfang der Eucharistie" gelegt wird (Instruktion zu einigen Fragen … 1997, 29). Eine solch einseitige ‚Ladung' des Ritus geht – erst recht, wenn er als Letzte Ölung vollzogen wird – sowohl an der Erlebnistiefe als auch am Bedeutungsumfang vorbei, den dieser große und heilige Übergang im Verständnis der Gläubigen hat und wohl immer schon hatte.
Würde man dieser theologischen Bewertung folgen, dann würde das Sakrament (und damit verbunden sein Spender) in die anthropologische Dürftigkeit und Beziehungsarmut zurückfallen, von der die Letzte Ölung in früheren Zeiten geprägt war. Es geht vielmehr darum, die Lebensfülle und die existenzielle Weite und Tiefe der Abschiedssituation aufzugreifen und die Betroffenen dort ernst zu nehmen, wo sie angesichts ‚des Letzten' anzutreffen sind.

Die entscheidende Bedeutung des Ritus ist, *den Patienten vor Gott zu bringen mit seiner ganzen Existenz.*
Der Ritus ist – vor allem bei der Letzten Ölung – auch ein Symbol, das das Leben des Sterbenden mit seiner Beziehungsgeschichte symbolisiert, d.h. ihm (natürlich nur andeutungsweise und fragmenthaft) eine ‚Gestalt' gibt. Der Ritus holt den Menschen aus seiner alltäglichen, ich-haften Welt heraus und lässt das Leben als Ganzes ansichtig werden. In gewisser Weise geht es hier also um eine symbolische Zusammenfassung des Lebens. Dafür ist im offiziellen Ritus wenig Raum. Die Gedanken und Gebete der Krankensalbung sind ja auch an der Krankheit und nicht am letzten Durchgang orientiert.
Deshalb ist es eine Möglichkeit, die Formel des Ritus bei der Salbung der Hände zu ergänzen:

Bei der einen Hand: „Der Herr, der dich von Sünden befreit, rette dich. Er nehme all das in seine Hand, was in deinem Leben durch deine Hände gegangen ist:
– was du berührt hast, zärtlich und liebevoll, aber auch alles, was du hart und entschlossen angepackt hast,
– alles, was du zustande gebracht und aufgebaut hast, alles, womit du tätig warst und mitgeholfen hast zum Gelingen des Lebens; Gott segne alles, was du zum Leben beigetragen hast,
– aber auch alles, was du nicht zustande gebracht hast, was du verletzt hast oder zerstört, alles, was dir aus den Händen geglitten ist, wozu du die Kraft nicht hattest – nehme Gott in seine Hand. Er mache es heil und ganz.
– Gott nehme auch in seine Hand, was du in deinem Leben Schweres tragen musstest (die Last deiner langen Krankheit, die Last deiner Behinderung, den Schmerz der Scheidung, die Trauer über das früh verstorbene Kind), aber auch das Glück, das du mit deiner Frau, deinen Kindern aufbauen durftest, das ganze gemeinsame Leben.
– Und Gott nehme in seine Hand, was du zur Zeit nicht tragen kannst, weil du zu schwach dazu bist. In seiner Hand ist es gut aufgehoben, bis du es wieder selbst aufnehmen und weitertragen kannst. Oder (bei der Letzten Ölung): Gott nehme in seine Hand, was du wohl nicht weiter wirst tragen können, was du aus der Hand legen musst, wofür du nicht weiter sorgen kannst. In seiner Hand ist es gut aufgehoben – was du begonnen hast, er bringt es zur Vollendung."

Beim Salben *der anderen Hand* ist eine mögliche Ergänzung der stärkende, fürsorgliche und schützende Aspekt:
„In seiner Gnade richte er dich auf. Er führt dich den Weg deines Lebens, er kennt den Weg und das Ziel, wir wissen zu wenig; Gott weiß, wo es hingeht.
Er sende dir deinen Namenspatron, den heiligen N. ..., die heilige N. ..., der/die dich beim Namen kennt und sich deiner annimmt. Gott sende dir seinen heiligen Engel (oder ‚deinen Schutzengel‘, oder in unmittelbarer Todesgefahr: den ‚Heiligen Michael‘), der sich auskennt im Dunkel des Lebens und auf dem Weg zwischen dieser und der anderen Welt. Er wacht über dir (auch in deinem tiefen Schlaf). Er weiß, wo es zum Licht geht und ins Ewige Leben.
Sei getrost, Gott hält dich bei der Hand, er lässt dich nicht los, in Ewigkeit nicht. Amen."

Den Ritus abschließen
Am Ende des Ritus kann der Seelsorger die Umstehenden einladen, dem Patienten auch ein Zeichen des Segens (und damit eine Bekräftigung der und eine Zustimmung zur Letzten Ölung) zu geben, z.B.:
„Ihre Eltern haben Sie gesegnet, als Sie noch Kinder waren. Jetzt ist die Zeit, dass die Kinder die Eltern segnen", oder : „Sie dürfen ihm ein Kreuzzeichen auf die Stirn machen. Damit sagen wir wie einem Kind vor dem Schlafengehen: ‚Mach's gut heute Nacht, Gott schütze dich' ".
Besonders bewegend ist es, wenn der Sterbende die Kraft hat, die Zurückbleibenden zu segnen. Er, der der Vollendung seines Lebens entgegengeht, der die andere Welt schon auf sich zukommen sieht, hat eine besondere Würde. Er, dessen Schicksal bereits von der anderen, überzeitlichen Welt bestimmt wird, ‚segnet das Zeitliche' und die Zeitlichen. Angesichts seines Lebensendes fasst er seine ganze Liebe, seine ganze Weisheit und seine ganze Hoffnung in einen Gestus zusammen. Letztlich aber ist Gott selbst, in dessen Nähe der Sterbende ja bald sein wird, dabei der Segnende: Er wird das letzte Vermächtnis dieses Menschen ganz gewiss erfüllen.
Der Seelsorger kann die Umstehenden auch dazu anregen, dem, der jetzt ‚hinübergeht‘, ihre Bitten und Anliegen mitzugeben und sie vor Gott zu tragen. Wer von den Umstehenden sein Anliegen nicht laut äußern mag, kann sie dem Scheidenden ins Ohr sagen. So wird der Sterbende zum Boten für die andere Welt, einer, der für die Weiterlebenden einsteht bei Gott.

3. Krankensalbung: Wir brauchen das Sakrament der Begleitung und das Sakrament der Lebenswende

Mit der Betonung der Letzten Ölung soll auf keinen Fall die hohe *Bedeutung* der Krankensalbung geschmälert werden. Sie ist und bleibt ein wichtiges Angebot, aber sie kann das ‚letzte Sakrament' nicht verdrängen. Überhaupt geht es in der Krankenpastoral nicht zuerst um die Sakramente selbst, sondern um eine qualifizierte Begleitung. Wenn die Seelsorge mithelfen kann, dass Krankheit und Sterben für den Patienten und seine Angehörigen ein bewusster Lebens-, Abschieds- und Neuwerdungsprozess werden, dann ist das bereits ein entscheidender und grundlegender Dienst.
Seelsorge hat aber auch (symbolisch oder explizit) die Aufgabe des Sterbe-Geleits, das in einem anderen Horizont als die Begleitung steht: Sie ist Mystagogik angesichts des letzten Durchgangs. Das Mysterium, um das es geht, ist vielschichtig, es hat – auch psychologisch, soziologisch und tiefenpsychologisch – eine Tiefendimension. *Pastoraltheologie muss mit dieser Dimension in Kontakt kommen,* auch die unbewussten Symbolisierungen der Betroffenen müssen geachtet und dürfen nicht vorschnell als magisches oder überholtes Verständnis abgetan werden. Kirchliche Riten haben zu allen Zeiten auch religionsgeschichtliche Entwicklungen *mit* aufgenommen; sie waren nie nur eine unmittelbare Darstellung der biblischen Texte (sonst gäbe es weder das Kirchenjahr, noch die Messe, noch den größten Teil der religiösen Kultur).
Die Krankensalbung mit all ihren gut gemeinten Auslegungen konnte die Todesnähe nie abstreifen. Die betroffenen Menschen (und wer ist das letztlich nicht?) haben die ‚weg'-Entwicklung von der Heiligen Ölung als Übergangsritus nie richtig mitvollzogen und erklären nach wie vor die Krankensalbung zum ‚Sterbesakrament'. Zwar hat das Sakrament der Krankensalbung in seiner geschichtlichen Entwicklung gefährliche Engführungen erfahren. Bei weitem nicht alles, womit es beladen wurde, war erlösend und heilend; manches war aber sicher in seinem kulturellen Kontext nicht so bedrückend, wie es aus heutiger Perspektive erscheint. Dennoch mussten und müssen auch sakramentale Praxis und sakramentales Verstehen durch Interpretationsprozesse, Reinigungen und Vertiefungen hindurchgehen.
Ein Sakrament mit dem Charakter eines Übergangsritus ist aber auch mit einer Weisheit aufgeladen, die es zu achten gilt und die sich

nicht beliebig abstreifen lässt. Ein alter, hoch aufgeladener Ritus ist offensichtlich immer besser als ein ‚neuer', gut gemeinter. *Ein Ritus, der einmal die Todesprojektion (auch mit ihrer grauenvollen Seite) getragen hat*, ist offensichtlich immer noch stärker als einer, der ‚nur' heilen und trösten und die Gedanken an den Tod vermeiden will. Im Grund tritt aber auch die so verstandene Krankensalbung mit den sich bei jeder ernsthaften Krankheit einstellenden Gedanken und Befürchtungen vom Tod in Resonanz und bringt sie auch ungewollt aus dem Untergrund hoch – und das mitten in dem vielfachen Auf und Ab zwischen Bangen um Verschlechterung der Krankheit und Hoffen auf Besserung. Nach dem biblisch-theologischen Reinigungsprozess der 60er- und 70er Jahre des 20. Jahrhunderts wird die Gefahr der Rückkehr in ein unverantwortliches Verständnis (Drängen auf Bekehrung auf dem Sterbebett, Sünden-, Höllen-, Verdammnisdrohung) hoffentlich immer geringer.

Sicher ist die Rücksicht auf und die Einsicht in die anthropologisch-kulturelle Dimension nicht das einzige Kriterium, wenn es um das letzte Geheimnis geht. Jedoch führt die in der Praxis zu Tage kommende Weisheit des Volkes Gottes nicht einfach von der Tiefe des Sakramentes weg, sondern eher mehr hinein. Daher ist es an der Zeit, die notwendige Spannung zwischen dem main-stream der nachkonziliaren Pastoraltheologie und der Aneignung im christlichen Volk – anthropologisch begründet – wieder herzustellen: Man wird also „einen Zwischenweg zu gehen haben, der die Polarität dieses Sakramentes zwischen Krankensalbung und Letzter Ölung ernst nimmt" (Greshake 1997, Sp. 422). Was als ‚Rückentwicklung' zur Letzten Ölung erscheint, ist im Grunde *auch* als Weiterentwicklung der Krankensalbung zu verstehen, weil sie den Übergangsritus und damit die letzte Lebenswende, den Tod, wieder mit-aufnimmt. In den obigen Überlegungen soll also nicht für eine Rückkehr von der Krankensalbung zur Letzten Ölung plädiert werden, wohl aber für ein neues Ernstnehmen der Letzt-Situation und ihrer Bedeutung – und damit für eine neue Wertschätzung der *Krankensalbung als Letzte Ölung*.

Die ‚letzte Reise' eines Menschen ist zu wichtig, als dass sie nicht mit einem (dem alten, nicht veralteten) Todessakrament eingeleitet würde. – Wenn es die Letzte Ölung nicht gäbe, müsste man sie erfinden.

DRITTER TEIL:

DIE TRAUER IM KRANKENHAUS – EINE GRAMMATIK FÜR SEELSORGER UND ANDERE HELFER*

1. Eine vielfach übersehene Wirklichkeit
Das Thema ‚Trauer im Krankenhaus' legt nahe, sofort an die Trauer im Umkreis von Sterben und Tod zu denken. Beim Tod eines Menschen schließen Sterben und Trauer unmittelbar aneinander an. Im Krankenhaus wird allerdings die dann beginnende Trauer nicht mehr als Aufgabe gesehen, für die die dort Tätigen noch zuständig sind. Deren Aufgabe ist mit der Abwehr des Todes und, wenn dieser dann doch eintritt, der Feststellung des Todes durch den Arzt erledigt. Aber bereits an diesem Übergang haben die Professionellen und hat die Institution noch eine wesentliche, oft übergangene Funktion als ‚*Wächter*' an den Grenzen des Lebens und des Todes: Wer nämlich ist dann für die Angehörigen, ja sogar: Wer ist dann für den gerade Verstorbenen ‚zuständig'? Auf letzteres Thema wird in den Teilen vier und fünf näher eingegangen.
Es gilt jedoch, noch viele andere Schichten und Situationen von Trauer wahrzunehmen. Nicht nur im unmittelbaren Umkreis des Sterbens, sondern an vielen Stellen des Lebens brechen Verluste und Trennungen in das Haus der Seele ein und verwüsten es und lassen es oft unwiderruflich verändert und teilweise zerstört zurück. „Vor 10 Jahren ist mein Mann gestorben – ich bin heute noch nicht fertig damit." Wie oft stößt der Seelsorger auf solche Trauer. Zwar kommen Patienten nur wegen einer medizinischen Diagnose oder Behandlung ins Krankenhaus. Aber sie bringen *neben der akuten Trauer* beim Krankheitsgeschehen auch *einen ganzen Verlusthintergrund* mit, der hier bei dieser neuerlichen Krisenerfahrung ‚aufgerufen' wird. Im Krankenhaus oder bei der Verlegung ins Altenheim kommen oft weit zurückliegende Verwundungen wieder ‚vor', sie kommen aus dem Hintergrund in den Vordergrund. Seelsorge begegnet beim Besuch von

---

* Viele Hinweise und Hintergründe zu diesem Thema verdanke ich der Fortbildungsarbeit und den Diskussionen mit Dr. R. Smeding, Amsterdam.

Bett zu Bett neben der akuten Krankheitserfahrung vielen Leidensgeschichten, die in einer betriebsamen Gesellschaft oft alleine und ganz privat erlebt und gelebt werden müssen. Am Grund der Seele schlummern ‚Themen', die in der Begegnung mit der Welt und den Erfahrungen des Krankenhauses virulent werden – und *auch die Aufmerksamkeit der Professionellen verlangen.* Oft genug stellt sich heraus, dass diese Themen für die Verarbeitung von Krankheit und für die seelische Gesundheit eine eminente Bedeutung haben. Vor allem diese in die Lebensgeschichte hinein verwobene Trauer soll im Folgenden beachtet und zum Thema für Helfer – vor allem seelsorgliche – gemacht werden.

2. „Selig die Trauernden ...." – ein Leitmotiv?

Trauer ist wie andere schmerzliche Lebensprozesse und Gefühle leicht in Gefahr, übergangen und unterdrückt zu werden – von den Betroffenen selbst, aber auch vor allem von der nichtbetroffenen Umgebung. Deshalb soll an den Anfang dieser Überlegungen ein provozierendes, aber vielleicht befreiendes Motto gestellt werden: die zweite Seligpreisung der Bergpredigt. Schon diese kurze Sequenz aus dem Neuen Testament (Mt 5,4) enthält größere Herausforderungen, als es auf den ersten Blick erscheinen mag:

1. Wenn es um die Seligpreisung der Trauernden geht, dann setzt das voraus, dass *die Betroffenen selbst überhaupt authentisch vorkommen dürfen.* Am Anfang aller Begleitung muss die Wahrnehmung des Prozesses Trauer stehen, gerade auch weil es vielen Menschen in Trauer schwer fällt, ihr eigenes Erleben bei sich selbst anzuerkennen und es zudem noch vor anderen zu öffnen. Auch Seelsorge mit ihren vorgängigen spirituellen und theologischen Konzepten muss sich immer wieder auf *die Wahrnehmung der Wirklichkeit* des Menschlichen beziehen, will sie nicht an der Leiderfahrung vorbeireden, -beten und rituell -handeln.

Trauer ist zunächst eine Kategorie des Menschlichen, weil Menschen Verluste und Tod erleiden. Deswegen fassen die folgenden Überlegungen eine ganze Reihe von Trauererfahrungen aus der großen Bandbreite, die im Krankenhaus ‚vorkommt', in den Blick, um das ‚Auge' zu schärfen für die Fülle von Verlusten und die Vielfalt von verborgener und offener Trauer.

2. Über das reine Faktum hinaus, dass sie einfach ein Teil des Lebens ist, ist Trauer aber mehr – mehr als etwas, was den Menschen unnö-

tigerweise überfällt, mehr als eine beiläufige oder lästige Begleiterscheinung: Sie hat einen ‚Sinn': „Trauer ist nicht einfach ein psychischer Zustand, sondern ein Prozess, in dem der Mensch unter Einsatz seiner psychischen, geistigen und sozialen Kräfte eine Verlustsituation bearbeitet" (Illhard 1992, Sp. 1201), also auch, theologisch gesprochen, eine vom Schöpfer gegebene Fähigkeit, auf Verluste und Trennungen im Leben zu reagieren und Kräfte zu deren Bewältigung einzusetzen. Um diesen Verarbeitungsprozess besser verstehen, erschließen und begleiten zu können, müssen *Ergebnisse der Humanwissenschaften* herangezogen und Wahrnehmungsmuster entwickelt werden.

3. Das Wort „Selig die Trauernden ..." gibt diesem Erleben des Menschen aber auch eine spirituelle Bedeutung: Trauernde machen nicht nur ‚etwas durch', sondern dadurch wird offensichtlich etwas Grundsätzliches der menschlichen Existenz erschlossen; eine Wahrheit, die der Mensch anscheinend nur durch den Prozess des Trauerns erfährt, sodass Trauernde ‚selig gepriesen' werden können.

Das ‚Selig die Trauernden' ist so gesehen eine eminente Herausforderung an die Umgebung von Trauernden und an die Helfer, diese elementare Lebenswirklichkeit nicht zu übergehen, sondern sich ihr mit voller Aufmerksamkeit zuzuwenden – ist darin doch wohl *eine Qualität und ein Reichtum eigener Art* enthalten, der im ‚Reich Gottes' eine Rolle spielt. Ob es ein ‚Selig' der Trauer gibt und was es zu bedeuten hat, wird zunächst mehr Hintergrund der folgenden Überlegungen bilden, am Ende aber in den Vordergrund geholt werden müssen.

Mit diesen drei *Lesehilfen*
– Grundlagen für eine qualifizierte Wahrnehmung der Trauer und der Trauernden
– Grundlagen für ein besseres Verstehen und Begleiten
– Möglichkeiten der spirituell-religiösen Unterstützung
möchte ich mich der Vielfalt von Trauererfahrung im Krankenhaus stellen.

1. Grundlagen für die Begegnung mit Trauer

1.1 Kontexte und Hintergründe für die Trauer im Krankenhaus.

Wieviel Raum gibt unsere Kultur dem Verlusterleben und der damit verbundenen ‚Arbeit'? – Seelsorge begegnet ständig Menschen, die trauern oder Trauer mit sich herumtragen. Krankenhaus, Altenheim, das Krankenlager zu Hause sind Orte, an denen neue Trauer ausgelöst, aber vielfach auch alte Trauer in Schwingung kommt. Oft bringen nämlich die Einweisung in die Klinik oder der *Krankheitsprozess einen Einbruch in die Lebensgeschichte* mit sich, *an dem sich weitere wichtige Lebensthemen kristallisieren.* Aber nicht nur Patienten, auch Angehörige, auch Mitarbeiter der Klinik signalisieren oft nur beiläufig mitgetragene, aus dem privaten oder beruflichen Bereich herrührende Trauer.

Sicher trauern Menschen heute nicht ‚mehr' als früher, und sicher gibt es heute eher weniger Anlässe dafür als noch vor hundert Jahren. Wohl aber ist die Aufmerksamkeit für die Vielfalt von Trauerreaktionen gewachsen. Die Ursachen sind vielschichtig, in diesem Kontext wichtig sind folgende Beobachtungen:

– *Im Umkreis des Todes eines Angehörigen ist Trauer noch am ehesten anerkannt.* Es gibt dafür allerdings immer weniger allgemein geteilte rituelle Formen. Früher durfte und ‚musste' Trauer in einem gesellschaftlich erlaubten Rahmen gelebt werden, sie wurde gestützt und mitgetragen, aber natürlich auch eingeengt und in ihrem Verlauf von der Gesellschaft mit-(und fremd-) bestimmt. Somit war Trauer zugleich erlaubt, ihr Ausdruck blieb aber letztlich an die öffentlichen Formen gebunden.

– Die Feststellung, dass in früherer Zeit öffentliche Rituale für die Trauerverarbeitung existierten, bedeutet nicht zugleich die Behauptung, Trauer sei damals durch diese rituelle Begleitung mehr oder weniger vollständig aufgefangen und hilfreich verarbeitet worden. Reglementierende Formen ermöglichen zwar öffentlichen Ausdruck für die Trauer und binden das individuelle Ereignis in das Leben der Gemeinschaft ein, müssen aber nicht unbedingt das persönliche Erleben der Betroffenen erreichen und erschließen. Gemeinschaftliche Formen können den Einzelnen auch einsam machen. Auch früher gab es neben und unter dem öffentlich Aus-

gedrückten die *persönliche Trauer, die unsichtbar und unausgesprochen blieb.*
- Heute ist der öffentliche Anteil von Trauer immer mehr im Verschwinden. Trauer zu erleben ist „beleidigend bedeutungslos" (Sonntag 1978, 10) geworden. Es ist zwar an Trauergestaltung alles möglich, aber es fehlt eine Gemeinschaft oder Gruppe, in der Beziehungen möglich sind, auf die der Einzelne auch im Krisenfall zurückgreifen kann. ‚Trauer' ist weitgehend Aufgabe des und der Einzelnen geworden, das Individuum kommt damit zurecht – oder auch nicht. Im Vergleich zu früher, als die Aufmerksamkeit bei Trauer der Gemeinschaft und der Gruppe galt, ist die neue Aufgabe in unserer Zeit, den Blick auf das *Individuum* zu richten und zu sehen, *wo es mit seinen Verlusten bleibt*, wie es Trauer lebt und äußert.
- Die „Schrumpfung der kleinen Lebenswelten" (Zulehner 1991, 22) bringt es mit sich, dass Menschen wichtige Lebensthemen seltener in der alltäglichen Begegnung und in der kleinen Gruppe kommunizieren können. Zwar bedeutet räumliche Trennung z.B. für viele ältere Menschen nicht automatisch auch soziale Isolierung: Im Notfall ist immer jemand erreichbar, aber eben nur im klar deklarierten ‚Notfall'. Wohin also mit den lebensbegleitenden und spontan sich einstellenden und beiläufigen Gedanken, Erinnerungen, Stimmungen, Gefühlen? *Trauer wird oft zum insgeheim mitgetragenen Thema,* vor allem wenn sie nicht im unmittelbaren zeitlichen Zusammenhang mit dem Tod eines Menschen steht, wo es ja noch eine Erlaubnis für diese aktuelle Trauer gibt.
- Demgegenüber wird die gemeinschaftliche Dimension an die Mega-Gruppe abgetreten: Medien, Talkshows und Zeitschriften gestalten eine Art großer Intimität, in der Lebens- und Trauergeschichten tausendfach wiederholt und bis zur Beliebigkeit variiert werden. Trotz solcher ‚Aufklärung' ist es *in der kleinen Intimität fast noch schwerer* geworden, ‚etwas Tröstendes zu sagen'. Die Standard-Antworten: „Herzliches Beileid", „Tut mir leid" genügen dem eigenen Anspruch nicht mehr angesichts derer, die offensichtlich so professionell damit umgehen können. Im Nahbereich will etwas Gültiges gesagt und ausgedrückt sein. Aber wenn man wie die Professionellen zu reagieren versucht, weiß man nicht, was man alles auslösen, wie man ebenfalls verletzen und das wiederum auffangen könnte.
- Für schwierige Lebensprozesse wie Krankheit, Lebenskrisen und Konfliktfälle hat die Gesellschaft professionelle Einrichtungen ge-

schaffen. Normale Trauer-Begegnung macht unsicher: Gehört das nicht besser in fachliche Hände? Auch die normale Trauer? – Damit ist der Weg nicht weit, Trauer doch letztlich in der Nähe des ‚Pathologischen' zu sehen, mit dem nur Fachleute richtig umgehen können. Die Bereitschaft (und Fähigkeit) nimmt ab, sie als Aufgabe des alltäglichen Daseins zu begreifen (Illhard 1992, Sp.1203).
Die gesellschaftliche Landschaft ist also unübersichtlicher geworden, ein eher unsicheres Gelände für die Wege der Trauer. Auf diesem Hintergrund begegnet man als Seelsorger oft sehr unmittelbar dem Trauerthema, das sich *lebensgeschichtlich* angesammelt hat oder das als gravierende Erfahrung (z.B. vorausgegangener Tod eines Angehörigen) unabhängig von der Krankheit mitgebracht wird. Selbstverständlich muss Seelsorge auch bereit sein, die unterschiedlichen Verlusterfahrungen zu begleiten, die *direkt* zu einem Krankheits- und Sterbeprozess gehören, dessentwegen Menschen im Krankenhaus sind. Das betrifft übrigens nicht nur schwer Erkrankte selbst und deren Angehörige, sondern auch die beim Personal ausgelöste Trauer.
Im Strukturzusammenhang von Medizin und ihrem Krankenhaus werden Trauerprozesse tendenziell in die Subjektivität des Patienten und seiner Angehörigen verlagert, das „gehört nicht hierher": Wie das Sterbe-Thema, so ist das Trauer-Thema eine Privatangelegenheit. Das gilt auch für die meistens nicht dementsprechend ausgebildeten Professionellen: Wenn sie sich diesen Prozessen zuwenden, beruht das weitgehend auf ihrem persönlichen Engagement. Zwar werden inzwischen Palliativ-Ärzte und -Pflegende und z.B. bei der Organtransplantation Zuständige geschult. Aber Trauer kommt in den Schulungsprogrammen nur mit wenigen Stunden vor. *Im Klinikalltag muss das Engagement im Wesentlichen persönlich ‚erwirtschaftet' werden*, es geht auf das private Energie- und Zeitkonto. Bei dieser Struktur bietet sich an, die Seelsorge zu rufen. Sie ist immer noch die naheliegende Profession, wenn es um Sterben, Tod und Trauer geht:
– „Könnten Sie mal Frau X besuchen, die ist so niedergeschlagen."
– „Wir machen uns Sorgen um Herrn Y. Seine Frau ist selbst sterbenskrank. Wir fürchten, dass er die Behandlung hier nicht durchsteht. Könnten Sie sich mal um ihn kümmern?"
– „Frau Z will nichts mehr essen und trinken. Könnten Sie mal mit ihr reden?"
Offensichtlich werden der Seelsorge schwierige Situationen zugetraut, bei denen es um Bedrohung des Daseins, Verzweiflung, Sinnverlust und Scheitern, um Zuversicht, Lebensmut und Hoffnung

geht. Aber auch die Seelsorge selbst ist mit ihren Gestaltungsmöglichkeiten von der Individualisierung der Trauer betroffen. Noch bis über die Mitte des 20. Jahrhunderts hinaus konnte sie sich auf ein gesellschaftlich getragenes Gefüge beim Umgang mit Trauer stützen. Die Deutungs- und Ritenkultur der Kirchen brauchte die gemeinschaftlichen Vorgaben nur zu ergänzen. Auf diese Stützen kann Seelsorge inzwischen in immer weniger Fällen zurückgreifen. Sie muss sich genauso wie die anderen Berufe auf Trauer als zunächst aufs Individuum verlagerte Aufgabe einstellen. Da Seelsorge im Krankenhaus weithin Einzelseelsorge ist, müsste ihr die auf Grund der individualisierten Trauergestaltung notwendige differenzierte Wahrnehmung des einzelnen Trauernden eher vertraut sein.

Die Situation im heutigen Krankenhaus bedeutet für die Seelsorge nun allerdings eine eigene Herausforderung: Wegen der Behandlungsverläufe auf Grund heutiger Medizin und der kurzen Liegezeiten im Krankenhaus sind es oft nur eine oder zwei Begegnungen, die Seelsorgende mit Patienten haben, aber in diesen ‚Einmal-Begegnungen' kommt Entscheidendes zur Sprache. Seelsorger treffen Menschen im ‚Querschnitt' der Lebensgeschichte. Familienangehörige, Berufskollegen, Nachbarn, aber auch Pflegende in Alten- und Pflegeheimen, Hospizbegleiter erleben Menschen im ‚Längsschnitt', über eine längere Zeit. Auch das Wort ‚Trauerbegleitung' beinhaltet ja die Vorstellung, Menschen über einen längeren Abschnitt, über viele Stationen begleiten zu können. Was aber ist im Querschnitt möglich und in den dadurch gegebenen Grenzen?

Es zeigt sich, dass gerade der Querschnitt eine besondere Chance enthält, die der Seelsorger nutzen oder auch verspielen kann: „Was – seit 10 Jahren ist ihr Mann schon tot? Und da haben Sie immer noch Probleme damit?" – So könnte der in Trauer unerfahrene Seelsorger (hoffentlich nur im stillen Selbstgespräch) reagieren und das Thema zu übergehen versuchen.

1.2 Trauer-Wissen für klinische Helfer

Die Fähigkeit zu trauern haben wir offensichtlich schon von Anfang des Lebens an (Bowlby 1983). Schon ein Baby schreit, klagt, protestiert, wenn es ein Verlusterleben hat. Auch die weitere persönliche Entwicklung eines Menschen beinhaltet eine unübersehbare Folge von Verlusten, Trennungen, Abschieden und neu entstehenden oder zu ergreifenden Möglichkeiten. Ständig muss der Mensch Verluste erfahren und auf sie reagieren. Offensichtlich ist er vom Schöpfer mit der Fähigkeit zu trauern ausgestattet: Wenn ein Schöpfer die Entwicklung des Lebens mit Trennungen verbindet, dann hat er wohl auch das Leben damit begabt, Trennungen angemessen zu verarbeiten. – Wenn Menschen im Laufe ihres Lebens durch viele Trauererfahrungen gehen, dann bringen sie auch als Patienten im Krankenhaus eine Fülle von Trauer mit. Eine wichtige Frage ist dann: Welcher Trauer begegnet der Helfer, wo ist der Patient gerade: Gelten seine Tränen z.B. einem traurigen Gestimmtsein, weil er zur Zeit etwas so Schweres durchzumachen hat – geht es also um aktuelle Trauer – oder bringt er einen noch nicht lange zurückliegenden Verlust mit, um den er jetzt trauert – oder geht es sogar um die ganze ein Leben lang angesammelte Trauer („Ich hatte ein schweres Leben – von Kindheit an")? Was will hier und heute angeschaut und begleitet werden?

Resonanztrauer und Trauerauslöser – eine hilfreiche Unterscheidung
Gerade in der Querschnittsbegegnung, angesichts einer großen Bandbreite möglicher Trauerreaktionen ist eine erste Unterscheidung wichtig: die zwischen
– den *Ursachen* der Trauer und
– den *Auslösern* von Trauerreaktionen hier und heute.
• Als ich vor ein paar Jahren am Bett meiner gerade verstorbenen Mutter saß, habe ich weniger um den Verlust dieser Frau getrauert – sie war 88 Jahre alt geworden, ich hatte mein Leben längst so gestaltet, dass ich sie nicht mehr ‚brauchte'. Meine Trauer galt mehr der Frau, die für mich das Zuhausesein darstellte, die die Kinder- und Jugendzeit mit ihren entscheidenden Ersterfahrungen an Entdeckungen und Freude, aber auch Enttäuschung und Trauer repräsentierte. Sie galt aber auch der Frau, die das letzte Bindeglied zu früheren Generationen darstellte, die noch vieles von der familiären Herkunft wusste. Sie war natürlicher Sammelpunkt der übrigen Familienmitglieder .... – Was ist mir da alles an Bildern und Geschichten von früher eingefallen!
Durch diesen Tod ist bei mir eine längst vorhandene Trauer aktiviert worden. J. Canacakis bezeichnet als Ursache für einen Großteil dieser Jetzt-Trauer den „Trauer-See" (Canacakis 1990, 74). Dieser See hat sich aus vielen lebensbegleitenden Erfahrungen gesammelt, angefangen mit Erfahrungen in früher Kindheit, Ablösungen von tiefen Bindungen, von Vater und Mutter, Häusern, Freundschaften, Le-

bensphasen, von Vorstellungen, die wesentlich einen Lebensabschnitt prägten. All das füllt den Trauer-See, der unsere Lebensgeschichte begleitet und sie (auch untergründig) mitbestimmt. Wenn dann, oft ganz undramatische, neue Verluste eintreten, wie zum Beispiel eine Einweisung ins Krankenhaus, dann werden in den ‚See' abgesunkene Erfahrungen aktiviert, *der Trauer-See kommt in Bewegung*, manchmal fließen Tränen.
- Zum Beispiel merkt ein Mann, der seit 15 Jahren allein ist, bei seinem ersten längeren Krankenhausaufenthalt einschneidend, wie sehr ihm die Lebenspartnerin fehlt. Die ganze Zeit konnte er sein Leben einigermaßen im Gleichgewicht halten, jetzt da er Patient wird, wird ihm sein Verlassensein wieder umso schmerzlicher bewusst. Vielleicht ist der Auslöser eine Krankenschwester, die sich gerade biestig benimmt. Oder die sonntägliche Krankenkommunion, die ihn an den gemeinsamen Kirchgang mit seiner Frau erinnert. Traueranlässe können also ganz banal und alltäglich sein: eine schmerzliche Erfahrung, wie z.B. im Bett liegen zu müssen, wo man doch so ein aktiver selbstbestimmter Mensch ist, eine verlorene Leistung, ein drohender Verlust in der beruflichen Rolle oder des Ansehens (jetzt ist man ‚nur' Patient und „hier weiß keiner, wer ich eigentlich bin, der Ingenieur oder Werkmeister sowieso, der Vater von drei Kindern, die alle was geworden sind ..."). Es kann auch nur ein trüber Novembertag sein oder helle Sonne, die an schöne gemeinsame Urlaubstage erinnert oder die Kirchenglocken oder eine Melodie im Radio. Dann verbindet sich die tieferliegende (in der Regel ganz normale) Trauer mit der aktuellen und sucht einen Ausdruck. Wenn dann Personen kommen, deren Rolle dafür offen ist, die Krankenschwester oder jemand von der Seelsorge, dann darf etwas vom Trauer-See überfließen.

Begegnung mit Trauernden im Krankenhaus geschieht also nicht nur mit Menschen, die gerade einen Angehörigen verloren haben. Sie ist auch in den wenigsten Fällen ‚Begleitung' (und braucht das auch nicht zu sein), sie ist eher ‚Begegnung', bei der sich im ‚Querschnitt' des Augenblicks ein ‚Längsschnitt' im Patienten auftut, ein Blick ins ganze Leben. Ob das dem Betroffenen bewusst ist oder nicht, *es entsteht eine Resonanz mit früherer Trauer*. Die Trauerauslöser sind oft ganz unspektakulär.

Im Krankenhaus jedoch meldet sich nicht nur diese ‚kleine Trauer'. Gerade dort können dramatische Verlusterfahrungen ausgelöst werden:

⸺ ... Seele, – immer wieder eine Untersuchung,
    ... Grunderkrankung erinnert;
  ⸺ ... ...e Fehlgeburt, Geburt eines behinderten oder
    ... ...des;
  ⸺ ... ...perlichen Integrität;
  ⸺ ... einem Organ oder einer körperlichen Funktion, Ab-
    ... einem Lebensstil durch chronische Krankheit;
  – dr... ... Abschied von Wohnung und Sich-selbst-vorstehen-Kön-
    nen bei alten Menschen („Sie können unmöglich in Ihre Wohnung
    zurück");
  – Trennungs-, Scheidungs-, Familienkonflikte, die „daran schuld
    sind, dass es mir jetzt so geht", und Konflikte, die zusätzlich zur
    Kränkung durch Krankheit jetzt besonders schmerzen;
  – früher erlebte Situationen am Sterbebett oder am Totenbett;
  – Verluste von früher, Trauer von früher, die versunken waren,
    Kriegserlebnisse, Zumutungen, Unglücke, die man weggesteckt
    hat und die sich mit dem jetzigen Leiden zusammen melden;
  – oder auch nur die Erfahrung, durch Krankheit ganz zurückgewor-
    fen zu sein auf ein hilfloses Dasein, wie man sich vielleicht einmal
    als Kind gefühlt hat, als man schutzlos und ohnmächtig dem Le-
    bensgeschehen ausgeliefert war und gerade da Trost und versor-
    gende Nähe entbehren musste.

Die Bandbreite der Trauererfahrungen ist groß, und nicht erst Tränen machen auf sie aufmerksam. Oft ist es ein Stocken im Gespräch, eine Stille, ein „Aber", ein Seufzer.... Auch ungewollt stößt der Seelsorger manchmal in die Tiefe der Trauer: „Haben Sie Kinder, die Sie besuchen?" „Sind Sie verheiratet?" – Selbst bei ähnlichen Verlusten trauern Menschen auf verschiedene, je eigene Weise. Das liegt einmal an dem Trauer-See, der bei jedem Menschen anders gefüllt ist; das liegt an den Bewältigungsmechanismen, die ein Mensch eingeübt hat, nach denen er greift, wenn ein Verlust droht oder eingetreten ist; das liegt an den Ideen, Idealen, Vorstellungen, Fantasien, die zur Identität der Persönlichkeit gehören; das liegt an den Mustern, Zwängen und Erlaubnissen der umgebenden Gemeinschaft und Gesellschaft. In jedem Fall gilt: Der Begleiter kann den Weg des Betroffenen nicht vorgeben. *Vortritt hat immer der Trauernde.* Begleiter gehen den Spuren nur nach, machen aufmerksam, bestätigen. Denn Trauer ist ‚eigen', und das, was Menschen dabei leisten, ist ihre ureigene körperliche und seelische Leistung in einem Feld, das ihnen selbst, zumindest in der ersten Zeit, unbekannt ist und das sich erst im Gehen erschließt. Die vielen kleinen Schritte, zu denen sie fähig sind, wollen auch angeschaut und gewürdigt werden. Wem kann man solche ‚Leistungen' schon vorzeigen, und wer versteht überhaupt, was für Leistungen das sind?

Wie gehen Trauernde ihren Weg? – Resttrauer
Wenn man verstehen will, was Trauernde sagen, dann muss man sich weitgehend von Phasen-Modellen verabschieden (Schibilsky 1989; van der Bout 1996; Smeding, Aulbert 1997). „Es braucht mehr als das Wissen von Phasen, um in einer Gesellschaft das Trauern wieder zugänglich zu machen" (Smeding 1996). Wer auf Phasen achtet, ist in Gefahr, nichts anderes mehr zu sehen: den wirklichen Weg von Betroffenen. Wohl kommt *das Erleben*, das die Phasen beschreiben, durchaus vor. Der Helfer kann Modelle als Anregung in sein Fantasie-Repertoire einbauen und sie als methodische Orientierungspunkte nutzen, kaum aber als Wegweiser für die Begleitung. Erst recht sind sie untauglich als Wegweiser für Trauernde. Sicher lassen sich verbindende Grundzüge des Trauererlebens beschreiben, „die Variationsbreite der einzelnen Trauerwege erscheint jedoch ungleich größer" (Meurer 1994, 201). Auch in der kirchlichen Arbeit wird die neueste Forschung vielfach nicht berücksichtigt: „Das Profil sowohl der liturgischen als auch beratenden Begleitung greift oft genug noch zu wenig die individuell geprägte Trauersituation der Betroffenen auf und gebärdet sich angesichts der einzelnen Trauerwege .... abgeklärt" (ebda, 202). Hilfreich für Trauernde ist, dass sie sich mit ihren Assoziationen, mit ihrem Erleben, mit ihren eigenen Schritten als bestätigt erfahren: „Das ist hartes Leben, was Sie da durchmachen."
Ein wesentlicher Kritikpunkt an den Stufentheorien ist die Annahme oder auch Suggestion, dass Trauer grundsätzlich zu überwinden wäre. Dass man Trauer also abarbeiten könne (und – sicher ungewollt unterstellt – dass das nach einer gewissen Zeit auch geschafft sein müsse). Menschen können durchaus ihre Trauer abgeschlossen haben und dennoch können sie an einer neuen Stelle getroffen und genötigt werden, die Trauer erneut anzugehen. Sie erleben dann, wie das oft mühsam neu geknüpfte Lebensnetz hier und da wieder einreißt. Sie müssen auch diesen erneuten Auslöser in ihr Weiterlebenskonzept einbauen. Solche Auslöser hat der Trauernde nicht ‚in der Hand', er kann überall erinnert werden – und dem kann er nicht ausweichen. R. Smeding nennt diese *Resonanzschicht in der Normaltrauer* „Resttrauer" (Smeding, Aulbert 1997). Zwar treffen diese Ereignisse die trauernde Person erneut. Inzwischen ist sie aber auf einer ‚höheren' bzw. ‚tieferen' Ebene ihrer Trauer, sie hat bereits

Wandlungsprozesse durchgemacht. Sie muss also nicht völlig an den Anfang zurück, aber man kann sagen: Sie durchquert – wieder einmal – die Zone ihrer Resttrauer. Es muss also nicht pathologisch sein, wenn in diesem Sinn ‚Trauer' nicht abgeschlossen ist. Wenn der Trauernde im Prozess bleiben kann, in seinem Gefüge für den Verlust und die Trauer einen Platz sucht und mit weiteren Erfahrungen sein Lebensgut anreichern kann, dann ist Trauer ein Lebens- und kein Todesprozess.

Das Konzept der ‚Resttrauer' ist eine wichtige Grundlage für die seelsorgliche Querschnittsbegegnung im Krankenhaus (und beim verweilenden Kontakt bei anderen seelsorglichen Begegnungen, also auf der Straße, nach dem Gottesdienst, bei der Erstkommunion der Kinder ...). Die Trauermodelle, die von Phase eins nach Phase zwei usw. gehen, beziehen sich immer auf die Zeitdimension (Schibilsky 1989, 220). Sie suggerieren, dass es eine Abfolge gibt und dass eine Erinnerungstrauer ein Rückfall auf frühere Stufen darstellen könnte. Die Gefahr, dass dies von den Helfern als pathologisch gedeutet und durch diese ‚Diagnose' und durch vorschnelle Interventionen der Trauerprozess sogar noch erschwert wird, ist groß. Der Eindruck, auf frühere Stufen zurückzufallen, entmutigt Trauernde, sie fühlen sich nicht verstanden und sondern sich mit ihrem Erleben ab. „Das habe ich noch niemandem erzählt", sagen Trauernde öfter zum Seelsorger. Auch mit ihren religiösen Vorstellungen und ihrem spirituellen Verbundensein mit dem Verstorbenen über die ‚angemessene' Trauerzeit hinaus empfinden sich Trauernde oft komisch: „Ich bin doch noch normal?"

Eine Modellvorstellung, die dieser ‚Resttrauer' gerecht wird, ist das *Bild von einem zyklischen und spiralartigen Verlauf.* In den mehr oder weniger linearen Stufenmodellen gibt es im Prinzip nur ein Vorwärts. Im zyklischen Modell ist vorstellbar, dass auch als überwunden geglaubte Trauer aktiviert wird. Das Modell signalisiert: „Du hast schon viel gepackt, und jetzt will noch etwas gepackt werden."
Es setzt an dem an, was der Mensch schon geschafft hat: „Das kannst du schon, und jetzt gilt es da noch etwas anzuschauen und zu bewältigen." Das zyklische Modell greift die wissenschaftlich gesicherte Erfahrung auf: Trauer *muss nie überwunden sein.*

Wenn ich hier von ‚Resonanztrauer' spreche, dann gehe ich damit von der Vorstellung aus, dass sich die ‚Resttrauer' der vielen kleinen und großen Trennungen, der einschneidenden, aber noch viel häufigeren *namenlosen* Verluste in einem Trauer-See gesammelt hat. Den Begriff ‚Resttrauer' möchte ich reservieren für die Folgen gravieren-

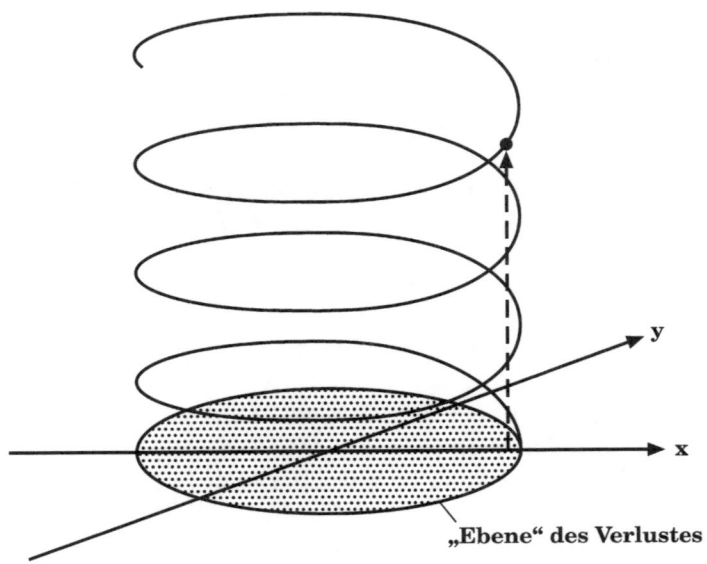

Abb. 3: ‚Resttrauer' kann auf einer höheren Stufe wieder aktiviert werden

der, herausgehobener Verlustereignisse. – So muss man z.B. eher an ‚Resonanztrauer' denken (neben anderen Möglichkeiten), wenn der Seelsorger beim Begleiten von Trauerwegen selbst Tränen in den Augen hat oder wenn Patienten auch ohne gravierende Verluste zu weinen beginnen.

1.3 Trauer erschließen im Querschnitt

In der seelsorglichen Begegnung treffen wir häufig Menschen hier und jetzt in einer Trauer, die eine andere Qualität hat als Trauer im aktuellen Todesfall. Die wichtige Frage für die Seelsorge ist: Wie können wir helfen, den – dunklen – Schatz zu heben, der jetzt gehoben sein will: bei Patienten, die auf einmal still werden, denen eine Träne kommt, die sich erinnern oder ganz ungewohnt reagieren. Wie können diese Menschen bei ihrem Gefühl bleiben, ihrer Regung trauen, dass sie mit einer tieferen Schwingung in Resonanz kommen – auch wenn ihr Erleben seltsam erscheint und sie es gleich wieder wegwischen wollen? Wenn diese Menschen sich verstanden und angenommen fühlen, dann bleiben sie frei, einigen Fäden im Netz ihrer

Lebensgeschichte nachzugehen, abgerissene Fäden zu berühren und hier und da etwas zu verknüpfen, wo sie jetzt neu einen Riss wahrnehmen.
- Eine Patientin sagt zum Beispiel: „Nächsten Monat habe ich sechzigsten Geburtstag – es werden alle kommen." Und beiläufig, leise: „Einer kommt nicht mehr." Der Helfer kann das en passant Gesagte einfach überhören: „Und da freuen Sie sich sicher auf Ihren Geburtstag?" oder: „Das wird sicher ein großes Fest …".

Hier wäre aber die Aufgabe des Helfers, auf die Längsschnitt-Perspektive zu achten, die in der Querschnitts-Perspektive vorkommt und dort aufgefangen werden will: Wenn der Helfer auf das beiläufig Gesagte zu sprechen kommt, dann kann er dieser Patientin die Trauerarbeit ‚erleichtern' und helfen, dass etwas fließen kann, und jetzt und nächstens beim Geburtstag darf die Trauer (und damit auch der Verstorbene) gerade mitleben.

Die zyklische Vorstellung vom Trauerprozess entspricht sowohl den Ergebnissen der neueren Trauerforschung als auch der Tatsache, dass Menschen im Normalfall keine spezielle Begleitung brauchen. Es genügt, dass ihre neu aufbrechende Trauer einen Platz in unserer Aufmerksamkeit bekommt. Dann können sie sich auf ihrem eigenen Weg neu orientieren und den Weg alleine fortsetzen.

Seelsorge muss in ihren professionellen Begegnungen eine reflektierte Grundlage haben, gerade weil sie in Fragen um Verlust und Tod mit einer gewissen Selbstverständlichkeit hineingezogen wird und ihr entsprechende Situationen in besonderer Weise zugetraut werden. – Im Folgenden soll das zyklische Modell weiter entfaltet und in seiner Brauchbarkeit gerade für die Querschnittsperspektive vorgestellt werden.

Im Querschnitt leuchten Längsschnitte auf
Jeder Mensch trauert auf eigene Weise – aber es gilt auch: Jeder Mensch trauert um anderes: Jeder Verlust bekommt in der Lebensgeschichte seine besondere Bedeutung und prägt so Lebenskonzepte mit. Wenn neue Verluste eintreten, dann werden oft andere Ereignisse aus der Trauergeschichte ‚mit aufgerufen'.
- Eine Medizinstudentin wird selbst Patientin in der Klinik. Sie fällt in eine tiefe Traurigkeit: „Ich will doch Medizin studieren, da darf mich doch eine eigene Krankheit nicht so umwerfen", sagt sie zum Seelsorger. Im gerade zurückliegenden Urlaub war sie besonders glücklich – „wie im Paradies". Im weiteren Gespräch fällt ihr ein – diese Traurigkeit kennt sie eigentlich: Als sie selbst sieben Jahre

alt war, ist ihre Mutter gestorben, ein tiefer Einschnitt in ihre bis dahin glückliche Kindheit. Sie hatte gemeint, diesen Verlust längst überwunden zu haben.
- Herr A muss unbedingt am Herzen operiert werden. Aber er weigert sich: „Eine Operation kommt für mich nicht in Frage." Dem Seelsorger sagt er: „Vor fünf Jahren ist meine Frau hier in dieser Klinik operiert worden, hier im Nachbarbau. Sie ist kurz danach gestorben. Aber das verstehen die doch nicht."
- Frau K weiß, dass sie nur noch wenige Wochen zu leben hat. Sie könnte eigentlich die kommende Zeit zu Hause verbringen, ihre Tochter will sie gerne versorgen und pflegen. „Damals als mein Vater gestorben ist", sagt die Patientin, „wurde mein Elternhaus zum Ort des Todes. Mein Vater war kalt und gefühllos. Das bedeutet mein Elternhaus seitdem für mich: eine kalte Kindheit und der Tod. Ich wollte an meiner Tochter alles wieder gutmachen. Sie soll ihr Zuhause nicht mit dem Tod verbinden. In dieser Wohnung soll keiner sterben."
- Frau B hat mit ihrer Familie mit einem Pfarrer zusammen gewohnt. Vor vier Jahren ist dieser gestorben „einfach zusammengebrochen in der Toilette. Das geht mir so nach. Seit der Zeit geht keiner von unserer Familie auf diese Toilette ... und jetzt werde ich dauernd mit etwas anderem krank". Im Gespräch mit dem Seelsorger wird ihr klar, dass sie sich durch ‚den Pfarrer im Haus' mit ihrer ganzen Familie geschützt fühlte. Und jetzt bei ihren häufigen Krankenhausaufenthalten fällt ihr schmerzlich auf, wie schutzlos sie doch ist.
- Eine Patientin hört beim Besuch der Nachbar-Patientin mit. Als die Nachbarin dem Pfarrer noch eine kleine Spende geben will, hakt sie ein: „Wissen Sie, wir haben früher immer einen Pfennig für die Kirchenkollekte bekommen. Wir waren arme Leute, nur einen Pfennig gab es. Und dann kam auch noch der Krieg! Zwei Brüder sind damals im Krieg umgekommen. Und vor 15 Jahren ist auch noch mein Mann gestorben.... Das war alles so schlimm, so schlimm ...".

Es sind immer wieder Trauergeschichten, die in der Zeit eigener Krankheit erzählt werden wollen. Jetzt ist man selber so schutzlos und allein. Jetzt bräuchte man den Partner, die Partnerin so dringend, eine väterliche, mütterliche Zuwendung täte so gut, hier fühlt man sich in die gleiche Trauer und Ohnmacht zurückversetzt „wie damals, als es so schlimm war". „Ich weiß noch, wie ich nach dem Tod meiner Frau das Krankenhaus verlassen habe. Und jetzt muss ich da selbst hinein." Oft werden dem Seelsorger also nicht nur die aktuelle Krankheitsgeschichte erzählt, sondern auch die mitgebrachten, oft verdeckten, Trauerthemen.

Wie kann Seelsorge Menschen in Trauer helfen? Vor allem, wenn ihr oft nur die Querschnittsbegegnung zur Verfügung steht – und doch gerade darin frühere Trauer an die Oberfläche kommt? Was macht Seelsorge mit der ausgelösten und aufgeschlossenen Trauer? Genügt es, nur den Spuren *nach*zugehen? Wie geht der Seelsorger wieder weg?

Eine Wahrnehmungshilfe: Das ‚Kreuz der Wirklichkeit'
In seinem Buch „Trauerwege" hat M. Schibilsky (1989, 224 ff) ein hilfreiches Instrument, eine Art Lesebrille für die Querschnittssituation beschrieben. Trauer ist – wie viele andere Lebenszustände – nicht nur ein Prozess in der Zeit, sondern auch im ‚Raum', dem ‚Innen'raum der Person und dem ‚Außen'raum. Diese Dimensionen bilden das ‚Kreuz der Wirklichkeit'.

Den Mittel- und Ausgangspunkt bildet das Ereignis, in dem *das Leben durchkreuzt wurde*. Ein Verlust, eine Trennung, der Tod haben die Vergangenheit von der Zukunft abgeschnitten. Oft ist dieser Punkt das ‚Ur-Datum', von dem aus die Zeit des Lebens neu gezählt wird: „Heute wäre mein Mann 70 geworden", „In diesem Frühling sind es drei Jahre, dass meine Frau tot ist." Wie Eltern das Alter ihres Babys genau nach Tagen und Wochen kennen, so sind Trauernden oft minutiös genaue Zeitangaben wichtig. Trauernde gehen mit dem Begleiter oft an diesen Punkt zurück. Natürlich sind sie in den 5 oder 10 oder 20 Jahren weitergegangen, aber das Gefühl und die Erinnerung machen sich am Punkt der Durchkreuzung fest. Dort beginnt der Weg der Querschnittsbegleitung. Auch M. Schibilsky beschreibt diesen Weg als spiralförmig: Er durchquert alle vier Dimensionen auf einem prinzipiell nicht endenden Spiralweg. (Bei Schibilsky ist – anders als in Abb.3 – der zyklische Verlauf der Trauer und damit die Spirale in eine ‚Ebene' verlegt. Diese zweidimensionale Modellvorstellung ist aber nur eine erste Näherung. Um die Erfahrung mit der Resttrauer auch in der Querschnittssituation verstehen zu können, muss das Modell gedanklich um die dritte Dimension erweitert werden.)

Das könnte die innere Leitfrage in der seelsorglichen Begleitungs-Situation sein: Wo ist der Patient gerade: innen, außen, in der Vergangenheit, in der Zukunft? Wo ist er nicht, *noch nicht?* Welche Dimension ist sein Lieblingsansatz, welche vermeidet er? – Es gilt, den

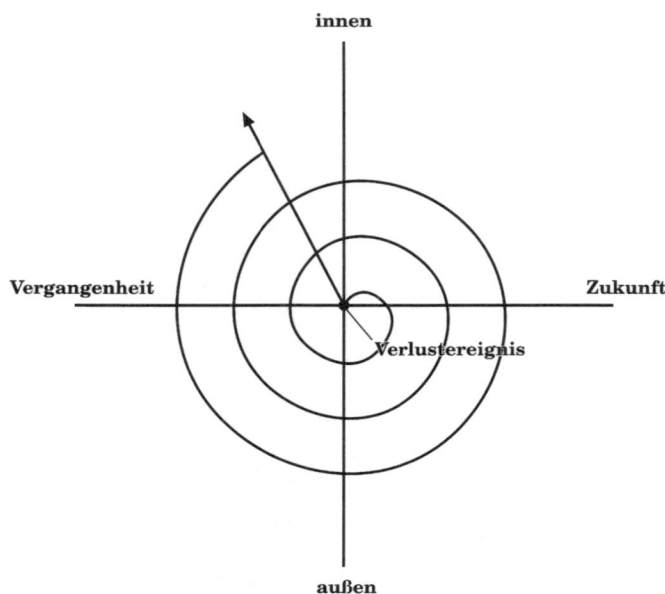

Abb. 4: Der Spiralweg der Trauer (nach M. Schibilsky)

Trauernden da ernst zu nehmen, wo er ist, und ihn nicht dahin bringen zu wollen, wo ich es als Helfer gerne hätte. Ihm Raum und Anerkennung zu geben, ist das Wichtigste in der Begleitung. Deshalb wird der Seelsorger immer wieder im Gespräch ‚erden', in dem er sich und dem Patienten durch aktives Zuhören Gewissheit darüber verschafft, wo der Weg gerade verläuft. Erst nach solcher Vergewisserung wird der Begleiter behutsam nach dem nächsten Schritt fragen: „Woran haben Sie da gedacht?" Oder: „Haben Sie schon einmal daran gedacht ...?" Dabei kann ich hören, wo der Patient beim Reden von der *Vergangenheit* die *Zukunft* andeutet und beim Reden über das *Außen* etwas über das *Innere* sagt. Vielleicht muss er in die Vergangenheit gehen, um einen neuen Ansatz für die Zukunft zu finden und um dadurch – vielleicht dargestellt in der Außendimension – innen weiterzukommen.

- Sehr nahe ist mir noch Frau K., der es bei der sonntäglichen Krankenkommunion wichtig ist zu sagen: „Ich tue vielen Menschen Gutes, auch meiner Mitpatientin hier im Zimmer, ich helfe ihr beim Waschen, hole mal die Zeitung ...." Ich spüre, dass es ihr nicht um Eigenlob geht, sondern um eine Vergewisserung: „Es ist doch gut so, wie ich es mache?" Auf meine Bestätigung: „Sie helfen gerne ihren Mitmenschen?" folgt Schweigen. Dann: „Das versteht vielleicht niemand – ich denke dann oft: Das ist meine Mutter, der ich etwas Gutes tue." Dann erzählt sie, dass sie sich gegenüber ihrer Schwester durchgesetzt hatte, als es um die Frage ging, wer die alte Mutter ins Haus nimmt und pflegt. „Ich habe versprochen: Ich pflege sie gut. Dann ist es eines Tages passiert, als ich nachmittags beim Einkaufen war, da ist sie plötzlich gestorben. Das kann ich nicht vergessen, wo ich es doch versprochen hatte." Seitdem versucht sie, das wieder gutzumachen an anderen, die selbst so hilflos sind.

Die Patientin hat ihre Spirale ‚außen' begonnen, der Weg ging über die ‚Vergangenheit' nach ‚innen', in die Versagensgefühle. Sie hat ein Stück der Spirale begangen. Immer wieder beginnt sie außen, um Vergangenes wieder gutzumachen, um damit inneren Frieden zu finden und vielleicht in der Hoffnung, dass dieser Friede auch in der Zukunft bei ihr bleibt. – Im Äußeren oder an Zukunfts- oder Vergangenheitsthemen werden oft symbolisch innere Zustände festgemacht, die man auf direktem Weg nicht erreichen kann. *Wo ein Trauernder beginnt, da hat ein Mensch seine eigenen Gründe, das gehört zu seinem persönlichen Stil.* Wenn jemand eine Aufgabe zu sehr betont, hat er vielleicht noch Angst vor der Gegenseite. Seit dem Tod der Mutter konnte sich Frau K. nicht vorstellen, es sich selbst schön zu machen – wohl kann sie das anderen ermöglichen.

Indem sie es dem Seelsorger öffnet, sucht sie im Geheimen nach dem noch fehlenden Teil der Spirale, z.B. einer Sinngebung für ihr Leben jetzt und in der Zukunft. Aufgabe der Seelsorge und anderer Begleiter ist es, mit dem Trauernden den Raum um den Tod, um das Ereignis der Trennung zu beschreiben. *Das Ereignis, den Tod können wir nicht begreifen, wir können es nur umkreisen.* Wir können die Trauer nicht weg-machen, erst recht den Tod nicht ungeschehen machen (wie auch eine Schuld nicht und eine Entscheidung nicht). Wir können nur mitgehen mit der Trauer und dem Patienten da helfen, wo er noch nicht ist, wo er noch hingelangen will.

Frau K. konnte in diesem Gespräch ihre eigene Hilflosigkeit äußern, die sie durch ihre Hilfe für Mitpatienten zu verändern sucht. Sie schreibt gerne Briefe. Jetzt will sie ihrer verstorbenen Mutter einen Brief schreiben .... Durch solche Sinnsuche kann sich wieder eine nächste Tür auftun, und Frau K. kann ihren Weg weiter fortsetzen. Achtung: Es geht nicht darum, dieses Verhalten der Patientin einfach *abstellen* zu wollen: „Sie brauchen das nicht mehr. Sie konnten doch damals nicht anders ....". Trauer-Handlungen haben auch eine ‚Nabelschnurfunktion', *Trauer nährt auch, indem sie die Verbindung zum Verstorbenen immer wieder aktualisiert.* Frau K. kann vielleicht durch das Medium Brief eine – jetzt neue – Verbindung zu der verstorbenen Mutter herstellen, wodurch sich auch die Schuldgefühle verändern können. Die Trauerhandlungen vorher hatten ja auch einen spirituellen Anteil: die Verbindung über den Tod hinaus. Den gilt es eher zu vertiefen. Trauernde sagen (auch nach Jahren noch), nachdem sie eine Träne weggewischt haben: „Ich will das Gefühl ja auch nicht weg haben, es ist auch gut und schön so."

Noch etwas wird an obigem Beispiel deutlich: Ein zu schnell angebotener Ritus der Seelsorge – hier also die sakramentale Vergebung, die Beichte – mit dem Ziel, jegliche Schuld sei doch jetzt vergeben, Wiedergutmachungshandlungen seien unnötig, sie dürfe getrost alles Vergangene hinter sich lassen, übergeht die psychologisch notwendige Anerkennung und Umwandlung der Schuld. Die Handlungen der Patientin dürfen nicht unbedacht von einem kirchlichen (oder anderen) Ritus abgelöst und damit entwertet werden. Vielmehr gilt, was allgemein für religiöse Riten gelten muss: Eine mögliche Beichte muss den persönlichen ‚Ritus' aufgreifen, erschließen und gelten lassen. Dann wird Beichte zu einer wirklichen Abrundung, die Integration ermöglicht und nicht abspaltet.

Im Krankenhaus, bei der eventuell einmaligen Begegnung kann der Seelsorger oft nur *eine* Windung der Spirale mitgehen.

So z.B. bei dem Patienten, der nach dem Tod seiner Frau sagt: „Mit Grauen denke ich an das kommende Weihnachten. Jetzt werde ich keine Gans zu Weihnachten haben. Werde ich jemals noch den Duft einer gebratenen Gans riechen können?"

Seelsorgebegleiter, die nur auf das ‚Wesentliche' des Menschen aus sind, werden nicht hören können, was sich im ‚Äußeren' vom ‚Inneren' darstellt und welche Angst vor der Zukunft eine Erinnerung auslöst. Die ‚Gans' und auch ‚Weihnachten' sind Symbole, die die verlorene und ersehnte Welt darstellen. In der äußerlichen Weihnachts-Gans wird die Sehnsucht ausgedrückt, die ganze Windung der Spirale gehen zu können. Was das bedeutet, ist unermesslich, nur symbolisierbar. Trauer lässt sich eben nicht schnell bewältigen – es lässt sich nur ein Weg eröffnen. Als Begleiter kann ich nicht die Trauer vorwärts treiben, erst recht nicht auflösen, ich kann nur unterstützend dabei sein, wenn sie ins Fließen kommt und wenn der Trauernde wieder einmal (wie vermutlich schon oft) eine Runde in seiner Spirale geht – oder nur einen Abschnitt davon.

Die Spirale dient dazu, die Dynamik des Patienten im Blick zu haben, die Trauerbegleitung zu erden: „Wo ist der Patient? Wo steht der ‚Zeiger' gerade? (vgl. den ‚Zeiger' in Abb. 4) Ist meine Begleitung dort geerdet, wo der Patient ist?" Von da aus ist das Vermiedene behutsam anzugehen. Jeder Mensch umkreist den Tod und die Durchkreuzung des Lebens anders und in anderen Zeiträumen. Jetzt, heute bin ich als Seelsorger dem Patienten begegnet, die eine und andere Spiralwindung ist vielleicht geschafft. Dann kommt wieder Leben – bis der nächste Spuk eintritt, der wieder einen neuen Schritt und eine neue Windung verlangt. Ich kann und muss als Begleiter die ‚ganze' Trauer nicht auflösen: „Gott wird alle Tränen von ihren Augen abwischen" (Offb. 7, 17), ich muss die Tränen nicht stoppen, ich kann sie nur (eventuell zusammen mit dem Patienten) in den Horizont Gottes stellen. Auch der Seelsorger muss sich sagen können: *Heute* hat der Patient bei mir *diesen* Teil des Weges begangen, das, was heute möglich und wichtig war. Dazu hat er mich gebraucht. Dafür konnte ich ihm den Raum eröffnen. Mehr war und ist wohl für den Patienten für heute und bei mir nicht notwendig. Für weitere Schritte braucht er wieder andere Begegnungen: vielleicht mit mir – vielleicht aber auch – mit anderen Menschen zu anderen Zeiten. Der Horizont Gottes wird sich auch dann wieder öffnen und heilsame Erfahrungen möglich machen. „Man muss gar nicht so viel tun", sagen Teilnehmer bei Trauerkursen, „wenn man einmal aufmerksam geworden ist, erlebt man, wie Trauernde sich selbst tragen, wenn man ihnen nur den Raum dafür zur Verfügung stellt."

2. Besondere Themen der Trauer

2.1 Trauer um einen Verlust durch Krankheit

In der rein fachlichen Perspektive des Krankenhauses wird dieses mit der Krankheit selbst verbundene Trauergeschehen oft vergessen oder übergangen.

Wie wenig die ‚Außen'dimension aber auch vom – angeblich – frommen Begleiter abgetan werden kann, zeigt gerade die Begegnung am Krankenbett. Hier ist der ‚äußerliche' Körper mehr als nur Materie: Er ist das Haus für die Seele. Die Patienten sind mit ihrem Leib am Ort der Medizin; mit der Integrität des Körpers wird auch die Integrität der Seele verletzt. Im Leib drückt sich aus, wer die Person als ganze ist.

- Wenn also der Arzt dem Patienten eine schwerwiegende Diagnose mitteilt, dann ist die Sorge des Patienten: „Kann ich da noch meinen Beruf ausüben?" ein ‚Außen', das ein ‚Innen' (wer bin ich da noch?) impliziert, ebenso wie eine Vergangenheit (bin ich da noch derselbe wie bisher, was ist mit meinen erworbenen Fähigkeiten, meiner Stellung?) eine Zukunft mit umfasst.
- Die Patientin, die nach langem Warten auf die Operation endlich operiert wurde, will das Ergebnis gar nicht wissen: „Jetzt denke ich nur noch an die Zukunft." Außen hat sie es ‚gepackt', innen wäre es wohl noch nicht zu ertragen.
- Das eine Auge des Patienten war nicht mehr zu retten. Der Begleiter kann da nicht in einem Teilaspekt ‚außen' bleiben: „Sie haben ja noch ein Auge." Die Trauer bezieht sich auf ein Ganzes, auf die Integrität des Leibes und der Seele (innen). Die Begleit-Aufgabe heißt also: Welche Kanäle der sinnlichen Teilnahme an der Welt wollen von der ganzen Person neu gefunden und entwickelt werden (Zukunft), von welchen wird sie endgültig getrennt (Vergangenheit)?
- Bei der Darmoperation hat ein Patient einen künstlichen Ausgang bekommen: „Das halte ich nicht aus, so was, schauen Sie mal da." (außen). Das impliziert die Frage innen: Wer bin ich noch? Wird mich meine Partnerin noch lieben – kann ich noch Nähe zulassen wie früher (Vergangenheit und Zukunft)?
- Der Patient, dem schon ein Bein amputiert wurde, soll auch noch das zweite verlieren. Er ist immer so gerne mit seiner Frau „hoch zum Waldrand gegangen, von wo man so weit in die Ebene hinaus-

schauen kann". Er stellt sich jetzt vor, dass er sich im Rollstuhl dahinfahren lässt. Und ich lasse mir von ihm den Ausblick beschreiben, was er alles sieht und woran sein Herz hängt. Oder wir gehen – in der Vorstellung – zusammen auf Reisen, dann kommen wir wieder hierher in dieses Krankenzimmer, in diesen Rollstuhl.

Bei solchen gravierenden Verlusten darf Seelsorge den Verlust nicht wegreden: „Sie haben ja noch die Möglichkeit ...". Der Verlust wird auch nicht hier und heute bewältigt. – Der Patient wird viele Runden im Kreuz der Wirklichkeit gehen müssen, um sich selbst neu zu finden und sich und sein Leben mit dem Verlust zu akzeptieren. Seelsorge kann da nur ein paar, oft sehr wichtige, Runden mitgehen oder in einer Runde zum Weitergehen ermutigen, sodass die Energie wieder fließen kann: „Das haben Sie schon alles bedacht (angeschaut, getan ...), das ist viel, was Sie geleistet haben. Was gilt es noch zu bedenken?" – Oft sagen Betroffene, dass sie z.B. gleich nach der Geburt eines behinderten Kindes, gleich nach dem Aufwachen mit einem Anus praeter ... einen Beistand gebraucht hätten. Hier will Trauer einen ersten Ankerpunkt, auch wenn die Betroffenen für Worte und Inhalte eines seelsorglichen Zuspruchs kaum empfänglich sind. Ankerpunkte sind wichtig für den weiteren Weg, der darf sozusagen noch im Ursprung begonnen werden – der Faden muss nicht irgendwann im Nachhinein gefunden werden.

Wenn Trauernde die verlorene Mitte immer wieder umkreisen (d.h. nicht: zwanghaft immer wieder denselben Gedanken, dieselbe Idee, dieselbe Handlung – die ‚Mitte' ist vielmehr: das Verlustereignis und seine Bedeutung), dann kann sich das Leben wieder öffnen und weiter werden – „wie eine sich öffnende Spirale" (Schibilsky 1989, 235).

2.2 Wenn Trauer stehen- (und stecken-) bleibt

Seelsorge begegnet, ob im Krankenhaus oder in der Gemeinde, einer großen Bandbreite von Trauerreaktionen. Ihre Gesprächspartner sind weniger ‚Klienten', die eigens zum Seelsorger kommen, als vielmehr Menschen mit den unterschiedlichsten Verarbeitungsmodalitäten, die man zufällig, d.h. nicht mit der Absicht der Trauerbegleitung trifft. Seelsorger sind in einem gewissen Sinn Magneten für Tod und Trauer. Gleichzeitig sind sie keine Spezialisten für alles, was mit Trauer zu tun hat. Dennoch ist es wichtig, den Blick dafür offen zu haben, in welche Situationen man als Seelsorger kommen kann.

1. Wenn ein Verlustereignis eintritt: die vier Erstreaktionen
Jeder Mensch hat sein eigenes Krisenmanagement, auf das er zurückgreift, wenn etwas unvorhergesehen Schmerzhaftes eintritt: Vier Typen lassen sich unterscheiden:
- die Fühler: Sie reagieren mit ihren Gefühlen, überlassen sich den Gefühlen, sie weinen die Trauer heraus, klagen, schreien. Sie ‚tragen' und leben am Krankenbett, am Totenbett, bei der Beerdigung die Gefühle, auch die der anderen.
- die Denker: Sie planen voraus, finden im Weinen und Klagen keine Erlösung, suchen nach Wissen, wie das alles einzuordnen ist.
- die Tuer: Das Tätigwerden hilft, im ‚Chaos' schon mal Ordnung zu erlangen und notwendige Dinge zu erledigen. Auch das ‚Tun' hat eine Beziehung zum Trauerereignis. Es muss nicht ‚Ablenkung' oder Verdrängung bedeuten.
- die Vermeider: Es scheint Menschen zu geben, die nicht wahrnehmbar trauern und das offenbar auch nicht nötig haben und dennoch – so weit man beobachten kann – gesund bleiben. Das ‚Vermeiden' ist auch bei anderem Trauerausdruck sinnvoll: Man kann nicht den ganzen Tag und nicht Tag um Tag trauern.

Diese Modellvorstellung hilft, Menschen da wahrzunehmen, wo sie ihren Erstansatz haben und diese Reaktionen nicht abzuwerten. Wichtig ist: Damit werden *Schwerpunktreaktionen* beschrieben; die meisten Menschen benutzen neben ihrer Erst-Tendenz auch die *anderen* Reaktionsformen, d.h. nach ihrer Erstreaktion gelangen sie

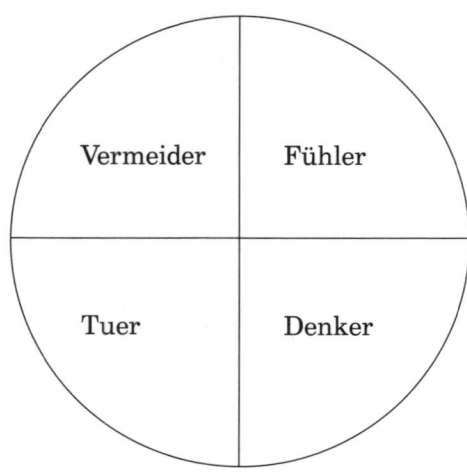

Abb. 5: Die vier Erstreaktionen (nach Smeding)

auch in die anderen ‚Sektoren' des Kreises und in andere Reaktionsformen – das Kreisschema will keine Reihenfolge signalisieren. Trauer kann erst stecken bleiben, wenn Menschen aus ihrem Erstansatz nicht herauskommen und die anderen Dimensionen nicht begehen (die z.B. ständig nur ‚getan' haben und sich ihrem Inneren nicht zuwenden konnten). Seelsorge kann auch auf Trauernde treffen, die auf Grund äußerer Ereignisse (z.B. Krieg, Mehrfachverlust) nur ihren Erstansatz gelebt haben oder die Trauer verschieben mussten, nie weiterkommen konnten und vielleicht jetzt erst an die Ereignisse erinnert werden. Es ist also nicht pathologisch, wenn Menschen bei einem Verlust nicht sofort mit ihrer Trauer nach außen gehen, sondern zunächst stille Lösungen suchen. Eine zufällige Begegnung hilft ihnen vielleicht, sich endlich zu äußern, herauszuklagen, herauszuweinen, andere zu beschuldigen – und so zu lernen, das Innen und Außen neu ins Gleichgewicht zu bringen.

2. *„Die Grenzen zwischen normaler und psycho-pathologischer Trauer sind fließend" (Smeding, Aulbert 1997, 868 f).*
Folgende *Differenzierungen* müssen vorgenommen werden:
- Es gibt Ereignisse und Belastungen im Leben von Menschen (und ganzen Gruppen), die nicht auszuhalten wären, *würden sie nicht verdrängt*. Wenn die Bilder und Auslösereize ständig wiederkehren und die Reaktionen nicht zu stoppen sind, sind Facheinrichtungen für die Behandlung des ‚Posttraumatischen Belastungssyndroms' (PTS) zuständig. Das PTS-Syndrom ist von steckengebliebener Trauer zu unterscheiden, weil das Stehenbleiben durch Umstände erzwungen wurde. Das PTS-Syndrom kann auch bei Therapierenden und Pflegenden in Notfall-Ambulanzen auftreten, weil dort oft keine beruflichen Möglichkeiten gegeben sind, über die Erstreaktion hinaus zu reagieren.
- Die Trauer kann (muss nicht) chronisch werden, wenn Menschen nicht weitergehen konnten, in Depression geraten sind oder die Trauer eingefroren ist, sie z.B. Gegenstände, Zeiten, Orte ‚museal' behandeln. Manchmal genügt es, lange nicht betrauerte Ereignisse fachlich betreut nur zu ‚öffnen' und die Betroffenen nach einer solchen Intervention noch eine Zeit lang normal zu begleiten. – Erstreaktionen können u.U. monatelang beibehalten werden. Im Allgemeinen aber gilt, dass nach den ersten zwei bis vier Monaten nach dem Tod das Geschehen ‚normal' verläuft – wenn es nicht von anderen Gefährdungen gravierend beeinflusst wird.

Für die Seelsorge ist es oft schwer – vor allem bei psychiatrischen Patienten – zu unterscheiden zwischen Trauerreaktionen, die eine psychische Erkrankung (z.B. Depression) überlagern, und reaktiven (z.B. depressiven) Zuständen, die als Verlustanwort und nicht als psychotisch einzuordnen sind.

Bei all diesen Trauertypen gilt: Seelsorger, die nicht speziell ausgebildet sind, dürfen Menschen nicht von sich aus mit Gefühlen und Verlusten konfrontieren, wenn sie diese Trauer nicht begleiten können. Oft aber sind Seelsorger die Anlaufpersonen, bei denen Menschen *beginnen*, zu erzählen und ihr Inneres zu öffnen. Dann ist also nicht von Anfang an klar, was der Helfer mit seinem Mitgehen auslöst. Für Nichtfachleute ist es prinzipiell schwer, pathologische Trauer einzuschätzen – das gilt erst recht für die Seelsorge-typische Querschnittsbegegnung. Im Zweifelsfall muss der Seelsorger immer bereit sein, mit den zuständigen Ärzten zu korrespondieren, bzw. auf fachliche Hilfe zu verweisen.

2.3 „Nach dem Tod meines Mannes bin ich dann selbst so krank geworden"

Oft bringen Patienten die Krankheit, deretwegen sie jetzt im Krankenhaus sind, mit einem Verlustereignis in Verbindung. Es gibt viele Untersuchungen, die die körperlichen, psychischen und seelischen Folgen der Trauer bestätigen. Und es gibt hilfreiche Literatur, in der die Symptome beschrieben sind (z.B. Smeding, Aulbert 1997; Jerneizig 1991; Worden 1987). Viele Symptome gehören zur normalen Trauer. Es gibt aber auch eine Reihe von Risikokonstellationen, d.h. Menschen sind in bestimmten Lebenssituationen bei einem schweren Verlust besonders gefährdet. Aber es gehört auch zum normalen Leben mit Verlusten, dass Patienten ihre Krankheit *als Folge solcher Verluste deuten:* „Vor zwei Jahren ist mein Mann gestorben, jetzt habe ich selber Krebs."

Dem Seelsorger gehen viele Interpretationsmöglichkeiten durch den Kopf:
- Die körperlichen und seelischen Abwehrkräfte können durch Verlusterfahrungen geschwächt sein.
- Der Lebenswille von Trauernden kann gebrochen sein, manchmal stirbt ein Partner dem anderen hinterher.

- Hat ein Patient vielleicht Angst, jetzt bei eigener Krankheit oder bei der kommenden Operation dem Partner in den Tod folgen zu müssen?
- Hat die Frau ihren Mann (oder die Schwiegermutter ...) gepflegt, sodass ihre Aufmerksamkeit lange dem Anderen galt und sie abgezogen war von der Wahrnehmung ihres eigenen Zustandes? Kann sie erst jetzt, nach der akuten Zeit der Trauer den Vorgängen in ihrem eigenen Körper Beachtung schenken?
- Oder war der Patient schon länger aus dem leib-seelischen Gleichgewicht, die Trauer hat das (Un-)gleichgewicht nur noch weiter verschoben?
- Oder schmerzen die alten Wunden und Narben (z.B. die schwere Belastung einer Pflege von Angehörigen, oder: „Mich hat auch früher niemand geschont", oder: „Ich habe oft Pech gehabt im Leben ...") jetzt besonders, wenn man selbst krank ist und man nach Gründen dafür sucht?

Das alles und noch mehr ist denkbar. Es gibt inzwischen viele Untersuchungen, die bestätigen, dass Trauer von körperlichen Symptomen begleitet ist, die im Normalfall oder bei kurzer Begleitung sich wieder zurückbilden; dass aber z.B. Krebs durch einen schweren Verlust ausgelöst würde, ist nicht nachweisbar. Wohl zeigen Vergleichsstudien, dass vor allem Männer ein deutlich höheres Risiko haben, bei bereits vorhandenen Krankheitsrisiken schneller zu sterben (Hürny 1996, 956 f). Es ist jedoch nicht die erste Aufgabe des Seelsorgers (erst recht nicht in der Kurzzeit-Begleitung), im Geflecht von Ursache und Wirkung ‚Partei' zu ergreifen. *Der Patient stellt den Zusammenhang her – er ist der Interpret seines Lebensnetzes*, seiner Verluste und seiner Gefühle. Seelsorge hört auf die *Bedeutung*, die das alles für den Patienten hat, und auf den Sinn, den er seinem Leben gibt. Seelsorge sollte sich von einer Verdachtsdiagnose enthalten, vielmehr sollte sie den Deutespuren des Betroffenen nachgehen. Dieser ist es, der den ‚Traum' seines Lebens träumt, das Bild, in dem die guten und schrecklichen Erfahrungen sich gegenseitig beleuchten. Aufgabe der Seelsorge ist es, mit dem Patienten dieses Bild zu betrachten, vielleicht nur in *einer* Spiralwindung, also im Hier und Jetzt, in dem ihn diese Gedanken beschäftigen. So trägt Seelsorge dazu bei, die Identität des Patienten zu stärken und ihm bei der Suche nach dem Selbst zu helfen, das er als versammelnde Mitte alle persönlichen Gewinne und Verluste zu erfahren vermag, sodass der Patient in seinem Selbst es aushalten kann, dass *Gewinne und Verluste in seinem Leben nebeneinander stehen dürfen und nicht unbedingt das eine die Ursache des anderen sein muss.* Dann erst kann der Seelsorger mit dem Patienten zusammen überlegen, was sich verändern und anders gestalten lässt.

2.4 Risikotrauer

Seelsorger werden oft in eine akute Trauersituation (z.B. in die Todesstunde oder die Mitteilung der Todesnachricht) hineingerufen. Etwa 60 % aller Trauer nach dem Tod eines Angehörigen verläuft ‚normal', das heißt Menschen brauchen keine psychotherapeutische oder psychiatrische Hilfe. Zur Bewältigung reichen die Alltagsbegegnungen (der Kontakt zum Bestatter, zur Praxis des Hausarztes, der Besuch aus der Gemeinde, der Besuch von Seelsorger/in, eine Selbsthilfegruppe ....). Nicht therapeutische Intervention, aber *erhöhte Aufmerksamkeit und Unterstützung* brauchen Menschen, die zu einer Risikogruppe gehören. Dann muss sich der Helfer die Frage stellen: Woran ist außer der Begleitung über den Augenblick, also auch über das Krankenhaus hinaus, noch zu denken?
Beispiele hierfür sind:

- Im Krankenhaus stirbt die allein erziehende Mutter von drei kleineren Kindern. Für die Kinder ist nur noch die Großmutter da. Bei der Verabschiedung am Totenbett lädt der Seelsorger die Kinder ein, „der Mama Tschüss zu sagen". Aber was geschieht weiter mit den Kindern? Kann der Seelsorger Kontakt zu Heimatgemeinde, Kindergarten, Schule, Jugendgruppe aufnehmen und vermitteln?
- Die Seelsorgerin wird zu einer Patientin gerufen. Diese hat zu Hause ein behindertes Kind, das zweite Kind ist eben auf dem Weg in die Klinik an einer Herzbeutelentzündung verstorben. – In einer solchen Mehrfachbelastung braucht die Patientin (erst recht, weil sie selbst ans Krankenlager gebunden ist) *nachgehende* Hilfe.
- Der Seelsorger wird auf die Entgiftungsstation gerufen: Anwesend ist die Frau des Patienten, der Suizid begangen hat und eben stirbt; sie hatte sich erst vor kurzem von ihrem Mann getrennt. – Wie wird sie mit dieser Erfahrung fertig, welche Gesprächspartner hat sie, wenn Schuldgefühle aufkommen?

Als *Risikogruppen* sind allgemein zu nennen:
- Junge Witwen, Alleinerziehende stehen unter hohen persönlichen und sozialen Anforderungen, das erschwert wesentlich, Trauer zu leben.

- Alkohlabhängige, Drogen- und Medikamentenabhängige, depressive Menschen brauchen bei einem schweren Verlust – auch vorbeugende – Hilfe, ebenso Menschen, die durch eine schon vorliegende Krankheit gefährdet sind (z.b. bei Herzkrankheiten, Bluthochdruck ...).
- Angehörigen nach Suizid, Gewalttat, Flugzeugabsturz, Mehrfachverlusten, nach plötzlichem dramatischem Tod sollte Unterstützung *angeboten* werden.
- Bei (zum Beispiel durch Unfall oder ein Verbrechen oder schlimme Krankheitsverläufe) starken Entstellungen muss man den Angehörigen Begleitung beim Gang zum Verstorbenen *anbieten*. Es geschieht oft, dass das ‚letzte Bild' vom Augenblick des Schocks innerlich ‚stehen bleibt' und immer wiederkehrt.
- Seelsorger treffen immer wieder Menschen in ‚Tabutrauer', die jetzt als Patienten in der seelsorglichen Beziehung endlich einmal unter dem Siegel der Verschwiegenheit über zu verheimlichende Verluste sprechen wollen:
  - bei homosexuellen Beziehungen oder Verlust des Partners durch AIDS,
  - bei außerehelichen Beziehungen,
  - nach Scheidung, wenn durch den Tod auch der geschiedene Partner verwitwet wird,
  wenn die Haushälterin eines Priesters dessen Tod nicht betrauern darf ...

Seelsorger, Ärzte, Pflegende, Bestatter sind hier gefordert, die Risikokonstellation wahrzunehmen und Hilfe anzubieten bzw. Hilfe anzuraten.

Vielleicht muss auch die durch *Organentnahme* beeinflusste Trauer unter dem Stichwort Risikotrauer genannt werden. Kommen doch durch die Bitte um Organspende (oft in der Schocksituation der Angehörigen) durch die schwierige Situation auf der Intensivstation (der Patient ist hirntot; für die Angehörigen, aber oft auch für die Pflegepersonen, lebt er aber noch), durch den operativen Eingriff (am toten Spendekörper oder am noch lebenden Spender?) und durch die oft unklare Weiterversorgung des Leichnams komplizierende Faktoren zur Trauer der Angehörigen hinzu. Oft gehen Angehörige in die Trauerzeit mit der Belastung „Ich habe zugestimmt, dass mein Partner getötet wurde und nicht normal sterben durfte." Oft gehen auch reale und, bei nicht fachgerechter Verabschiedung in der Klinik, fantasierte, die Trauer belastende Bilder mit, sodass ein normaler Trauerprozess nicht möglich ist. („War er überhaupt tot, als man ihm die Organe entnommen hat?" „Hat er vielleicht doch noch etwas gespürt?" „Habe ich ihn in seinem Sterben alleingelassen?") Vor allem bei Kindern als Organspendern können Eltern ihr Fürsorgebedürfnis bis zuletzt nicht befriedigend ausdrücken – sie müssen ihr Kind bei der Entnahme fremden Händen ausliefern und können es nicht dabei begleiten.

Diese Reflexion gilt übrigens auch für manche bei der Organentnahme beteiligten Mediziner, mehr noch für Pflegende: Für sie ist diese Abschiedssituation oft *rational* klar, aber *emotional belastend* und nicht bearbeitbar. Es ist für beide Seiten hilfreich – für die betroffenen Angehörigen wie für das mit der Todesbegegnung belastete medizinische Personal – wenn die Organspende umsichtig begleitet wird und wenn vor und nach der Entnahme feste, geschulte Ansprechpartner der Klinik den Angehörigen zur Seite stehen.

3. Seelsorglich Trauernden helfen: Der Drei-Pass in der Trauerpastoral

Die bisherigen Überlegungen hatten die Absicht, Wahrnehmungsmuster und eine Art Grammatik der Trauer für Helfer vorzustellen. Auch wer, wie die kirchlich-religiösen Begleiter eine großes Reservoir von Trost zur Verfügung hat, muss das Trauerwissen heranziehen, das im Laufe der letzten Jahre entwickelt wurde. Nur wenn der Seelsorger den Leiderfahrungen der Menschen und den am Grund der Seele verborgenen Themen angemessen begegnet, kann auch der Trost seine Kraft entfalten und Betroffene erreichen.
Einige Grundsätze seien zu Beginn der seelsorglichen Überlegungen noch einmal zusammenfassend genannt:
- Trauernde haben verschiedene ‚Eingänge' in die Trauer, jeder Weg ist berechtigt.
- Phasenmodelle haben sich als nicht tragfähig erwiesen, es ist angemessener, Menschen bei ihren Trauer*aufgaben* zu unterstützen (Worden 1987, 14 ff).
- Die Idee, dass jeder Mensch trauern *muss, ist überholt*.
- Wege der Trauer lassen sich im Allgemeinen nicht durch Maßnahmen und Methoden verkürzen – auch nicht durch seelsorgliche.
- Aktuell ausgelöste Trauer verbindet sich häufig mit dem See lebenslang gesammelter Trauererfahrungen; diese schwingt als Resonanztrauer im Hier und Jetzt mit.
- Menschen sind nach einem Verlust, auch nach langer Zeit immer noch und immer neu treffbar („Ich hatte geglaubt, das hätte ich längst hinter mir"). Diese Resttrauer wird oft ausgelöst durch neue Erfahrungen, die an den vergangenen Verlust rühren oder ihn in Erinnerung bringen.
- Trauer geht (allgemein gesprochen) nie weg, nur der Schmerz über den Verlust verändert sich und lässt im Lauf der Zeit nach. Für den normal Trauernden kommen bei seinem Trauerweg andere, neue Lebensmöglichkeiten dazu. Sie sind keine ‚Alternative'. Sie können das Verlorene nicht völlig ersetzen oder ablösen. Das Verlorene muss seinen Platz im Weiterleben bekommen, neben und zusammen mit den neu erschlossenen Möglichkeiten.

Was aber kann Seelsorge Spezifisches anbieten? Um dieser Frage nachzugehen, werden hier die drei Grundschritte der Pastoral herangezogen, wie sie in meinem Buch „Mehr als Begleiten" (Weiher

1999; vgl. auch die Einführung zu diesem Buch) entwickelt wurden. Sie gelten auch für die seelsorgliche Trauerbegleitung:
1. Seelsorge muss die Momente höchster Verletzlichkeit (im Abschied, in Erinnerung, in Schmerz, in Glück ...) zulassen und schützen und der Seele gestatten, dass sie das erleben kann, was in ihr lebt. *Seelsorge tut das in qualifizierter Zuwendung und Begleitung.*
2. Der *besondere* Dienst der Seelsorge aber ist, Menschen in der Krise beim Verstehen und Deuten ihres Lebens zu helfen, sodass sie wieder Sinn in einem Leben *mit* Tod und Verlust finden. Sie tut das, indem sie hilft, die *Trauererfahrung in den Horizont Gottes zu stellen.*
3. Seelsorge ermöglicht Trauernden, ihr Erleben in symbolischen Handlungen und Zeichen auszudrücken und ‚begeht' so mit ihnen *das Geheimnis von Leben und Tod.* Seelsorge tut das mit rituellen Handlungen, die nicht nur gemeinschaftliche Rituale sind, sondern sakramentalen Charakter haben: Sie schließen den Glaubenden an die ‚heilige Wirklichkeit' an.

Diese drei Vollzüge sind sozusagen die methodischen Wege der Seelsorge. Es gibt aber noch die Dimension des ‚ganz Anderen', in dessen Namen Seelsorge das ‚Selig' der Bergpredigt in Erinnerung bringen darf. Alles Trauerwissen und alle Methoden der Trauererschließung helfen zunächst beim Entdecken des ‚ersten Sinnes' (Andriessen). Dass die Trauernden ‚selig' sind und das erfahren können, das ist eine Kategorie des letzten Sinnes, des ‚ganz Anderen'. Zu erahnen, was das bedeutet, soll am Ende dieser seelsorglichen Trauer-Grammatik versucht werden.

3.1 Die Begleitung

Der erste Schritt, die Begleitungsdimension, muss hier nicht eigens ausgeführt werden. Der Sinn und die Notwendigkeit mitmenschlicher Beziehung bei allen schweren Übergängen des Lebens, also auch bei Trauer, sind unbestritten, sie werden inzwischen wieder wesentlich mehr anerkannt. Die Begleitungsaufgabe bei Trauer ist in den letzten Jahren vielfach beschrieben und ausgeführt worden. Hinsichtlich der Begleitung durch die Seelsorge sei nur Folgendes betont: Auch seelsorgliche Begleitung muss sich geeigneter Wahrnehmungsmedien bedienen, ebenso wie sie das heute verfügbare Wissen um Trauer in ihr Konzept und in ihren fachlichen Hintergrund einbeziehen muss. Für die Querschnittsbegegnung bietet sich als Wahrnehmungsmuster vor allem das Modell von der Spirale im ‚Kreuz der Wirklichkeit' an, das M. Schibilsky beschrieben hat. Im Übrigen gilt: Die Grundlagen für Trauerbegleitung hat Seelsorge mit allen helfenden Berufen gemeinsam: Um Trauer zu erschließen, bedient auch sie sich kommunikationswissenschaftlicher und pädagogischer Erkenntnisse und Methoden. Es würde den Rahmen dieses Beitrages sprengen, die nicht-therapeutischen Erschließungsmethoden weiter zu entfalten. Für sie gibt es intensive Fortbildungsmöglichkeiten.

Seelsorgliche Trauerbegleitung aber hat als Spezifikum: das Erleben der Trauernden *spirituell* durchsichtig zu machen. In wissenschaftlicher Hinsicht braucht der Seelsorger in Sachen Trauer zunächst nur eine Ahnung zu haben, in Sachen Spiritualität muss er jedoch Spezialist sein.

3.2 Das Symbolisieren

Der Tod* ist ein Einbruch ins Leben. Er reißt Grenzen ein, die uns das Leben ermöglicht haben: Die lebenserhaltende Grenze dem Tod gegenüber ist auf einmal offen. Das ‚Haus' unseres (gemeinsamen) Lebens wird zerstört. Energien, die zu uns gehören, fließen ab, fremde, unvertraute Energien fließen in uns hinein. Das ‚Dach', das wir mit dem jetzt Verstorbenen zusammen konstruiert haben als unsere Lebenswirklichkeit, ist durch den Tod eingestürzt. Je mehr der Verstorbene mit uns verbunden war, umso größere Zerstörung hinterlässt der Tod. Viele Trauernde bestätigen, dass durch den Tod nicht nur ein Teil im Puzzle der Lebensgeschichte (sozusagen nur ‚die Hälfte' des Lebens) herausgenommen würde, sondern dass *das ganze Leben*, eben alles, in das hinein der Verstorbene verwoben war, jetzt zerstört scheint.

Werde ich als Trauernder wieder ein Dach finden, unter dem ich mich bergen kann? Das ist die spirituelle Frage, die sich Trauernden stellt – da gehört die Aufgabe der spirituellen Trauerbegleitung hin: Bei der Trauer arbeitet Seelsorge an der eingebrochenen Grenze zwischen Leben und Tod.

Das Modell vom Kreuz der Wirklichkeit gibt gut wieder, was das meint: Die Grenzen zwischen ‚Innen' und ‚Außen', zwischen ‚Ver-

---

* Im Folgenden ist der Fokus nicht der auf den Sterbenden zukommende Tod mit all seinen vorausgehenden Verlusten, sondern der Tod, der unwiderrufliche Verluste für die Zurückbleibenden bringt.

gangenheit' und ‚Zukunft' scheinen aufgehoben. In jedem ‚Außen' ihrer Lebensgestaltung treffen Trauernde auf ein ‚Innen', das sie mit dem Verlust in Verbindung bringen, und in jeder Innenerfahrung spielt die Realität mit, dass sie draußen etwas real verloren haben. Bei jedem Gedanken an die Zukunft werden sie von der Vergangenheit eingeholt, beim Aufenthalt in der Vergangenheit entschwindet die Zukunft.

Weil Trauernde mit offenen Grenzen leben (müssen), gilt das, was in jeder Kommunikation gilt, erst recht: Sie teilen ihre Erfahrung und ihren Zustand in symbolischer, grenzübergreifender Redeweise mit. Begriffe und rationale Gedanken allein sind dafür zu einschränkend und haben zu scharfe Grenzen. Die Erfahrung selbst, der Schmerz, die Durchkreuzung des Lebens, „was das wirklich für einen bedeutet", das lässt sich nicht beschreiben, „wer das nicht mitgemacht hat, kann das nicht verstehen".

Deshalb gilt es für den Begleiter, auf die symbolischen Mitteilungen zu hören. Das Schwerste und zugleich Heiligste im Leben wird Bildern und Symbolen anvertraut, die offen sind für diese und die andere Welt, für das Innen und Außen, für Verbundenheit und Trennung. Für die Seele ist es lebenswichtig, über die Grenze hin- und hergehen, das Land der Lebenden und das der Toten betreten zu können („ich spreche mit meiner Mutter, dann ist sie hier bei mir, und ich bin drüben bei ihr").

Den richtigen ‚Kanal' treffen
Gerade im Krankenhaus treffen verschiedene Sprachspiele aufeinander: das der objektivierenden Medizin und das des persönlichen Erlebens. Einige Beispiele mögen das verdeutlichen:
- Der Seelsorger hat gerade einem hirntoten Patienten die Krankensalbung gespendet. Das medizinische Personal schickt die Angehörigen hinaus, weil jetzt abgeschaltet wird. Die Schwester des Patienten will dabeibleiben. Als die Kurven auf den Monitoren langsam flacher werden, sagt sie: „Das ist ja schrecklich, das mit den Apparaten." Der Arzt schweigt dazu. Die Pflegende sagt: „Aber die helfen doch, so viel Leben zu erhalten."

An der Grenze zwischen Leben und Tod sind alle mit ihrem Latein am Ende. Das medizinische Personal versucht, seine Rollengrenzen zu erhalten. Die Verwandte kann nur ausdrücken, was sie ‚draußen' sieht, weil es ‚drinnen' so schrecklich ist, was die Apparate ihr zeigen: den Tod. Hier ist die Aufgabe der Seelsorge, den Anschluss herzustellen, sodass die Kanäle sich treffen können: „Ja, es ist schreck-

lich mitanzusehen, wie der Bruder stirbt ....". Vielleicht ist es gut, in diesem Augenblick, in dem der Tod so unmittelbar in das Leben eingreift, den Gott, der Leben und Tod umfasst, jetzt anzurufen.
Dass der Anschluss nicht klappt, das geschieht häufig an dieser durch den Tod aufgehobenen Grenze. Während die Ehefrau am Bett ihres verstorbenen Mannes weint, sagt der Arzt: „Wir haben doch alles getan, was wir konnten."
Ein Seelsorger sagt nach dem Tod des Angehörigen auf das verzweifelte Weinen und Klagen hin: „Er ist doch jetzt erlöst." Solche Seelsorge hätte die Trauer wohl gerne jetzt schon beendet.
Ebenso ist der gut gemeinte Trost des Seelsorgers an die verwitwete Patientin: „Aber Sie haben doch noch ihre Kinder; die sorgen so lieb für Sie", eben doch nur ein äußerer Trost: Die Kinder gehören in ein anderes ‚Subsystem' – nämlich in das der Nachkommen. Der Mensch, der gestorben ist, ist im eigenen Subsystem der Intimpartner, und der ist durch die Kinder nicht zu ersetzen.
Oft befinden sich die Betroffenen auf der ‚Fühl'-Ebene, während die Umstehenden versuchen, auf der ‚Kopf'-Ebene zu erklären. Was als Trost gedacht ist, kommt dann nicht an, es erreicht nicht die Ebene, auf der ein Trauernder ist. Seelsorge muss oft mit einem mehrfachen Focus arbeiten: wenn die Betroffenen innen sind und die Helfer außen – oder die Helfer an die Zukunft denken, während die Trauernden noch ganz bei der Vergangenheit sind. Sie muss alle Seiten im Blick haben: die Angehörigen, das medizinische Personal und nicht zuletzt den Verstorbenen. Aber auch eine Familie ist keine ‚Trauer-Einheit': Jeder sendet auf einem anderen Kanal. Dazu kommt, dass der Verstorbene für jeden noch einmal eine andere Bedeutung hat: Für den einen ist er der alte Onkel, für den anderen der geliebte Bruder. Jeder der Angehörigen trauert anders, jeder hat seine eigene Beziehung zum und sein eigenes inneres Bild vom Verstorbenen. ‚Außen' scheinen alle in der gleichen Situation zu sein, ‚innen' sind sie es oft nicht. Beim Trauerbesuch, beim Abschied am Totenbett, bei der ‚Letzten Ölung' ist es gut, wenn der Helfer sich an die Person wendet, die die Energie der Familie trägt. Diese ist oft der ‚Kanal', der Zugang zu allen anderen in der Familie.

2. Von der Realität zur Spiritualität: Stützpunkte der Trauer
Menschen in Trauer – sei es, dass der Tod noch ganz nahe ist oder schon lange zurückliegt – erzählen Lebens-, Leidens- und Todesgeschichten. Sie tun das auf ihre Weise. Jede erzählte Lebensgeschichte ist mehr als nur die Aufzählung von Fakten, sie ist eine Konstruk-

tion von Wirklichkeit. So wie der Betroffene es darstellt, ist es richtig, weil wichtig. Es gibt keine rein objektive Betrachtung von Wirklichkeit, Wirklichkeit gibt es nur mit der Bedeutung zusammen, die Menschen den Tatsachen geben. Auch die erzählten Geschichten sind Ausdruck der Bedeutung, die der Verstorbene hatte. Sie sind sozusagen Symbole, die über den Tod hinausreichen, sie übersteigen die Grenzen von Leben und Tod – und halten die Verbindung zum Verstorbenen. Es geht nicht um die Frage: „War es wirklich so?", sondern darum, wie Trauernde den Verlust in ihr Leben einbauen. Heute sind sie an dieser Stelle, morgen an einer anderen; und an jeder Stelle gibt es einen Zugang zum Ganzen, ein Symbol für das Ganze. Die Konstruktion von Wirklichkeit ist ein Prozess, sie braucht Zeit, und die ‚Konstruktionen' werden ja auch im Verlauf der Trauer selbst noch weiterentwickelt.

- Wenn die Ehefrau am Totenbett den Verstorbenen lobt: „Was bist du für ein guter Mann – du bist der beste Mensch", dann zeigt sie in diesem Augenblick sozusagen das ‚Goldstück' vor, alles Gute, das sie mit diesem Mann erfahren hat. Da kann Seelsorge nicht in diesem selben Augenblick einfach in die Gegenseite gehen und von Sünde und Schuld reden, hier segnet der Seelsorger dieses Leben mit allem Guten darin.
- Wenn der Mann am Bett seiner gerade verstorbenen Frau vom Urlaub spricht, „der immer so schön war", dann ist das ein Symbol der Verbindung zwischen dem Lebenden und der Verstorbenen.
- Wenn die Patientin beim Anblick des Kirschkuchens auf ihrem Nachttisch daran denkt, dass ihr Mann „so gerne Schwarzwälder Kirsch gegessen hat", dann ist hier eine Anknüpfung für die Spiritualität: Hier ist die Welt (innen) größer als die äußere Welt – hier ist das gemeinsame Leben (Kaffeetrinken) zerstört, und zugleich ist die Trauernde ‚transzendent' mit dem Verstorbenen verbunden: Die Grenze zum Jenseits des Lebens ist geöffnet, und am Horizont erscheinen Bilder der christlichen Überlieferung: vom großen Gastmahl, vom Hochzeitssaal, von dem Tisch, den er uns deckt vor den Augen der Feinde ....
- Die Grenze ist auch dann geöffnet, wenn die junge Frau am Bett des gerade Verstorbenen („Wir wollten doch bald heiraten") in Zorn und Wut ausbricht: „Wie kannst du mich so sitzen lassen – wie kannst du dich aus allem davon machen. Hast du alle Pläne vergessen, die wir miteinander gemacht haben?" Zorn und Vorwurf sind dann die Symbolisierung für das zerstörte Haus des Lebens.

Seelsorge steht bei allen diesen Inszenierungen für das größere Haus, das Leben und Tod überspannt, das Lebende und Verstorbene verbindet – bei aller Trennung. *Der Seelsorger ist selbst Symbol* für dieses größere Dach. Zwar kann er das neue ‚Dach' nicht *konstruieren*, unter dem Menschen neu Geborgenheit finden und ihr Leben weitergestalten können. Aber mit seinem Dabeisein steht der Seelsorger für das transzendente ‚Dach', das Gott, das Geheimnis allen Lebens, selbst ist. – Freilich: Die seelsorgliche Begleitung in diesen Momenten der Trauer ist nur *eine* symbolische Windung der Spirale: Das Dach ist zerstört, das Obdach der Seele (Zulehner 1995), und zugleich gibt es den Horizont des Ewigen, das ein Obdach bietet für Lebende und Verstorbene: Das Goldstück, die Klage, die Tränen, der Schock, die Erinnerung, alles darf unter diesem unendlichen Dach Gottes seinen Platz finden. Auch das Schreckliche des Augenblicks muss (und darf) nicht übersprungen oder zugedeckt werden. Das Dach Gottes für die Seele und die Seelen ist ein Obdach auch für die Leere und Verzweiflung, ein Raum auch für Klage und Anklage. Das ist die spezifische Aufgabe der Seelsorge in der Trauer: das Geheimnis mitzubringen und hinzuhalten, sodass es bei den Trauernden bleibt, wenn der Seelsorger wieder weggeht, wenn der Ritus zu Ende ist, wenn der Segen gesprochen ist. Vielleicht bleibt der Horizont Gottes für den Trauernden geöffnet, sodass er selbst weitere Spiralwindungen seines Lebens in diesem Horizont begehen kann und er im Labyrinth der Trauer, das er nicht überblickt, den liebevollen Himmel Gottes über sich weiß. Das Symbol des Glaubens ist nur ein Angebot. Auch wenn es vom Trauernden jetzt nicht angenommen werden kann, es ist dennoch wichtig. Der Patient, der Angehörige kann zu gegebener Zeit auf dieser Ebene selbst weitersuchen und sein eigenes Symbol entdecken, wenn die Spur einmal gelegt ist.

So tröstet Seelsorge nicht: indem sie die Tränen abwischt – das macht man mit einem Kind so. Bei jedem neuen Schmerz braucht das Kind dann wieder jemanden, der ihm die Tränen trocknet. Seelsorge tröstet vielmehr, indem sie den spirituellen Raum öffnet, in dem der Trauernde *selbst* seinen Weg weitergehen kann. Damit ist Hoffnung eröffnet. Zwar wird der große Horizont letztlich nie erreicht, aber Trauernde können eine Ahnung bekommen von der Neuen Stadt, vom verheißenen Land, vom rettenden Ufer, vom Fisch, der in der Tiefe den Jona durchträgt, vom Land, auf dem dieser sich wieder fand, vom Hochzeitssaal, vom Ruheplatz am Wasser …. Im religiösen Ritus, im Segen, im Gebet scheint dieser Horizont *modellhaft* auf.

Dazwischen, zwischen dem Hier und Jetzt und dem Dort und Dann, liegt freilich noch das Meer, der Tod, das Dunkel, die aufgewühlte See, das Labyrinth, die Sintflut, die Wüste ....
Patienten, Trauernde haben ihre eigenen Bilder, ihre eigenen Erinnerungen. Diese sind dann das kleine Boot, mit dem sie umhertreiben, oder der Schattenbaum in der Wüste, an dem sie sich für kurze Zeit niederlassen. Die Symbole sind selbst das ‚Gefährt', mit dem sie sich durch das Labyrinth des Trauerweges bewegen, dem sie sich anvertrauen, das Schutz und Geborgenheit und Verbindung mit dem Verlorenen bietet. In diesen Bildern tut sich die Verbindung mit dem Verlorenen auf. Wenn sie ihre Bootsfahrt mit Noach und seiner Arche, mit den Jüngern im Seesturm, mit Petrus, der auf dem See wandelt, oder ihren Wüstengang mit dem des Elias oder dem des Volkes Israel oder dem der 40 Wüstentage Jesu oder den Gang auf den Friedhof mit dem Gang am Karsamstag oder die Nachterfahrung mit dem Ölberg oder mit den zehn Jungfrauen oder der vergeblich fischenden Jünger in Verbindung bringen können, dann können diese Bilder sie begleiten. Bilder und Symbolhandlungen werden meistens eher auf den Weg der Trauer mitgenommen als Worte und Erklärungen. Mit ihren kleinen Symbolen können Menschen dann an den großen andocken und sie an den großen nähren und vertiefen. Diese Bilder haben eine eigene innere Dynamik, an die der Trauernde seine eigene Dynamik anschließen kann. Der Seelsorger kann sie nur als ‚große Symbole' so authentisch wie möglich mitgeben – welche Energie sie für den Klienten entfalten, welche Geschichte sie auslösen, das hat er nicht mehr in der Hand. Sie sind der Spielraum des Heiligen, und das hat eigene Spielregeln. Freilich setzt solches Symbolisieren voraus, dass die Klienten in der biblischen Tradition zu Hause sind und der biblische Verstehenshorizont für sie erschlossen ist. Hier kann Seelsorge bei der Krankenkommunion, bei der kleinen Andacht, bei der Nottaufe, bei der Krankensalbung, beim Ritus am Totenbett den kleinen Horizont mit dem großen Horizont der Glaubensgeschichte in Verbindung bringen.
Aber das Wissen um die großen Symbole ist im säkularen Krankenhaus nicht immer anzutreffen. Dann muss Seelsorge bereit sein, Menschen bei ihren Symbolisierungen abzuholen. Es ist durchaus eine spirituelle Hilfe und eine seelsorgliche Kunst, Menschen beim Entschlüsseln und Verstehen ihrer Symbolisierungen beizustehen. Aber manchmal kann es auch nur ein langer schweigender Blick in eine Ferne sein oder ein seufzendes Schweigen, die der Bedeutung eines Symbols mehr gerecht werden als deutende Worte.

Die ‚kleinen Symbole' der Trauernden haben auch Geltung. Auch sie bedürfen des Segens:
- die Erzählung vom gemeinsamen Urlaub;
- der Sonnenuntergang, „den ich mit meiner Frau immer von unserer Terrasse beobachtet habe" (Der Sonnenuntergang ist wie viele Symbole ambivalent: Er umfasst die Trauer, den *Untergang* und zugleich den Frieden, die *Erlösung;* solche Bilder dürfen also nicht nur harmonisch verklärend gelesen werden.);
- der Schmusebär, das Lieblingsspielzeug des verstorbenen Kindes;
- „der 40. Hochzeitstag, den wir heute hätten";
- „wir werden dein Lachen vermissen";
- „das Bild, das wir noch vor einem halben Jahr gemacht haben, es ist das letzte ...";
- die Zeichnung, die „der Enkel ihm noch ins Krankenhaus mitgebracht hat";
- „letzte Weihnachten haben wir noch zusammen gefeiert";
- Der Seelsorger kann ruhig auch nachfragen: „Wann merken Sie am meisten, dass Ihnen Ihr Partner fehlt?" Oder: „Wann fühlen Sie sich mit Ihrem Kind am meisten verbunden?"

Die persönlichen Symbole, Verbindungsbilder und -objekte der Trauernden bekommen eine spirituelle Funktion*: Sie holen die Nähe des Verstorbenen in die Leere dieser Welt, sie setzen ihn – symbolisch – auf den Platz, den er verlassen hat, und machen die Welt vorübergehend erfüllter. Etwas von der früheren Symbiose** wird wieder hergestellt. Auch wenn die Welt nie mehr so sein wird, wie sie einmal war, ist der Verlust dennoch zeitweise überbrückbar; die Welt wird für einen Augenblick als tragend und sinnvoll erfahren, sodass Menschen wieder den Gott im Hintergrund allen Daseins ahnen können und allmählich neu lernen, das Leben auch mit seinen Verlusten als gut und sinnvoll zu erfahren. Seelsorge darf solche Spiritualität auf keinen Fall entwerten und versuchen, diese mit Verweisen auf ein ‚eigentliches Leben' des Verstorbenen im Jenseits zu ersetzen. Damit würde die Realität des Verlustes und der Trauerweg der Betroffenen in dieser Welt nicht ernst genommen. Vielmehr geht es darum, die spirituelle Dimension der Symbolisierung wahrzunehmen und gelten zu lassen. Dann kann sie auch ‚gesegnet' werden: Der Trauernde be-

---

* In diesem und ähnlichem Zusammenhang benutzt D. Klass den Begriff ‚spirituell' (Vorlesung von D. Klass, St. Louis, USA beim Symposion Trauerbegleitung, Evangelische Akademie Loccum, Sept. 1996).
** V. Kast betont, dass man im wohlverstandenen Sinn hier von Symbiose sprechen kann, ohne Trauer damit sofort zu pathologisieren (Kast 1982, 124ff).

kommt die Zusage, dass auch über seinen Weg das Angesicht Gottes leuchtet, dass Gott sein Heil hier wirkt und es auch an ihm zur Vollendung bringen wird.

Der Seelsorger muss nicht alle Symbole bewusst aufschließen, ebensowenig wie er z.b. im Gottesdienst nicht jede religiöse Handlung deutet, bevor er sie vollzieht. Auch die Handlung selbst hat Bedeutung: Gebet eröffnet den größeren Horizont, das Kreuz auf die Stirn, die angezündete Kerze auf dem Nachttisch, das bewusst hingestellte Bild der Tochter, die vom Fensterbrett geholte Blume. Wie oft erzählen Patienten von ihren Verstorbenen. Auch in Träumen sind sie mit ihren Verstorbenen verbunden. Wenn wir dann beten, sage ich: „Und jetzt ist Ihr verstorbener Mann auch dabei, wenn wir das Vater-unser sprechen ...". Die Tränen, die dann kommen, können Zeichen der Trauer und zugleich Zeichen der Verbindung zu den Toten sein. Über uns allen spannt sich jetzt das große Dach des ewigen Gottes, über den Lebenden und den Verstorbenen. Der kleine Ritus, das Gebet inszenieren die Urerfahrung des Menschen, dass Leben und Tod zusammengehören, dass der Mensch gefährdet ist *und* unter der schützenden Hand Gottes steht, der für das Leben Abschied und Neufindung bereithält. Das Spezifische der Seelsorge ist, dass sie diese Urerfahrung nicht als die Laune eines gleichgültigen Schicksals, sondern als im Horizont Gottes stehend deutet, – es ist derselbe Glaubens-Horizont, in dem Trauernde auch ihre Verstorbenen wissen.

Weitere wichtige Stützpunkte von Trauernden sind:

- „Er wollte immer noch etwas sagen. Wir haben ihn aber nicht verstanden." Hinterbliebene grübeln oft lange über die letzten Laute des Sterbenden nach. Hier kann der Seelsorger mit den Trauernden zusammen ‚nach'-denken („Was denken Sie, was ihm wichtig gewesen wäre?") und die Fantasien und Fragen in einen größeren Zusammenhang stellen.
- „War jemand noch bei meiner Frau, als sie gestorben ist? Wie ist sie gestorben? War es schlimm für sie?" In solchen Fällen und „wenn es ein schrecklicher Kampf war", ist es gut, dass die Angehörigen über ihr Bild vom guten Tod sprechen können: „Was wäre für Sie ein guter Tod gewesen?" Vielleicht können Sie in ihren Fantasien und Bildern Frieden finden.
- Wenn die Angehörigen beim Tod nicht dabei sein konnten oder „zu spät kamen", können sie manches in der Realität Fehlende zur ganzen Gestalt bringen: Ein Gebet, ein Brief, eine Kerze in der Kirche können die inneren Bilder vervollständigen. Dann ist „doch noch alles getan".

- Manchmal werden Worte und Botschaften des Verstorbenen als Vermächtnis mitgetragen. Sie können befreiend, aber auch belastend sein.
- Manchmal macht der Zurückbleibende ein Versprechen: „Ich werde immer an diesen Urlaubsort fahren, wo wir zusammen ..."

Vielleicht kann in einem Gebet, einem Segenswort eine behutsame Öffnung von Vermächtnis oder Versprechen versucht werden, damit sie nicht zur späteren Falle werden.

Am Sterbebett ist noch so vieles möglich, was sonst die Trauerzeit belasten würde:
- Eine Beichte am Bett der komatösen Mutter: „Was ich dir nie sagen konnte und was immer mit mir gegangen ist."
- Eine Versöhnung mit dem behindert geborenen Kind: „Ich habe mich nie getraut, dich richtig zu lieben." Oder: „Verzeih mir den Klaps – ich war doch manchmal selbst am Ende."
- Der Rosenkranz, den die Mutter dem hirntoten Sohn angesichts der Organentnahme mitgibt: „Damit du nicht so nackt bist."
- Die ‚Last-minute-Objekte': Gegenstände, die am Sterbebett mit dabei waren, ein letzter Brief, die Stimmung, das Wetter, die Tageszeit, die zum Augenblick der Todesnachricht gehörten.
- Auf einer Intensivstation hat man die Mutter, das Herz der Familie, nach Hirntod-Feststellung noch zwei Stunden länger bis Mitternacht beatmet und versorgt, damit sie noch ihren 60. Geburtstag ‚erleben' konnte. So ein Trost wird in der Familie noch lange seine Strahlkraft haben.

Von all dem kann der Seelsorger einige Momente im Gebet aufgreifen, sie vor Gott gelten lassen, ihnen damit eine trauerbegleitende Funktion geben und ihre spirituelle Bedeutung öffnen.

Exkurs: Die Religion, die Trauer und der Trost

Was für einen Trost hat die Religion für Trauernde parat? Erliegt sie nicht der Versuchung, die Installierung von Übergangsobjekten bereitwillig mitzuvollziehen und die Regression der Trauernden in die Welt, in der der Verstorbene noch lebte, zu bestätigen, um einen Trost zur Verfügung zu haben? Bietet Religion nicht ihrerseits Bilder und Symbole einer heilen Welt an, mit denen der Trauernde sich trösten soll? Ist nicht die Rede vom Himmel, von der Auferstehung, von der Verbindung mit dem Verstorbenen in Gottesdienst und Gebet, die rituellen Gänge ans Grab, die Rede von der Geborgenheit der Verstorbenen bei Gott und ihrem Gebet für uns, von den Engeln, vom Wiedersehen – ist nicht dies alles der Versuch einer Rückverzauberung der Wirklichkeit, um das Verlustereignis zu überspielen und den Verstorbenen auf neue – jetzt übernatürliche – Weise wieder an unsere Seite zu holen und damit frühkindliche Symbiose-Fantasien zu nähren? Wäre es nicht radikaler und theologisch konsequenter, vom absoluten Tod der Verstorbenen zu sprechen und von einer völligen Neuschöpfung am Ende der Zeit, wie das manche neuzeitlichen Theologen fordern?

Ist nicht gerade die katholische Religion selbst eher regressiv-infantil? Die Psychoanalyse hat das Geheimnis der Übergangsobjekte entschleiert – darf man sie also gar nicht gebrauchen, will man sich nicht einem Pathologie-Verdacht aussetzen?

Die Kritik der Psychoanalyse bewahrt uns sicher vor der Gleichsetzung: Übergangsobjekt ist gleich Ersatzobjekt. Ein Ersatz wäre es, wenn die Helfer trösten würden: „Gott sei Dank, Sie haben ja noch den Fotoapparat Ihres Mannes" oder „Sie haben ja noch das mit ihrer verstorbenen Frau gemeinsame Kind". Ersatzobjekte enthalten in der Tat die Gefahr, dass das Objekt für heilig erklärt und jeder Berührung entzogen wird und dass Trauer so auf sie fixiert bleibt. Selbstverständlich können auch religiöse Symbole und religiöse Rituale solche Ersatzfunktion bekommen und so letztlich zu toten Symbolen werden. Dies jedoch gilt nicht automatisch für alle Erinnerungsbilder, -objekte, -zeiten, -handlungen, mit denen Trauernde ihre Welt anreichern und übergangsweise die verlorene Welt wieder herstellen. Die ‚Übergangsobjekte' analytisch zu entzaubern und per se unter pathologischen Regressionsverdacht zu stellen wäre nicht nur unbarmherzig, sondern auch eine psychologische Grenzüberschreitung: Es gibt ein Menschenrecht auf transzendierende Lebensdeutung, die dem Horizont *hinter* allen Objekten vertraut. Trauer ist zudem nicht erst dann geleistet, wenn alle Energien vom Verlorenen ‚abgezogen' sind und das Verlorene ‚losgelassen ist' – also auch alle Symbole und Objekte der Beziehung. Der Sinn von Trauer ist vielmehr dann erfüllt, wenn das Verlorene seinen Platz im Lebensganzen der Zurückbleibenden gefunden hat und nicht einfach, wenn alles Verbindende aufgegeben ist. So steht z.B. niemandem ein letztgültiges Urteil darüber zu, ob die Erfüllung des Wunsches der sterbenden Ehefrau „am besten heiratest du nach meinem Tod meine Schwester" zu einer lebensbehindernden Unreife führt oder ob das regelmäßige Gespräch mit dem verstorbenen Mann am Grab eine infantile Fixierung enthält. Religion muss – vielleicht anders als die strenge Psychoanalyse – solche Bilder nicht analytisch auflösen. Allerdings wird auch seelsorgliche Begleitung sie nicht ihrerseits einfach nur bestätigen und weiter ausmalen, nur um einen Trost zu haben. Im Gegenteil: Religiöse Konfrontation besteht darin, *die Bilder gelten zu lassen,* sie aber *in den Horizont des ganz Anderen zu stellen* und sie so einerseits zu relativieren, andererseits zu erweitern, indem sie im Horizont des Geheimnisses eine Bedeutung bekommen, die *das Verlorene zugleich mit dem sie vertretenden Symbol* umfasst. „Die Verstorbenen sind in Gottes Hand" bedeutet eben nicht: Sie sind uns nach wie vor zugänglich, sondern sie sind in einer transzendenten Welt, die wir Zurückbleibenden nicht herbeizaubern können: Das heißt ja gerade ‚Transzendenz'. Solches Transzendieren befreit von infantilen Fixierungen, weil Religion die erinnerten Bilder und Symbole in die Hand des ganz Anderen legt. Das macht den Glaubenden frei für die schrittweise Relativierung, Vertiefung und Erweiterung der Symbole, sodass er Runde um Runde die Spirale erweitern und seine Wirklichkeit neu konstruieren kann. In einer so erweiterten Wirklichkeit kann der Verstorbene und das, was er im Zurückbleibenden hervorgeliebt hat, einen Platz einnehmen und die neu konstruierte Wirklichkeit mitbeleben. Gerade im Raum des Geheimnisses, den Religion offen hält, muss das Übergangsobjekt also nicht aufgegeben werden. Das ‚Geheimnis' kann vielmehr gerade einen tieferen und weiteren Zusammenhang dafür eröffnen. Das ist der Trost in der Trauer, den Religion bereithält.

3.3 Das Geheimnis begehen

Die Kirchen haben einen Reichtum an Riten – auch und gerade im Umkreis des Todes und der Trauer. Vor der Zeit der Psychologie ging man davon aus, dass die Trauer durch die Riten gebunden war. Man weiß heute, dass Riten zwar wichtige Stütz- und Begleitfunktion hatten und haben, dass ihre Begrenzungsfunktion aber auch Trauer behinderte und sie nach innen gehen lassen konnte. Trotz ritueller und diakonischer Begleitung durch die Kirche und die Gemeinschaft musste die Trauer auch früher *persönlich* durchlebt und durchgetragen werden.

Rituale und Trauer
Das gilt auch, und erst recht, heute: Rituale nehmen Trauer nicht weg. Es gibt Trauerkonzepte, die eine Beendigung suggerieren; auch

in Trauer unerfahrene Seelsorger vermitteln, dass auf Grund der Umdeutungskraft des Glaubens Trauer nicht mehr nötig sei. Die kirchlichen Riten machen Trauer nicht überflüssig; im Gegenteil: Sie lassen Trauer auf bestimmte Weise (es gibt noch andere Weisen) ausdrücken und geben ihr Gestalt. Oft stehen sie zeitlich am Anfang der Trauer und helfen sie zu eröffnen. Dadurch ist Trauer gemeinsam und – in Krankenhaus, Gemeinde, Gottesdienst – öffentlich ‚begehbar'. Wenn der Ritus heute, nachdem allgemein gültige Riten aufgegeben wurden, seinen Sinn erfüllen soll, dann befreit er *die* Trauer und nicht *von* der Trauer. Sie bekommt durch den Ritus Ausdruck und Erlaubnis. Ein Ritus vermag nicht alle Wege der Trauer abzuschreiten. Er begeht das ‚Kreuz der Wirklichkeit' zwar nur in *einer* Runde, das freilich tut er modellhaft und in gewissem Sinn grundsätzlich. Er begeht nämlich das Geheimnis von Leben und Tod – *und das ist grundsätzlich*: Es gilt für alle und für alles. In dieses Geheimnis wird der Trauernde jetzt und hier ‚eingeweiht'. Der Einzelne nimmt teil am Schicksal allen Lebens, von dem Christen sagen, dass darin immer neues Leben möglich ist und dass es einmal in der Auferstehung gipfelt.

Religiöse Zeichenhandlungen und kirchliche Riten sind keine analytische Trauerarbeit, sie sind pädagogische, also Trauer-erschließende und -begleitende Arbeit. Sie decken nicht auf, sie arbeiten nicht durch, sie verlangen am Ende kein Loslassen des Verlorenen, sondern bleiben offen für den je persönlichen Trauerweg. Die religiöse Zeichenhandlung schließt diesen Weg an das Geheimnis an; *dies* tut seine Wirkung, nicht der Ritus selbst. Dieser hat natürlich soziale und psychologische Funktionen: Menschen brauchen sinnlich erfahrbare Begleitung bei den geheimniserfüllten Ereignissen von Tod und Verlust. Insofern müssen die Bilder und symbolisierenden Handlungen der Seelsorge anthropologisch-kommunikativ vermittelt werden. Über diese Stützfunktionen hinaus hat jedoch der christliche Ritus einen spezifischen Inhalt: Er ist Sakrament, d.h. er ist die Einführung in das Geheimnis allen Lebens, das in der Hand Gottes steht und dem die unverbrüchliche Lebenszusage Gottes gilt.

Was der Seelsorger mit dem Trauernden begeht, ist also zwar nur *eine* Spiralwindung im Kreuz der Wirklichkeit, die aber ist fundamental: Die Person des Trauernden wird letztlich dem Geheimnis Gottes anvertraut. Der Trauernde muss den Trauerdurchgang nicht leisten oder abarbeiten – er wird vom Geheimnis ‚geleitet' auf seinem – auch fragmentarischen – Weg, der erst eschatologisch seine Vollendung findet.

Die sozialpsychologische Dimension des Ritus stellt dem Seelsorger die Aufgabe, Riten nicht als leere Hülle zu präsentieren. Früher genügte die Form, sie wurde gefüllt von den gelebten und belebten Interpretationen der religiösen Gemeinschaft. Diese war ihrerseits mit weit weniger verschiedenartigen Interpretationen konfrontiert, als das heute der Fall ist. Heute sind z.B. bei der Letzten Ölung, bei der Beerdigung die Umstehenden mit ihren jeweils individuellen Auslegungen anwesend. Der Seelsorger kann heute nicht mehr der Ritualträger von früher sein, der mehr oder weniger formell und beziehungslos den Ritus vollziehen konnte. Er muss vielmehr den Weg über den ‚partizipierenden Leiter' gehen, also als Person mit Gefühlen und Empfindungen die Gefühle und Empfindungen der Angehörigen und Mitfeiernden wahrnehmen und einsammeln, aufnehmen und tragen und sie in die religiösen Bilder und Deutehandlungen hineinnehmen. Erst dann kann der Ritus trösten und kann die Situation der Betroffenen Anschluss an das Geheimnis finden. Der Ritus im Umkreis von Tod und Trauer bedeutet für den Ritualträger psychologisch gesehen aber eine noch größere Herausforderung: Er muss die Beteiligten an dem Punkt abholen, an dem das Leben durch den Verlust und den Tod durchkreuzt wurde. Das ist ein Knotenpunkt erster Ordnung. Seelsorge übernimmt in ihrer amtlichen Funktion das menschheitliche ‚Gewicht' und die existenzielle Bedeutung des Todes, sie hält den Betroffenen den Tod hin. Nur wenn sie die ganze Wahrheit zu tragen bereit ist, kann sie den Eingang ins Geheimnis begleiten und die Wandlung vorbereiten – und nur so kann sie dann auch vom Leben künden.

Riten stehen an Lebenswenden, die eine Verwandlung einleiten. Weil jede Verwandlung auch von Trauer begleitet ist, enthalten Lebenswenden auch einen Traueranteil und die begleitenden Riten werden zugleich zu Trauerriten: Menschen machen einen seelsorglich begleiteten Übergang in Situationen, die zunächst nicht als Lebenswenden realisiert werden. Der Ritus aber macht auch den damit verbundenen Abschied und die Trauer darin bewusst, z.B. beim Übergang

– vom ‚Zeitgenossen' zum ‚Patienten' (Das wird realisiert bei der Krankenkommunion: „Ich habe es nötig, dass die Gemeinde zu mir als Krankem kommt.");
– von der ‚normalen' Lebensgeschichte zur Geschichte, in der die Endlichkeit dieses Lebens und die Möglichkeit des Todes aufblitzt (realisiert in der Krankensalbung: „Ich brauche eine eigene Form von Stärkung, so krank bin ich.");

- vom noch ‚behandelbaren' Kranken zum ‚Sterbenden' (Letzte Ölung): „Ja, jetzt ist es also doch so weit.");
- von der ‚guten Hoffnung' zur Trauergeschichte (oft die Nottaufe);
- vom Verstorbenen zum Toten, vom Angehörigen zum Hinterbliebenen (unwiderruflich vollzogen in der Beerdigung).

Das alles sind nicht nur soziale, sondern auch existenzielle Übergänge, die spirituell begleitet werden.

‚Kleine' Rituale – ‚große' Rituale
Nun begegnet Seelsorge im Krankenhaus trauernden Patienten und Angehörigen nicht nur beim unmittelbar drohenden oder gerade eingetretenen Tod, sondern in ganz verschiedenen Stadien der Trauer. Oft sind es dann nicht die großen Rituale der Kirche und der Gesellschaft, sondern die ‚kleinen', persönlichen Rituale, die zur Sprache kommen:
- „Gut, dass Sie heute kommen", sagt die Patientin zum Seelsorger, „an diesem Jahrestag habe ich immer mit meiner Mutter die Wallfahrt nach Marienthal gemacht. Aber sie ist ja jetzt zwei Jahre tot. Alle werden sie jetzt dort sein, nur ich muss hier im Krankenhaus liegen."
- „Ich gehe jeden Tag zum Friedhof an das Grab meiner Frau, seit zehn Jahren mache ich das. Ich bespreche alles mit ihr. Aber jetzt habe ich seit Wochen dieses Hüftleiden."
- „Herr Pfarrer, morgen früh wird mein Bruder beerdigt, der ist gestorben, da war ich schon hier im Krankenhaus. Das halte ich nicht aus."
- „Wenn die Glocken läuten, denke ich immer an meinen Mann. Wir sind, wenn es irgendwie ging, sonntags immer zur Nothelferkapelle gegangen. Alleine kann ich das ja nicht mehr."

Viele Menschen haben Alltagsrituale entwickelt, sie haben ihre Gedenktage, ihre Wege und Stationen, an denen sie mit den Verstorbenen verbunden sind. Diese Zeiten und Orte werden nicht zufällig aufgesucht, sondern ‚rituell'. Damit wird die Verbindung zum Verstorbenen aktiviert, das entlastet die anderen Zeiten des Lebens, und zugleich gibt es dem Trauernden eine Struktur. Andere Trauernde lassen die Verstorbenen ständig im Alltag mitleben, diese sind ständig Teil des Lebens, innere Gesprächspartner (und das ist keineswegs pathologisch). Die Toten sind integriert ins Leben, haben dort einen Platz, sie wirken mit an der Lebensgestaltung und können zu inneren Helfern werden.

Auch solche ‚rituelle' Trauergestaltung hat eine spirituelle Dimension: Hier lebt ein Wesen aus der anderen Welt im rituellen Modus in der zerstörten irdischen Welt mit und macht sie für den Trauernden wieder lebbar und das sinnlos erscheinende Leben – vorübergehend – sinnvoll.

Seelsorge kann solche Trauergestaltung in das Gebet hineinnehmen und diese ‚kleinen' Rituale segnen, das heißt explizit in die Gnade Gottes stellen. Wenn Trauernde daran gehindert werden, z.b. durch den Krankenhausaufenthalt oder durch eine Behinderung, ihre persönlichen Rituale zu leben, ist es gut, mit ihnen ein Verbindungsobjekt zu suchen: eine Kerze, die zu der bestimmten Zeit brennt; ein Gebet, in dem Gott als Wächter über die Beziehung angerufen wird. So feiern wir z.b., während „die zu Hause jetzt den Bruder beerdigen", am Krankenbett das ‚letzte Abendmahl' als Verbindung zu diesem Letztereignis. Auf den Nachttisch stellen wir eine Kerze vor das Bild des Bruders. Eine Bildkarte ist danach eine bleibende Erinnerung: „Ich war trotz meiner Krankheit dabei an diesem Tag."

Es ist gut, wenn die persönlichen Rituale in den Horizont der großen Riten gestellt werden können. Ein Gebet, eine Kommunionfeier ist zwar nur *eine* Runde in der Spirale, aber dabei tut sich der Horizont Gottes auf. Trauerwege werden gesegnet und bekommen einen anderen Horizont. Auch in diesem liturgischen ‚Kurzdurchgang' können die kleinen Übergangsobjekte (das Familienbild, die Blumen, das Meditationsheft („Sehen Sie mal, darin lese ich gern")) in ein Gesamtbild eingefügt werden, über dem das Licht der anderen Welt strahlt.

Es gibt Menschen, die keinen Zugang zu Riten und Ritualen haben. Vielleicht ist es dann der – nur ausschnitthafte – Lebensrückblick, in der Brüche verarbeitet, Verluste herbeigeholt werden, wie z.B. Scheidung, harte Arbeit, Todesfälle, „Ich bin so enttäuscht, mein Sohn ist gar nicht religiös"; „Ich musste meine Kinder alleine aufziehen ...". In Zeiten der Krankheit kommt vieles an die Oberfläche, was integriert werden will. Was muss, was darf Seelsorge alles segnen, das heißt, das kleine Bild in den großen Horizont einfügen und ihm so eine heilige Bedeutung geben! Dann wird das Angebot meines Gebetes zu einem kleinen Ritual. Zwar ist ein Gebet leicht gesagt, aber es braucht viel Einfühlung, um es mit dem Leben des Trauernden zu füllen und so Spiritualität konkret werden zu lassen. Die Versöhnung, der Friede, der in dieser einen Runde der Spirale aufscheint, in diesem Augenblick, wird vielleicht erst nach Wochen, Monaten, Jahren auch psychisch eingeholt. Trauer braucht in der Regel lange

reale Zeit. Aber der Horizont dieses Augenblicks, die *eine* Runde, die jetzt gemeinsam begangen wird, kann grundsätzliche Bedeutung haben: Hier wird der Anschluss an das Geheimnis eröffnet. Hier wird das Zeitliche gesegnet. Vielleicht sind – aufs Ganze der Gesellschaft gesehen – die großen alten öffentlichen Rituale müde geworden. Jedoch auch die kleinen Rituale und die Sakramente im konkreten Augenblick vermögen die Spiritualität zu tragen.
Im Krankenhaus, im Altenheim (vgl. z.B. Ebert 1991, 855 ff.) gibt es die unterschiedlichsten Trauersituationen. Hier wurde nicht erwähnt, was eine neue Aufmerksamkeit auf die Rituale im Umkreis des Todes im Krankenhaus überhaupt gelenkt hat: die rituelle Begleitung von Fehlgeburt, Totgeburt, Tod eines Kindes. Dazu gibt es eine sehr hilfreiche Literatur (so z.B. Lothrop 1998, Lutz u.a. 1988, Verwaiste Eltern Hamburg 1996, Arbeitsgruppe „Der frühe Tod von Kindern" 1994). Bei der Unterschiedlichkeit dieser Situationen reichen die großen Riten oft nicht aus – sie müssen mit den kleinen in Verbindung gebracht werden. Der Reichtum der Kirche an Zeichen und Symbolen und der Reichtum der Trauernden müssen und dürfen sich verbinden. Dann finden auch die großen Riten wieder Anschluss in der Gesellschaft.
Dann ist auch der Abschied am Totenbett sinnvoll, auch wenn manchmal von den Angehörigen „niemand dageblieben ist". Zusammen mit einer Pflegeperson, einem Arzt bekommt der Verstorbene seine Bedeutung, er ist nicht nur ein ‚Fall‘, sondern ein letztes Mal öffentlich ‚angesehen‘. Auch die Krankensalbung und die Letzte Ölung, die Nottaufe, die Wegzehrung, die Trauung auf dem Sterbebett können zu rituellen Krönungen von Abschied und Trauer werden, wenn sie in die Situation der Betroffenen hinein und nicht daran vorbei gespendet werden. Sie werden dann Stützpunkte, an denen innere Trauerwege verankert werden, Wege für die Zeit jenseits des Todes.

4 Nochmals „Selig die Trauernden ..." – Ein Leitmotiv: für die Helfer!

Diese Seligpreisung enthält eine eigene Herausforderung für die Begegnung mit Trauer. Offensichtlich ist der Trauerprozess *mehr als nur eine zufällige leidvolle Begleiterscheinung des Lebens*; er bedeutet mehr als nur das Faktum, dass es den Verlustschmerz gibt. Trauer ist bereits die Reaktion auf Verlust und Trennung, ein Bündel von ‚Antworten', die der Mensch versucht. – Aber ist Trauer damit schon ‚selig', also eine Qualität, die mit der Fülle des Lebens in Verbindung steht?

Es fällt auf, dass in der Heiligen Schrift die Sequenz ‚Selig die Trauernden' keine Zeitangabe enthält. Das ‚Selig' gehört einer anderen Kategorie an, die sich nicht zeitlich einordnen lässt. Die Zusage gilt offensichtlich der Erfahrung der Trauernden selbst, dem ganzen Prozess und nicht einer mehr oder weniger gelungenen ‚Phase' davon. Das ‚Selig' der Trauer kann jedoch *nicht* bedeuten, dass *in jedem Verlust selbst* schon ein Wert liegt: Für sich genommen haben viele Verluste keinen Sinn; sie rauben oft den kostbarsten Teil des Lebens. Nicht Leiden für sich haben einen Wert, sondern die Erfahrung, die der Mensch damit macht, kann einen Wert bekommen.

Wohl aber spricht das ‚Selig' dem Trauerprozess des Menschen einen ‚heiligen Wert' zu. Was Menschen da aushalten und ‚durchmachen', das stammt aus ihrer innersten Substanz, das ist ihre ureigene Antwort auf die Zerbrechlichkeit ihres Lebens und die Endlichkeit aller Beziehungen. Sie leisten eine leibliche, soziale und seelische Arbeit, deren Wert kein Außenstehender ermessen kann. „Ich verstehe Sie gut", möchte man als Helfer manchmal in beflissener Identifikation sagen. *Die Seelenarbeit des Trauernden ist jedoch sein eigener kostbarer und schmerzhafter Preis an das Leben.* Wie viel (oder wie wenig) ‚Selig' darin liegt, das können nur die ermessen, die diesen Preis selbst zahlen müssen. Ob man das ‚Selig' Trauernden unmittelbar als Leitmotiv empfehlen kann, ist zu bezweifeln.

Auf jeden Fall kann es uns Helfern und Trauerbegleitern als Leitmotiv aus dem Evangelium dienen; für uns enthält es eine gute und befreiende Botschaft:

1. Seelsorge und ihre spirituelle Theologie muss sich davor hüten, den Betroffenen direkt oder indirekt die Seligpreisungen zur ‚Vor'-

schrift für ihren Weg („du kannst daran reifen") und auch nicht zur ‚Über'-schrift am Beginn des Weges zu machen.

2. Es gilt vielmehr, den Trauernden so zu begegnen, dass sie ihren eigenen Weg gehen und ihre eigene Trauerantwort geben können. *Diese haben ihr eigenes ‚Selig'.* Der Begleiter kann oft nur in Ehrfurcht vor dieser Leistung – die in den Augen einer betriebsamen Welt keine Leistung, sondern eher ein Energieverlust ist – die Kostbarkeit anerkennen und bestätigen („Ja, das haben Sie schon geschafft". Oder: „Dass Sie das (oder jenes) Gefühl haben, ist ‚normal' – das ist ein Stück Ihrer Trauer, und das ist gut").

3. Seelsorge lässt den Trauernden spüren, dass sein Weg und seine ‚Arbeit' in einem ‚heiligen Horizont' stehen und dass auch diese Arbeit, zu der er genötigt wurde, ein elementarer Lebensvollzug ist. Auch dieser nicht freiwillige Teil des Lebens *steht unter einem Segen.* Er wird in einem größeren Horizont gewürdigt und in ein anderes Licht gestellt, als wir Menschen das zu tun vermögen.

4. Seelsorge kann das ‚Selig' daher nicht von sich aus und nicht von oben herab dem Trauernden zusprechen („Es ist wichtig, dass Sie trauern", „Nur trauern bringt Sie weiter", „Durch Loslassen werden Sie frei für neues Leben"). Er bietet Trauernden nicht ewige Wahrheiten, sondern ‚nur' Symbole des Lebens und Symbole für diese Wahrheiten an. *Diese* tragen sowohl das Versprechen des ‚Selig' als auch den Schmerz des Verlustes (Symbole wie z.B. das Kreuz, die dunkle Schlucht, der Berg, das Grab im Garten der Auferstehung, die Wunden des Auferstandenen, das Haus von Emmaus …). Solche *Symbole enthalten das Schon und das Noch-nicht*, sie sind ‚Spielraum' für den Trauernden, Reiseleiter. Sie fordern nichts ein („So weit müsstest du schon sein"), und doch sind sie ein ‚heiliger Raum', in dem sich die Trauer nach ihrem eigenen Maß wandeln darf, in dem auch ‚Rückfälle' auf frühere, schon überwunden geglaubte Stufen ihren Platz haben. Sie können Spiel- und Gestaltungsraum für die Neukonstruktion der Wirklichkeit werden.

5. Zu den Symbolen gehören auch *die ‚kleinen' Symbole der Trauernden selbst,* ihre eigenen Stützpunkte. Es gilt, diese den Trauernden zu bestätigen und sie ihnen ‚bewusst' mitzugeben auf den Weg. Der Seelsorger hilft dem Trauernden *selbst,* den Blick in die Weite und

Tiefe des Symbols und dessen Verheißung zu tun. Symbole haben ihre eigene spirituelle Energie, ihr eigenes ‚Selig', das zum ‚Selig' des Trauernden werden kann.

6. Das ‚Selig' entlastet den Helfer – gerade z.B. bei der Querschnittsbegegnung im Krankenhaus –, wenn Patienten nach wenigen Gesprächen entlassen werden und ihren Weg alleine weitergehen müssen: Ihr Weg hat ihr eigenes ‚Selig', das der Helfer nicht zur Vollendung bringen muss.

Das ‚Selig' lässt den Begleiter auch nicht irrewerden, *wenn Trauernde nicht ‚phasengerecht' mit ihrer Trauer ‚fertig' werden*, wenn Menschen nach Jahren noch sagen: „Da bin ich nie drüber weggekommen" (natürlich muss der Helfer dabei auch an mögliche Entgleisungen der Trauer denken). – Bei aller guten Begleitung und allen Hilfestellungen aber muss sich der Begleiter an die größere Wahrheit erinnern: Trauer muss und kann am Ende nicht ‚weg' sein. ‚Alle' Tränen wird nicht der Mensch abwischen – das steht allein in der Hand Gottes. Das ‚Selig' ist *letztlich eine Kategorie des ewigen, nicht des zeitlichen Lebens.* – Deswegen gelten auch Menschen im Reich Gottes etwas, die sich nach dem größeren Leben noch sehnen und die die Spannung zwischen den Tröstungen dieser Welt und der Vollendung in der anderen Welt – trauernd – aushalten und offen halten.

7. Viele Trauernde erzählen auch, dass sie etwas von dem ‚Selig' auf ihrem Weg erfahren durften, dass sie einen tieferen Bezug zum Leben bekommen haben, mehr vom Leben verstanden haben und dass sie mit diesem Lebenswissen bereichert und erfüllt weitergehen können. Dieses ‚Selig' darf den Begleiter aber nicht zur ‚voraus-wissenden' Überschrift verführen. Der Trauernde *selbst leistet erst im Lauf seines Prozesses die ‚Unter-schrift':* „Ja, es war auch gut."

8. Das ‚Selig' kann aber auch zur ‚Über-schrift' werden: Die Glaubensgemeinschaft darf Verlust und Trauer als Existential sehen, dem die frohe Botschaft verheißen ist. Der Stifter dieser Glaubensgemeinschaft hat dieses Wort nicht nur im Mund geführt, er hat es auch als erster mit seinem eigenen Leben und Tod unterschrieben: Jesus, der Gekreuzigte und Auferstandene. Dieses Evangelium ist danach von einer großen Erzählgemeinschaft belebt, durchtrauert und durchhofft worden. *Unzählbar viele haben es ‚unter-schrieben'.* – Deshalb darf Seelsorge das „Selig die Trauernden" weitersagen, nicht vorschnell und im eigenen Namen, sondern als gute Botschaft im Namen des Heiligen.

VIERTER TEIL:
ABSCHIED AM TOTENBETT.
EIN LEITFADEN FÜR SEELSORGER UND ANDERE HELFER

Unser Wissen, das sich in den letzten Jahren um das Thema Trauer angesammelt hat, rückt den Augenblick des Todes wieder in den Blick. Es gibt zwar immer noch Seelsorger, die die Bitte, ans Totenbett zu kommen, ablehnen: „Er ist schon tot? Was soll ich da noch!" – Immer wieder erzählen Trauernde, was ihnen da geholfen – und was ihnen gefehlt hat. „Ich vermisse heute noch etwas, drei Jahre nach dem Tod meines Vaters," sagt eine Frau, „da ist ein merkwürdig trostloses Loch." Priester dürfen nach dem Eintritt des Todes die Krankensalbung nicht mehr spenden – für die Angehörigen oft unverständlich.

Wir müssen wieder lernen, wie wichtig ‚die letzten Dinge' für die Zurückgebliebenen sind, vor allem für die Angehörigen. Sie können – belastend oder hilfreich – entscheidend sein für die Trauerverarbeitung. Und: Der Umgang mit dem ‚Letzten' ist ein sensibles Paradigma für alle Lebenden – ein Zeugnis für Stellung und Bedeutung des Todes und der Toten in einem Krankenhaus, einem Altenheim und überhaupt in der menschlichen Gemeinschaft. Über eine lange Zeit gab es für das Geschehen um den Tod eine Nah-kultur. Wenn diese sich zunehmend auflöst, was können die Helfer ersetzen, was von dieser Kultur muss dem Sinn nach aufgegriffen und zur Gestaltung dieses Augenblicks herangezogen werden? Was muss die Pastoral über ihre Theologie hinaus *von den Betroffenen* lernen? Und was kann eine reflektierte Seelsorge *für die anderen Professionen* tun, die auch mit dem Tod konfrontiert sind?

Im Folgenden geht es um die Situation am Totenbett allgemein. Die Verabschiedungsmöglichkeiten bei Fehlgeburt, Totgeburt und Tod eines Kindes werden hier nicht speziell thematisiert. Dazu gibt es viele hilfreiche Veröffentlichungen. (So z.B. Lothrop 1998; „Der frühe Tod von Kindern" 1994; Lutz u.a. 1988)

1. Den Übergang neu finden

- Gerade bin ich zu einer eben Verstorbenen auf eine Intensivstation gerufen worden. Die etwa 70-jährige Ehefrau, Mutter und Großmutter ist gestorben. Der Ehemann ist da, fünf von den sieben Kindern, alles Frauen, eine kleine Enkelin, im Hintergrund ein Schwiegersohn; es ist eine ergreifende Familienfeier. Als ich die Station verlasse, begegne ich einer etwa 18-jährigen Enkelin. Sie weint. – „Sie sind eine Angehörige von Frau B.? Sie konnten nicht mit dabei sein?" Sie schüttelt den Kopf: „So was Blödes ... – gestorben ... – was soll man dazu sagen?" – Sie schweigt. Dann: „Na ja, es war vielleicht auch eine Erlösung für sie."
Diese Begebenheit ist mir noch lange nachgegangen: Hier ist die eine Generation, die Töchter, die diesen Abschied mitgestaltet haben: Blumen um den Kopf der Verstorbenen, eine Sonnenblume in ihrer Hand, ein Abschiedsbrief der Siebenjährigen liegt auf dem Kissen. Die einen feiern Abschied mit Gebet und Segen, die andere Generation ist sprach- und gestaltlos. „So was Blödes." –
Ist das ein Bild für die zerfallende Kultur im Umkreis des Todes? Es gibt noch Nischen und Inseln der Gestaltung, aber auch ein weites Feld der Sprach- und Gestaltlosigkeit. Das gilt für die häusliche Situation sicher genauso wie für die Situation in Institutionen.
Ein ähnliches Ungleichgewicht findet sich in der Institution Krankenhaus:
Vor dem Tod bietet eine Industriegesellschaft und ihre Medizin alles auf, um den Tod abzuwenden. Ist der Tod absehbar oder eingetreten, dann gibt es keine Mittel mehr, am Ende muss oft sogar ‚alles ganz schnell' gehen. Im Rahmen dieses institutionellen Defizits gibt es allerdings inzwischen immer mehr Professionelle, vor allem Pflegekräfte, die die Zeit um den Tod gestalten helfen. War noch bis in die 80er-Jahre des 20. Jahrhunderts hinein zu beobachten (Mayer-Scheu 1986), dass ein Verstorbener möglichst schnell ‚fertig gemacht' und von der Station entfernt wurde, so wird heute zunehmend den Angehörigen Zeit zur Verabschiedung eingeräumt. Pflegende machen inzwischen die in dieser Situation unsicheren Verwandten ausdrücklich darauf aufmerksam und geben ihnen dabei Hilfestellung. Relativ oft wird die Seelsorge gerufen, um diesen letzten Beistand zu leisten oder bei der Übermittlung der Todesnachricht dabei zu sein. Es entsteht eine Mikro-Kultur, zu der die Kirchen einen erheblichen Bei-

trag leisten können: So kommt es darauf an, dass „die christliche Gemeinde sich entschließt, in gemeinsamer Verantwortung (wieder) Träger" (Bertsch 1987, 919) ihrer Riten zu werden. Im christlichen Altertum waren die Gemeinden der Christen dafür bekannt, dass sie den Toten ihre liebende Fürsorge angedeihen ließen. Obwohl die Toten in einer anderen Welt waren, gehörten sie noch zur Gemeinde (Richter 1990, 10f.), und man blieb in Verbindung mit ihnen.

Noch bis vor 30-40 Jahren haben die Kirchen die Zeit um den Tod maßgeblich mitgestaltet. Oft war es ein *Machen* angesichts des *Nichtmachbaren:* Da wurde ‚versehen', ‚fertig-gemacht', ‚hinübergebetet' – es musste ‚alles richtig' ausgeführt werden. Dabei darf man allerdings aus heutiger Sicht nicht übersehen: In einer Kultur, die von der Gemeinschaft getragen wurde und die ihrerseits die Gemeinschaft zusammenhielt, auch angesichts des Todes, da wurde das ‚Machen' des Pfarrers nicht unbedingt beziehungslos erlebt. Die Menschen *selbst* haben den Geist in das ‚Machen' hineingelegt. Die Kultur hat die Bedeutung zu dem oft gefühl- und seelenlosen Ritus des Liturgen dazugefügt. Heute müsste der Ritus in all seinen Möglichkeiten den Umstehenden erst erschlossen werden, damit er *die Kultur dieses Augenblickes bilden* kann: Er muss vieles ‚tragen' (im Grunde alles) und durchtragen, was im Raum ist: In Institutionen gibt es kaum Rituale, die die kirchlichen Riten ergänzen oder einbetten, sodass alles, was hier dazu gehört, aufgefangen wäre. Seelsorge kann die Umstehenden unterstützen, den Abschied selbst zu inszenieren. Sie tut das in einem Augenblick, in dem eine letzte Beziehung abbricht, in dem die Betroffenen am wenigsten auf vertraute Erfahrungen zurückgreifen können – beim Tod.

Die folgenden Überlegungen gelten zwar in erster Linie der kirchlichen Seelsorge; sie entfalten die Erlebens-Grundlage dafür, dass Seelsorge ihren spezifischen geistlichen und liturgischen Auftrag erfüllen kann. Insofern es zunächst um dieses Erleben geht, sind sie aber auch *hilfreich für alle, die in Einrichtungen Tote verabschieden und den Angehörigen beistehen.* Sie sind aber auch hilfreich für die häusliche Situation und für Hospizhilfe, die vorwiegend dort tätig ist. Im Folgenden gehe ich von der Normalsituation in Krankenhaus und Altenheim aus. – Im Zusammenhang dieser Darstellung werden nicht die Bräuche und Riten anderer Religionen dargestellt.*

---

* Hinweise dafür finden sich z. B. bei Juchli 1994, 534 ff; Becker u. a. 1987; AG christlicher Kirchen (Hg) 1995.

2. Was will alles beachtet werden?

2.1 Was kommt auf den Helfer zu?

Wenn der Seelsorger ans Totenbett gerufen wird, dann wird er beim Betreten des Zimmers mit dem ganzen Gewicht der Empfindungen, Gedanken und Gefühle konfrontiert, die der Tod ausgelöst hat. Meist nicht bewusst und doch geweckt werden die persönlichen Erfahrungen des Seelsorgers sein:
- die Bilder, die er vielleicht nur aus seinem persönlichen Umfeld, vielleicht aus der Kindheit mitbringt; die Gefühle bei der Todesbegegnung in Nahbeziehungen sind andere, als die in der Berufsrolle ausgelösten;
- die Bilder vom ‚guten' und vom ‚schlimmen' Tod, denen man im Berufsleben begegnet;
- das Bild vom ‚guten Tod', die innere Vorstellung, wie man selbst gerne sterben würde oder Nahestehende sterben sehen möchte.

Der Helfer bringt zudem seine ganz persönliche Wertung mit:
- Ist es ein ‚guter Tod', wenn jemand auf der Intensivstation stirbt, in den letzten Tagen und Stunden in seinen Funktionen von Pumpen und automatischen Impulsen gesteuert?
- Ist es nur ein guter Tod, wenn die ganze Familie um den lebenssatt Sterbenden versammelt und beim Verscheiden dabei ist?

Der Helfer kommt häufig in eine Situation, die er sich nicht ausgesucht hat. Der Tod bricht in aller Regel als Verletzer und Zerstörer ins Leben ein, als eine Macht aus einem dunklen Land. Selbst wenn er als Erlösung kommt, dann ist die Frage, wieso er überhaupt zum Leben des Menschen dazu gehört. Und selbst wenn Beziehungen zerrüttet und von Feindschaft erfüllt waren, ist die Frage, wie dieser Tod jetzt das Leben verändert und was er alles unwiderruflich zurücklässt. – Die entscheidende Frage für die Helfer ist, was sie Heilsames und Heilendes beitragen können – ob auf der Intensivstation oder im Familienkreis, beim einsam Verstorbenen oder bei den Angehörigen, die nicht mehr rechtzeitig da sein konnten oder bei den Kindern, denen man den Anblick eines Toten nicht zumuten wollte. Gibt es da Heilendes bei allem Zerstörenden?

2.2 Grundlegend: Die Wahrnehmung

Um seiner Aufgabe gerecht werden zu können, muss sich der Helfer zuerst klar machen: Was geschieht gerade in diesem (äußeren und inneren) Raum, wenn ein Mensch gestorben ist? Wer ist überhaupt anwesend und was will alles wahrgenommen werden?

1. Die Außenseite
Da ist zunächst (wenn der Seelsorger diese Person nicht schon vor dem Tod begleitet hat) ein *fremder Mensch*, der Verstorbene. Sichtbar sind nur Gesichtszüge, die Haut, oft sind Hände und Arme unter der Decke, vielleicht sind da noch medizinische Messfühler daran, Binden, Wunden, Anschlüsse, der Kopf verbunden, Sonden in Nase oder Mund. Ein Mensch in völliger Schutzlosigkeit, eine letzte Obhut war ja der Medizin und der Pflege anvertraut. Wo ist dann die Person? Ihr Gesichtsausdruck, der Mund, die Augen, die Frisur – auch die medizinischen Merkmale gehören dazu; auch sie sind Zeichen für das Schicksal dieses Menschen in den letzten Tagen, Wochen –, der Geruch im Zimmer, die Lichtzeichen von Geräten, Geräusche draußen, drinnen, die Dinge auf dem Nachttisch, die Stille. Was von diesen äußeren Zeichen ist wichtig für die Gestaltung des Abschieds?

2. Wer ist die Person?
Oft kennt der Seelsorger, z.B. in der Notaufnahme, die Person des Verstorbenen zunächst nicht. Die Umstehenden sind dann Helfer und Dolmetscher für den Seelsorger: Sie sind *Zeugen für den Verstorbenen*. – Übrigens: Der da liegt, ist kein ‚Leichnam', auch (noch) kein ‚Toter'. Das ist er für den Pathologen oder den Bestatter. Für die Angehörigen ist er noch ‚der Vater', ‚die Tante', die ‚Oma', der ‚Klaus' .... Der Verstorbene ist *als* Vater, Onkel, Bruder ... diese Person, also als *Mittelpunkt in einem Netz*. So ist er zu identifizieren, diese Bedeutung hat er auch jetzt auf dem Totenbett. Er ist der Träger bedeutsamer Beziehungen. So hat er Identität: Er hat sie durch andere („Das ist mein Vater"), und er hat sich über andere selbst identifiziert („Ich bin der Vater dieser Kinder"). Die Angehörigen sind (noch) keine ‚Hinterbliebenen'. Erst durch die Beerdigung wird aus dem Opa ein ‚Toter' und aus den Angehörigen werden ‚Witwen' und ‚Hinterbliebene' – er ist doch gerade eben erst ‚ver-storben', das Sterben ist sozusagen noch ‚voll im Gang'. Im Erleben der Angehörigen braucht es noch einen längeren gefühlsmäßigen Weg, bis der Mensch tot, ‚gestorben' ist.

3. Wo sind die Angehörigen in diesem Augenblick?
Was brauchen sie von den Helfern (vgl. Smeding, Aulbert 1997, 872 ff)? Was kann der Seelsorger ihnen direkt geben, was indirekt? Indem er

sich dem Verstorbenen zuwendet, bekommen auch *sie* etwas Wichtiges. – Wir sprechen über den Verstorbenen und dabei ist zu spüren, wo die Angehörigen sind. Auch wer *nicht* da ist, auch das ist wichtig. Im Augenblick des Todes ist alles von diesem Menschen *mit* da, was an Beziehungen zu ihm gehört, an sozialer Einbindung, aber auch an Entfremdung und Distanz. Oft ist der abwesende Sohn, der „noch kurz vorher in Urlaub fahren musste", oder der geschiedene Ehemann, der Alkoholiker ist, mehr im Raum, als allen lieb ist; oder die (nicht anwesende) neue Lebensgefährtin; oder die kurz vorher verstorbene Schwiegermutter. Ob all die Umstände Worte bekommen, ist eine andere Sache. Aber sie sind da. Der Tod öffnet Seelentüren – sozusagen virtuell – bei denen, die in das Beziehungsnetz des Verstorbenen gehören. So wird z.b. die geschiedene Ehefrau auch in einem gewissen Sinn zur ‚Witwe'; der getrennt lebende Vater ist nach wie vor Vater des verstorbenen Kindes, auch wenn die Familie versucht, ihn von dem Ereignis auszuschließen. – Was also braucht das *Intersubjekt* – und dazu gehören auch die Abwesenden – von uns Helfern?

4. Es ist noch mehr im Raum:
Die Erschütterung der Angehörigen, das Weinen, das Schreien manchmal oder die Erstarrung oder die Bitterkeit und die Hilflosigkeit und Ohnmacht. Auch die Totenstille kann den ganzen Raum erfüllen; aber auch die Leere, wenn Angehörige schnell wieder weg wollen: Andere sollen für den Toten sorgen.
Noch ist das kein ‚Toter'. Für die Angehörigen liegt hier der ganze Mensch: „Eben hat er nochmal geatmet," sagen sie. Oder: „Ich kann doch jetzt nicht ans Telefon gehen und den Bruder anrufen – er ist doch noch warm." – Ja, er ist noch da: Wir Menschen haben die Gabe, Bruchstücke vor dem inneren Auge in *ein Ganzes* zu verwandeln. Wir sehen noch den Lebenden im Toten; wir sehen ihn noch atmen, weil wir ihn ein Leben lang atmen und den Mund bewegen sahen. Wir kannten ihn ja nur mit seinem Leib, sogar zuallererst an seinem Leib. Und es ist unfassbar, dass Außen und Innen auseinander gerissen sein sollen. Gleichzeitig ist der Verstorbene immer wieder „so weit weg". Er ist „noch unter uns und sicher auch schon in der anderen Welt". Oft wissen die Umstehenden auf der ‚Denk'-Ebene, dass da ein Toter liegt, aber auf der ‚Fühl'-Ebene brauchen sie noch Zeit, um in einem vielfachen Hin und Her Anschluss an das Denken zu finden. Auf der ‚Tu'-Ebene versuchen die Umstehenden zu begreifen: Ihr Handeln geht zwischen

Denken und Fühlen hin und her, man begreift und kann es doch nicht begreifen. So vieles wäre jetzt zu tun, aber das erscheint leer und sinnlos.

5. *Der da liegt: Ist es der Verstorbene – oder der Lebende?*
Oft erzählen die Angehörigen die Krankengeschichte und die Todesgeschichte. Und dadurch eröffnet sich die Lebensgeschichte. Die ist mehr da, intensiver, jetzt, da der Mensch tot ist, jetzt, da deutlich wird, was von ihm alles fehlen wird. Immer wieder beim Erzählen von Lebensgeschichten fällt der Blick auf den Verstorbenen, und die Angehörigen realisieren noch schmerzlicher, dass er ja tot ist. Gerade wo man etwas Schönes aus seinem Leben erzählt, brechen die Traueremotionen wieder aus. *Das Erzählen schafft und trägt die (bedrohte) Beziehung der Trauernden zum Verstorbenen*, aber auch die Beziehung untereinander und der Menschen zu sich selbst. Mit dem Verstorbenen drohen die Zurückbleibenden ja auch sich selbst und ihre Lebensbezüge zu verlieren.

6. *Ihn noch einmal sehen?*
Nicht alle Angehörigen wollen oder können den Verstorbenen noch einmal sehen. „Wir wollen ihn so in Erinnerung behalten, wie er gelebt hat", oder: „Ich bringe das nicht über mich". Dann ist es Aufgabe der Helfer, behutsam und verständnisvoll auf die tieferen Motive zu hören. Vielleicht kommen im Gespräch neue Motive hinzu, die dann doch dazu führen, dass man gemeinsam ans Totenbett geht, vor allem, wenn der Helfer Unterstützung gibt und klar machen kann, dass „das, was wir jetzt tun, Ihnen sicher hilft, hinzugehen *und* gut wieder wegzugehen". Letztlich müssen es die Helfer den Angehörigen freistellen, ob sie noch einmal zum Verstorbenen gehen wollen. – Mir ist noch in Erinnerung, wie vier Angehörige mich als Seelsorger baten, sie nacheinander einzeln ins Sterbezimmer zu begleiten, den Verstorbenen auf- und wieder zuzudecken. Dann haben sie der jüngsten Tochter draußen vor der Zimmertür erzählt, „wie der Papa aussieht". – Wenn der Verstorbene durch einen Unfall plötzlich aus den Beziehungen herausgerissen wurde, oder bei Suizid, nach Organentnahme oder bei schwerer Entstellung, sollte wenigstens ein Familienmitglied oder ein Zeuge den Verstorbenen noch einmal sehen. Jemand soll ‚wissen', *wie es wirklich war*. Auch wenn im Normalfall nur ein Familienmitglied anwesend sein kann, sollte der Seelsorger ‚virtuell' alle, die dazu gehören („Wer gehört noch dazu, dem es ganz wichtig wäre, hier zu sein?") um das Bett ‚versammeln'. Die *eine* Per-

son ist dann stellvertretend *für die anderen* da; im (Innen-)Raum des Heiligen sind alle anwesend.

7. *Die ‚Tür' ist noch offen*
Der Moment am Totenbett ist für viele ein *Augenblick des Schocks* und zugleich ein *Augenblick höchster Intimität*.
– Hier ist der Mensch noch ‚zwischen Leben und Tod', ‚schon drüben und noch hier'.
– In dieser Stunde sind wir noch ganz verbunden, in ganz geschützter Atmosphäre. Bei der Beerdigung steht alles unter dem Zeichen der Öffentlichkeit.
– Jetzt ist der Leib noch ganz Symbol für den Lebenden. Diese Symbolkraft nimmt zur Beerdigung hin ab.
– Viele Angehörige wollen bis zuletzt die Treue halten und dabei gewesen sein, denn jetzt ist der *Adressat für die Gefühle* und *die Sinne* noch da, er ist selbst noch *Empfänger von Gefühlen* und offen für die Berührung.

Hier ist ein Geheimnis in seiner nicht zu enthüllenden Bedeutung – und dieses Geheimnis wird vor den Helfern bezeugt. Das ist vielleicht der zentrale Punkt: Der Abschied und die Trauer dürfen im intimsten Moment beginnen – nicht erst beim Bestatter oder auf dem Friedhof. Jetzt ist der *Kommunikationsraum mit dem Verstorbenen noch offen,* jetzt ist er noch so nah wie nie mehr, obwohl medizinisch der Tod bereits festgestellt ist. Deshalb will der Augenblick jetzt wahrgenommen und gestaltet sein. Was jetzt abgebrochen wird, wird erschwerend in die Trauerzeit mitgenommen.
• So hält eine Mutter die ganze Nacht ihr totes Kind auf dem Schoß. Als der neue Tag beginnt, gibt sie es aus den Händen.
• Eine Frau wirft sich auf ihren verstorbenen Mann und lässt sich nicht von dieser Geste abbringen. Nach Stunden erst kann sie sich lösen – und sie tut es von ganz allein, wenn ‚ihre' Zeit da ist.

8. *Wächter am Übergang*
Der Seelsorgende übernimmt in dieser Stunde zusammen mit anderen Professionellen – oder oft stellvertretend für sie – *eine Wächterfunktion.* Der Verstorbene, der für die Angehörigen in einem Zwischenzustand ist, ist von der Medizin bereits als tot erklärt: Er gehört den Angehörigen nur noch bedingt, ab jetzt greifen andere Gesetze und Realitäten in die Beziehungen ein. Der gerade Verstorbene bekommt einen neuen Status, dieser Status-Übergang ist zwar

erst mit der Beerdigung oder mit der Kremation abgeschlossen, aber er beginnt streng genommen unmittelbar mit dem Eintritt des Todes. Im Augenblick des Todes wird die Person in eine Art ‚Schleuse' gegeben, an deren Ende sich die ‚Tür' zu einem ganz anderen Zustand öffnet und schließt (vgl. die Abbildung in Teil fünf dieses Buches). An dieser ersten Schleusentür braucht es ‚Wächter', die den ersten Übergang ermöglichen und dessen volle Bedeutung durch ihre Rolle tragen können. Als Wächter sind sie Professionelle, die sich an der Grenze zwischen Leben und Tod ‚auskennen'. In einer Gesellschaft, die das Wissen um Leben und Tod in ein objektives Wissen und eine metaphysisch-religiöse Weisheit aufgespalten hat, ist es gut, wenn es *im Lebenswissen erfahrene Wächter* an den Türen des Todes und der Trauer gibt.

Der Wächter geht auch zum bereits Verstorbenen, wenn die Angehörigen um einen Beistand bitten, auch wenn sie selbst aus wichtigen Gründen nicht bei ihrem Toten sein können. Dann muss der Wächter seinen Dienst tun, *solange der Beziehungsraum noch offen ist*, solange noch eine unmittelbare ‚Tuchfühlung' (R. Smeding) mit der verstorbenen Person möglich ist. Das ist zeitlich an die Situation des Todes gebunden, das geht nicht erst „am nächsten Morgen, wenn ich Zeit habe" – dann ist dieses Fenster bereits geschlossen. Der Dienst des Wächters gilt nicht nur dem Verstorbenen, sondern auch den Angehörigen, wenn sie in schwierigen Fällen nicht rechtzeitig da sein können. Dann ist der jetzt wahrgenommene Raum zwar nur virtuell geschaffen, aber er kann für die Zurückbleibenden ein Stützpunkt für die folgende Trauerzeit sein. Allerdings muss betont werden: Die *erste Aufgabe* der Anwesenheit beim Tod haben die mit dem Leben des Verstorbenen verbundenen Beziehungsträger: die Angehörigen. Diese Aufgabe wird heute nicht mehr immer wahrgenommen – ein Zeichen für Banalisierung oder Verleugnung des Todes und für die Zerfahrenheit des modernen Lebens oder nur für Hilflosigkeit und Unerfahrenheit?

Der Seelsorger kann die in erster Linie Zuständigen nicht automatisch ersetzen, er ist nicht Träger der Nahbeziehungen.

Wenn er ohne deren Anwesenheit am Totenbett betet und einen Ritus vollzieht, dann nur, wenn die soziale (horizontale) Beziehung nicht zu realisieren ist. Dann handelt er aber – etwa im Auftrag der Gemeinde oder als Vertreter der Gesellschaft – *aus einer anderen Dimension* heraus. Er dokumentiert dann die Beziehung des Menschen zum transzendenten Gott, der alle Beziehungslosigkeit, allen Egoismus und alle Banalität übersteigt: Vor diesem Gott hat der verstorbene Mensch seine letzte Würde, auch wenn die Gemeinschaft der Menschen versagt.

Nicht zuletzt gilt der Dienst des Wächters auch dem Klinikpersonal, das im beruflichen Ablauf selten bewusst innehalten und den ‚Todesstreifen' bewusst begehen kann. Somit können die professionellen Helfer den Tod als Teil der Berufswirklichkeit realisieren und ihr Berufsverständnis vertiefen.

3. Was ist zu tun?

3.1 Der Trauer Raum und Zeit geben

Der Tod eines Menschen löst eine Fülle von Emotionen und Trauerreaktionen bei allen Beteiligten aus. Die Aufgabe für die Helfer kann *nicht* heißen: alle Emotionen und Realitäten in dieser Situation *auffangen* oder gar *bewältigen* zu wollen. Trauerbegleitung darf aus prinzipiellen Gründen nicht davon ausgehen, Trauer müsse beim Weggehen geringer oder gar schon ein stückweit bewältigt sein. Im Gegenteil: Es geht darum, die Trauer, die da ist, zu *ermöglichen*, ihr Raum und Zeit und Atmosphäre zu geben, damit jeder der Umstehenden seine Trauer ausdrücken kann. Oft wird das heißen: still sein, der unheimlichen Stille Raum geben; vielleicht kann sie zugleich als ‚heilige' Stille erfahren werden. Seelsorge kann dabei helfen, dass das, was jetzt und hier sein will, Gestalt bekommt. In dieser ersten Zeit am Totenbett kann der Weg der Trauer sozusagen *am intimsten Punkt* beginnen, hier werden die Lebens-, Todes- und Trauergeschichte verknüpft. Das *letzte Bild* vom Verstorbenen, die Atmosphäre dieses Augenblicks werden zum *ersten Bild* für die Trauer. Dieser Augenblick ist sehr verletzlich, hier prallen ‚Innen' und ‚Außen' ungeschützt aufeinander. Hier gehen die Worte oft aneinander vorbei. Wenn die Angehörige versonnen sagt: „Vorgestern hat er noch gelacht" und der Arzt antwortet: „Wir haben ihm aber noch das Medikament X gegeben", dann verfehlt der Helfer die Trauerebene, wenn er ‚etwas machen' und auf diese Weise trösten will (Sicher will der Arzt sagen: Wir haben alles getan, um sein Leben zu retten und sein Lachen zu erhalten – aber vielleicht braucht er auch selbst einen Trost). Auch die gut gemeinte Aufforderung an die untröstliche Ehefrau: „Hier, nehmen Sie das Beruhigungsmittel, das wird Ihnen gut tun" verkennt, *was hier gut tut: nur die Trauer selbst*. Die lebt jeder auf seine ihm eigene Weise und dazu braucht es einen ‚Raum'.

3.2 Den Traum dieser Stunde ermöglichen

Der Tod ist für uns Menschen etwas Unfassbares. Was alles zu diesem gerade entschwindenden Leben gehört, können wir nicht an- und festhalten. Was der Tod jetzt bei den Angehörigen auslöst, das ist nicht zu fassen. Und doch ist, obwohl der Mensch tot ist, er gerade wegen des Todes *mehr* im Raum als vielleicht in den Stunden des Sterbens vorher: Das Wesentliche eines Menschen scheint nicht an den Körper gebunden zu sein (Tausch-Flammer 1995, 75), jetzt in der Todesstunde ist es oft am dichtesten zu spüren. *Der Tod nimmt alles mit sich und deckt zugleich alles auf.* Alles ist unwirklich und wirklich zugleich.- Hier bietet sich als *Innenbild* für die Helfer der *Traum* an. In den Träumen der Nacht wird die Außenrealität innen verarbeitet, d.h. das mich außen Betreffende wird an die inneren Bilder, Erinnerungen, Gefühle ‚angeschlossen'. Dabei sind Zeit und Raum aufgehoben, das Leben wird in einem einzigen Traumbild oft in viele Schichten hinein durchsichtig. Vieles scheint irreal, verrückt, weil es neu ‚zusammengerückt' sein will. Der Träumer sieht, wie es geschieht, in Bildern, die eine komplexe Wirklichkeit anders zu fassen vermögen, als ein Begriff oder eine Erklärung das können. Im Augenblick des Todes sind die meisten Menschen ‚innen' – nur mit Mühe können sie sich ‚dem Außen' zuwenden, zu dem sie genötigt werden. „Das Leben geht weiter": Äußerlich muss es wohl so sein, innerlich ist es im Augenblick des Todes stehen geblieben. Am Totenbett darf sozusagen ‚der Traum geträumt' werden, das Innenbild darf sich entwickeln und wie ein Traum im Alltag mitgehen auf den Wegen der Trauer. Seelsorge kann diesen ‚Traum träumen' helfen und den Angehörigen als Trauerhilfe mitgeben. – Seelsorge begleitet dieses Träumen allerdings auch bis zum ‚Erwachen aus dem Traum' in die Realität. Hier am Totenbett ist ein wichtiger Stützpunkt für die Trauer, hier kann das Ganze wie durch eine Linse gesammelt werden.

Das ist die *Kunst der Symbolisierung*, die Seelsorge (und nicht nur sie) mitbringt: Das Unfassbare kann in einem Bild, einem Gedanken, in Erzählungen, Erinnerungen, Zeichen, Gegenständen, Gesten, Schweigen, Berührungen, Handlungen, im inneren Gespräch ... einen Ausdruck finden.

3.3 Dennoch: Was kann konkret getan werden?

Um dem Unfassbaren Gestalt zu geben, dafür haben Menschen *Riten* entwickelt. Die katholische Kirche hat im Prinzip keinen Ritus für die Situation am Totenbett. ‚Nur' ein Gebet und ein Segenswort sprechen, das wird der vielschichtigen Deutung dieses Augenblicks oft nicht gerecht. Im Augenblick des Todes müssen alle, der Sterbende und die Umstehenden, einen Durchgang durch das Tal des Todes machen. Dafür brauchen sie die Gemeinschaft, die ihnen sagt: „Es gibt einen Weg, den wir als Glaubende alle begehen, wenn etwas so Schlimmes geschehen ist." Im Augenblick der größten Verlassenheit gibt es ein ‚Geleit', das mehr ist als ‚Begleiten': „Da musst du nicht stark sein und alle Kräfte aufbieten, da darfst du dich dem Geleit der Gemeinschaft anvertrauen." Sie weiß, „dass der Weg, den der eben Verstorbene geht, und dein Weg als Zurückbleibender im Horizont ‚des Heiligen' steht."

Der Ritus kann zwar „auch nichts dran machen" an dem, was geschehen ist, aber er kann einen bergenden Deutehorizont öffnen für all die innere und äußere Wirklichkeit, für die Emotionen der Umstehenden, für die Nichtanwesenden, für die Lebens- und Todesgeschichte, für den Tod, der eingetreten ist und doch nicht alles sein kann, für den Glauben und die Lebensauffassung des Verstorbenen und seiner Angehörigen. – Untersuchungen zeigen, dass Menschen in der Nähe des Todes – also auch die Trauernden – zu ihrem vertrauten Glaubenssystem zurückkehren, zu den religiösen Wurzeln und Ordnungen, gerade wenn alles vom Tod bedroht ist (Eisenbruch 1984 a; 1984 b).

In diesem Stadium der Begleitung muss der Helfer sich klar machen, was er für ein *Bild vom Übergang* des Todes hat. Dabei geht es nicht um eine endgültige dogmatische Aussage, sondern darum, dem Erleben in diesem Moment auf dem Hintergrund des Glaubens (vgl z.B. Stock 1997; Steffen 1987) Ausdruck zu geben, also dem ‚schon drüben und noch hier'. Vielleicht helfen Bilder wie ‚auf dem Weg in eine andere Welt', ‚zwischen Himmel und Erde', ‚er ist durch eine Tür gegangen, was dahinter ist, weiß nur Gott', ‚eine Tür hat sich geschlossen, Gott tut eine andere auf', ‚Geburt in ein neues Leben', ‚er ist im großen Frieden', ‚auf der großen Reise durch das Dunkel zum Licht', ‚er geht in die Obhut Gottes'. – Der Helfer geht ja *mit seinen Bildern im Hintergrund in den Vordergrund* dieser Situation am Totenbett und erfüllt so sein Wächteramt.

3.4 Was ist zu tun? Ein Fallbeispiel

Ich möchte einen Fall vorstellen, eher einen Normalfall, und die Elemente der Begleitung daran buchstabieren.

In der Notaufnahme ist gerade ein etwa 60-jähriger Mann verstorben. Wohl auf Wunsch der Ehefrau wurde – über den Notruf – der Seelsorger gerufen. Beim Eintritt ins Zimmer sehe ich die Ehefrau am Bett stehen, in einer Ecke sitzt zurückgezogen ein Jugendlicher in seiner Motorradjacke, gegenüber seine etwas jüngere Schwester. Ich stelle mich vor: „Sie haben mich rufen lassen?!" – Das ist vielleicht schon zu sehr aus der Verlegenheit des Seelsorgers gesagt, um den Wunsch der Angehörigen zu erfahren. Aber was haben sie für Wünsche? Was ist meine Aufgabe? Das ist ein Krankenhaus, die Familie ist in fremden Räumen, der Tod ist das Fremdeste im Leben. Hier muss ich (eine innere) Leitung übernehmen: Ich muss als Professioneller wissen, wozu ich letztlich gerufen wurde und was jetzt zu ‚tun' ist.

„Es ist Ihr Mann, Frau M.?!" – „Ja", sie weint. – Indem ich mich an die Beziehung herantaste, schaffe ich Beziehung für mich, aber auch für die Familie zu ihrem jetzt so fremden Angehörigen. Oft ist es auch eine Beziehungsaufnahme zu dem unter den medizinischen Anschlüssen, Laken, Verbänden fast verschwundenen Menschen. Ich lasse mir die anderen Angehörigen vorstellen und frage nach denen, die „auch noch dazugehören". Die Anwesenden brauchen eine Bestätigung, dass es gut ist, dass sie jetzt da sind – auch stellvertretend für die ganze Familie. Dann sind wir mit allen zusammen eine kleine ‚Gemeinde'.

Ich wende mich dem Verstorbenen zu und frage behutsam in das Schweigen hinein z.B.:„War Ihr Mann lange krank – wusste Ihr Mann, dass es so kommen könnte?" „Hat er etwas geahnt?" – Damit gehen wir in Tuchfühlung mit dem Verstorbenen: Der Körper wird langsam kalt, die Person ist noch da. Dann berühre ich ihn. Manchmal ist die Berührung des Helfers eine Hilfe, dass auch die anderen den Toten berühren können. – Ich sehe den Sohn in der Ecke und gehe zu ihm. Ich frage ihn, ob er nochmal zum Vater gehen will. Er zuckt mit den Schultern. – „Es ist gut, wenn Sie es tun." Er nimmt mein Angebot an, ihn zu begleiten. Dann schlage ich ihm vor, dem Vater noch etwas zu sagen, „der hört das, seine Seele ist noch in der Nähe" (oder: „Er ist in einer anderen Welt, da versteht er noch mehr als vorher, was wir ihm sagen wollen") – „vielleicht sagen Sie es auch ganz still für sich."

Erst wenn die Beziehung angebahnt und der ‚Raum geöffnet' ist, hat das *Beten* einen Sinn. Ich zünde eine Kerze an (die gebe ich den Angehörigen am Ende mit nach Hause: „Die hat noch an seinem Bett gestanden, das ist eine Erinnerung an ihn"). Beim Fürbittgebet frage ich: „Möchten Sie noch etwas sagen, was man in einer solchen Stunde sagt?" Manchmal flüstern Angehörige dem Verstorbenen noch etwas ins Ohr oder entschuldigen sich für eine Verletzung, lesen etwas aus einem Brief vor („den wollte ich dir noch schicken, aber dann ist das passiert ..."), streicheln ihn liebevoll, sagen, was „alles so gut war", oder „weißt du noch damals ...". – Manchmal bemerke ich: „Sie hatten sicher auch Schweres miteinander zu bestehen?" „Ja, es gab auch manchmal Streit", dann spreche ich ein Wort der Vergebung.

Gegen Ende ‚frage' ich oft: „Darf ich Gott *danke* sagen?" Meistens sind die Umstehenden dann noch einmal neu erschüttert, weil ‚Dank' so vieles zusammenfasst, auch Schweres einschließt und anzeigt, dass der Abschied näherrückt! ‚Dank' bedeutet aber auch: Es ist ab jetzt Vergangenheit; die Zukunft wird anders sein.

Nach dem Segen bitte ich die Anwesenden – auch Pflegepersonen -, dem Verstorbenen ein Zeichen zu geben: Ein Kreuzzeichen auf die Stirn, ein Zeichen mit Weihwasser (Gerhard 1997, 169 ff), einen Kuss, eine Berührung. Manchmal sprechen wir das Lieblingsgebet, singen ein Lieblingslied, denken an die Verstorbenen der Familie, „mit denen er jetzt vereint ist", beten für die Jüngeren, „die etwas von dem weitertragen können, was sie vom Verstorbenen empfangen haben"... .

Die Situation der Familie, von der ich oben erzählt habe, war von viel Sprachlosigkeit geprägt. Hier ist der Seelsorger ‚aktiver Zuhörer', der formuliert, was er heraushören und -fühlen kann. – Es ist eher selten, dass die Angehörigen laut schreien, das tun eher Menschen aus anderen Kulturkreisen. Dann kann ich als Seelsorger durch einen behutsamen Kontakt mit meiner Hand dabei sein und die *Emotionen stützen* (nicht verhindern).

Auch das *Familiensystem* macht sich am Totenbett bemerkbar: Die Rivalität, wer dem Verstorbenen näher sein darf, wer jetzt ‚richtig' um ihn trauert, wer von ihm angeblich oder wirklich bevorzugt wurde, wer auch unter ihm gelitten hat .... Schuldgefühle, Vorwürfe an den Verstorbenen, Sehnsucht – all das muss im Ritus des Gebetes einen ausgesprochenen und unausgesprochenen Platz haben.

Das *Vater unser* als gemeinsames Gebet kann viel von der Flut der Gefühle oder etwas von der Sprachlosigkeit auffangen, hier können alle etwas ‚tun'.

Exkurs: Krankensalbung für einen Toten?

„Ein Sakrament kann man nur einem Lebenden spenden." „Die Krankensalbung ist kein Heilszeichen für Menschen, die schon tot sind." Nahezu einhellig ist das die theologische Meinung. Wenn sie überhaupt in dieser Situation gespendet wird, dann darf das nur ‚bedingungsweise' geschehen: „Wenn du noch lebst." – *Medizinisch* gesehen ist heute klar, wann ein Mensch tot ist. Mit einer solchen ‚Bedingung' mogelt sich die Theologie an den eindeutigen Fakten vorbei. Nun sind die medizinischen Fakten nicht die einzige Wahrheit über den Tod. Selbst die Medizin kennt *nur Todeszeichen, nicht das Wesen des Todes*. So ist z.B.der Herztod oft nicht auch schon der Hirntod: Der Patient kann noch wiederbelebt werden.

Die Erfahrung am Totenbett zeigt darüber hinaus, dass für die Angehörigen oft der Mensch – auf der ‚Fühl'-Ebene – noch nicht endgültig tot ist. Das Innen und Außen verschwimmen in diesem Augenblick, und es ist nicht Sache des Seelsorgers, mit einem dogmatischen ‚Aber' etwas objektiv machen zu wollen, was *subjektiv noch nicht vollzogen* (und oft nicht vollziehbar) ist. Seelsorge begleitet den ‚Traum dieses Augenblicks' und hilft danach auch wieder beim ‚Erwachen aus diesem Traum'. In diesem Traum kann der eben Verstorbene als Lebender da sein: „Das Wesentliche ist für die Augen unsichtbar." Der vollständige physische Tod wird in unserer Kultur sowieso erst durch die Beerdigung dokumentiert. Dann wird das, was medizinisch längst klar ist, erst gemeinschaftlich nachvollzogen und damit für endgültig erklärt. Dahinter stehen sicher auch Vorstellungen vom Tod als Reise, als Durchgang, so als ob der ‚unbekannte Strom' noch zu ‚überqueren' oder der Verstorbene noch mitten im Strom sei.

Wieso soll der gerade Verstorbene, der sich noch auf der Reise, vielleicht mitten im Strudel, in der ‚Todesschleuse', befindet, nicht gesalbt werden? Der Tod ist kein physikalischer Punkt, sondern für das Intersubjekt ein Prozess, in den alle Umstehenden einbezogen sind. Das Intersubjekt droht mitzusterben. Wenn der Seelsorger jetzt – vielleicht sogar noch zwei bis drei Stunden nach dem Tod, wenn endlich alle, die dazugehören, eingetroffen sind, *den Menschen im Übergang* salbt, dann auch deswegen, weil auch das ‚Intersubjekt' des Sakramentes bedarf. Manchmal kommen die Angehörigen „zu spät" und wollen doch noch ein Letztgültiges tun, damit „alles getan ist". Noch sind alle *erst am Eingang zur Todesschleuse*, noch ist die sterbeseitige ‚Tür' der Schleuse und damit der Beziehungsraum nicht geschlossen. Das ‚Intersubjekt' braucht Frieden, diese Friedensstiftung ist jetzt noch möglich. Die etwaige Spendung der Letzten Ölung im Todesfall ist außer auf diesem anthropologischen Hintergrund auch vor dem ganz konkreten Hintergrund heutiger gesellschaftlicher, sozialer (dazu gehören oft auch weite Anfahrten von Angehörigen) und medizinischer Bedingungen des Sterbens zu sehen (vgl. die Teile eins und zwei in diesem Buch).

Wie die anderen Sakramente auch, wird die ‚Letzte Ölung' oft viel zu individuell ausgelegt, als ob man Leben und Tod, die Gemeinschaft und den Empfänger sauber auseinander präparieren könnte. Auch für eine mögliche Letzte Ölung nach dem Tod gilt als theologische Grundlage, die leicht übersehen wird: *die Disposition des Empfängers*. Wenn der ‚Empfänger' das ‚soziale Subjekt' ist und nicht nur ein isolierter Einzelner, dann ist diese Disposition für das Sakrament am Eingang zur Todesschleuse sehr wohl gegeben – oft ist die Erschlossenheit und Empfangsbereitschaft des ‚Intersubjekts' für ‚das Heilige' im Augenblick des Todes sogar besonders eindrücklich zu spüren.

Die Salbung eines gerade Verstorbenen gilt *der gesamten Lebenssituation* eines Menschen, also nicht nur dem Zustand, dass er mit Bewusstsein und klarem Willen unter uns ist. Sie gilt dem, der einerseits *noch mit uns verbunden*, andererseits *auf dunklem Weg* in die *andere Welt* ist, den wir noch ein Stück auf diesem Weg zu begleiten versuchen, bis wir – im ‚Traum' dieses Augenblicks gesprochen – ‚umkehren' und unseren Weg zurückfinden müssen.

Warum soll es keine ‚Todesweihe' geben, die den *Prozess des Todes* als heiliges Geschehen versteht und *nicht nur das Sterben* als (mehr oder weniger) bewussten Akt des Subjekts? In einer Todesweihe rufen wir Gott, der allein der Rettende ist, in diese Situation und übergeben ihm bewusst den Verstorbenen. In einer solchen ‚Weihe' wird die Wirklichkeit des Abschieds vielleicht deutlicher realisiert als bei einer formlosen ‚Aussegnung'.

Dieses Plädoyer für die Möglichkeit der Letzten Ölung will keinen neuen Automatismus fordern: „Salbung für alle Toten". Vielmehr möchte es

- ein zu rubrizistisches Verständnis von Krankensalbung in Frage stellen;
- das innere und äußere Erleben der Angehörigen ernst nehmen und Diskussionen am Totenbett vermeiden, die Menschen in ihrer Trauer nur noch mehr verletzen;
- helfen, das zu tun, wozu wir gesandt sind: den Segen Gottes zu bringen und alles zu tun, was dem Frieden dient.

Die letzte Stunde ist ein zu wichtiger Stützpunkt für die Trauer, als dass Seelsorge aus dogmatischen Gründen ein Letztes verweigern könnte: den heiligen Akt.

3.5 „Hat er noch etwas gesagt?" Die ‚last-minute' Objekte

Trauer braucht *Ankerpunkte*. Am Totenbett oder vielleicht im gerade vorausgegangenen Sterben sind Angehörige ihren Verstorbenen noch besonders nahe. Es ist gut, wenn hier Übergänge für die Zeit danach und über den fremden Ort des Krankenhauses oder Altenheims hinaus verankert werden, also noch hier, wo der Mensch als Verstorbener und Lebender zugleich da ist. Was Angehörige jetzt tun (können), bleibt ihnen in Erinnerung: Noch einmal „die Oma streicheln", kämmen (da kann auch ein kleines Kind mithelfen), Blumen hinlegen, waschen, etwas Frisches oder ein Lieblingskleidungsstück anziehen. Das Bild vom Verstorbenen, das jetzt entsteht, geht mit in die Trauer, es übersteigt den Augenblick des Todes. Ebenso kann Seelsorge mit den Angehörigen im Angesicht des Toten *ein Symbolwort finden*, das zum Frieden beitragen kann – vor allem bei entstellendem Todeskampf. Oder wir betrachten zusammen ein Foto aus guten Tagen: „Das ist er auch." Die Aussagen und Symbolisierungen des Helfers haben ein großes Gewicht: Sie sind eine Art ‚Überschrift' über diesen letzten Augenblick, ein zusammenfassendes Wort, das die Angehörigen natürlich durch ihr ‚feed-back' noch unterschreiben müssen: „Ja, so ist es", „ja, so war es."

Oft grübeln Angehörige über „seine letzten Worte" nach. Hier kann der Helfer als aktiver Zuhörer mitgehen, verhindern, dass quälende Gedanken entstehen, die später schallplatten-artig sich verfestigen können. Ziel dieser Begleitung ist: helfen, dass Frieden eintreten kann. Auch das Pflegepersonal hat hier eine ethisch wichtige Aufgabe als Vermittler zwischen dem Sterbenden/Verstorbenen und den Zurückbleibenden. ‚Letzte Objekte', die auf dem Nachttisch liegen, ein Schmuckstück, eine vertrocknete Blume, ein Bild ... gehen mit in die Zeit der Trauer. – Kann man auch ein Foto machen (für die Tochter in Kanada, für den Bruder im Altenheim)? Wenn es in Ehrfurcht geschieht, ist alles ‚heilig'. Auch eine Bemerkung „draußen regnet es" oder „eben ist die Sonne herausgekommen" geht mit in die Trauer. Helfer brauchen da nur achtsam zu sein. Sie sind in gewisser Weise selbst Teil des Stützpunktes ‚Trauer' („der Pfarrer X, die Schwester Y waren damals dabei...").

Wenn z.B. nach einem schweren Unfall die Angehörigen ihren Verstorbenen nicht mehr sehen können oder wollen, kann eine große – vielleicht unersetzliche – Hilfe für die Trauer ein Kleidungsstück, eine Haarlocke, ein persönlicher Gegenstand sein, auf die der Helfer aufmerksam macht.

3.6 Woran noch alles zu denken ist

1. Wie geht man wieder heraus – als Helfer?
Ein Abschied braucht Zeit und Raum. Es ist nicht mein, des Helfers, Abschied. Ich bin nur so lange dabei, wie die Angehörigen diese Unterstützung brauchen. Manchmal biete ich an, „ob wir zusammen rausgehen wollen?" Dann zieht jemand oder der Seelsorger das Laken über das Gesicht des Verstorbenen oder „er soll noch dazu gehören, man soll sein Gesicht sehen können". Öfter wollen die Angehörigen noch bleiben und sich Zeit nehmen, dann muss ich gehen. Ich darf die Intimsphäre dieses Augenblicks nicht verletzen oder sie zu ‚meiner Sache' machen. – Manchmal jedoch wird der Seelsorger auch länger gebraucht: bis die Angehörigen das Unbegreifliche ein erstes Mal zu begreifen beginnen. Ich vermittle dann zwischen den Pflegekräften und dem Sterbezimmer. Wichtig ist, dass die Helfer, auch die Pflegenden, beim ‚Fertigmachen' *nur unterstützen* und nicht alles selbst zu tun versuchen. Es geht um den Abschied *der Angehörigen!* Oft ‚machen' die Professionellen ‚alles gleich fertig', ohne die Angehörigen mit einzubeziehen. *In der Todesstunde kann noch viel getan* werden; es kann auch *noch vieles nachgeholt werden, was dem Sterbenden gegolten hätte.* Für viele Angehörige ist es wichtig, den wie ein ‚Kind' jetzt so hilf- und schutzlosen Verstorbenen ihre ganze noch mögliche Fürsorge spüren zu lassen und ihm einen letzten Dienst zu erweisen (auch wenn noch mehr ‚letzte Dienste' folgen werden).

2. Was also ist die Rolle des Helfers?
- Er hilft *den Traum dieses Augenblicks* zu inszenieren. Der Weg der Trauer kann dann mit diesem ‚Traum' beginnen.
- Der Helfer hält stellvertretend den Tod hin: „Ja, so ist es." Wenn die Umstehenden weinen und klagen: „Ja, so ist es", – darüber darf er nicht hinwegtrösten. Der Helfer präsentiert den Menschen *als Verstorbenen* und ist Garant der Realität. Das tut der Helfer *in seiner Rolle,* der Verstorbene ist nicht sein eigener Verwandter.
- Der Helfer geht mit den Angehörigen zwischen Leben und Tod hin und her. Er geht immer wieder über die ‚Brücke' hinüber und herüber, er ist ‚Schleusenwächter'.
- Seelsorge *segnet, was ist,* nicht nur den Verstorbenen. Der Segen gilt allen, er bedeutet: „Es ist alles gut." Es ist *alles ganz schlimm,* so schlimm, wie man es vielleicht noch nie im Leben erfahren hat – *und es ist gut.* Hier ist ein heiliger Augenblick und

der vermag diesen Widerspruch zu umfassen und ihn zugleich ‚aufzuheben'.

3. *Der Übergang von drinnen nach draußen*
Der Traum der Intimsituation will an das ‚Außen' der Umwelt, das Zuhause, das Familiensystem (Smeding, Aulbert 1997) der konkreten Lebensumstände angeschlossen sein. Auch hier sind *die Wächter an der Todes- und Trauerschleuse* gefordert:
- Wenn der Arzt den Tod noch nicht festgestellt hat, können die Helfer sagen: „Lassen Sie sich Zeit" (Die ‚Tuer' unter den Umstehenden wollen sofort beim Tod den Arzt holen, das zerreißt oft die Intimität): „Sie brauchen sich nur die Zeit des Todes zu merken." Andererseits ist der Totenschein des Arztes nicht nur ein Verwaltungsakt, sondern auch ein wichtiges Symbol für die Realität des Todes und eine Trauerhilfe.
- Bei jetzt Alleinstehenden wird der Helfer fragen: „Wie wird es jetzt sein, wenn Sie nach Hause kommen? Haben Sie Menschen, mit denen Sie jetzt Kontakt aufnehmen können? Wer wird für Sie da sein?"
- Vielleicht muss der Helfer auch fragen: „Wie werden die Kinder reagieren? Was werden Sie ihnen sagen?" Oder: „Wie wird der Bruder im Altenheim reagieren (oder die alten Eltern)? Wie werden Sie es ihm sagen?"
- Es gibt Todesumstände und Lebenssituationen, bei denen der Helfer daran denken muss, dass die jetzt eröffnete Trauer erschwert sein kann. (Zu ‚Risikotrauer' siehe den Teil 3 in diesem Buch).
- Bei unerwartetem Tod oder langem Krankenhausaufenthalt sollte noch einmal ein Gespräch mit Ärzten oder Pflegekräften möglich sein. Vielleicht bietet die Station das für einen der nächsten Tage an. Oder jemand von der Station meldet sich in einigen Wochen noch einmal und bietet ein Gespräch im Krankenhaus an.
- Dürfen Arzt (auch Notarzt) und Schwester den Angehörigen, die beim Tod nicht dabei sein konnten, Auskunft über die Todesumstände geben, wenn diese darum bitten? – Für Zurückbleibende ist oft die Trauer erheblich erschwert, wenn sie nur auf ihre eigenen Phantasien angewiesen sind und sich vorstellen, dass es vielleicht „ganz schlimm war" und sie der geliebten Person in ihrer wohl schwersten Stunde nicht beistehen konnten.

Juristisch gesehen dürfen Arzt und Pflegekraft sehr wohl Auskunft geben und zwar, *wenn es dem mutmaßlichen Willen des Verstorbenen entspricht.* Wenn allerdings der Verstorbene zu Lebzei-

ten Gegenteiliges gesagt hat oder sein Wille dahingehend zu interpretieren ist, dann darf diese Auskunft nicht erteilt werden. Es geht hier um den Schutz seiner Persönlichkeit. Zwar können die Therapierenden diese zum Schutz eingeführte Vorschrift defensiv auslegen („ich kann/darf Ihnen keine Auskunft geben"), wenn aber nichts dagegen spricht, müssen sie ihren Beruf ‚seelsorglich' verstehen und den menschlichen, also psychischen Bedürfnissen Vorrang geben.
- Seelsorge kann auf Trauerhilfen (Selbsthilfegruppen, Gottesdienst in der Gemeinde mit Erwähnung des Verstorbenen ...) aufmerksam machen.

Für alle diese Möglichkeiten gilt: von allem nicht zu viel – es muss immer der Situation angemessen sein!

4. Wie gehen die Helfer mit all den Abschieden um?

Die professionellen Helfer sind immer wieder mit den unterschiedlichsten Abschiedssituationen konfrontiert. Auch sie müssen die Todesbegegnung verarbeiten, auch wenn der Verstorbene ja gerade kein ihnen nahe stehender Mensch ist. Einerseits werden sie vom Tod berührt, andererseits müssen sie sich freimachen können für die Begegnung mit anderen Patienten, Sterbenden, Angehörigen. Hilfe für ihre Trauerarbeit könnte sein:
- Wenn man als Arzt, Pflegekraft, Seelsorger selbst ‚qualifiziert' den Sterbenden und den Angehörigen beistehen konnte, dann ist vieles bereits dadurch erledigt: Wer ganz dabei ist, kann auch ganz wieder weggehen. (Dieses ‚ganz da sein' muss in der Krankenhaus-Wirklichkeit relativiert werden: Professionelle sind begrenzt durch Rollen, Zeit, Umstände. Nicht bei jedem Menschen kann oder muss man sich tief einfühlen, nicht jede Beziehung gelingt so, wie man das gerne möchte.)
- Pflegende sollten es ermöglichen, dass ein *Abschied noch auf der Station* und *am Sterbebett* stattfinden kann und Angehörige ihren Verstorbenen nicht erst in der Pathologie sehen. Es gibt immer noch zu wenig Abschiedszimmer, noch immer weiß die Organisation Krankenhaus zu wenig um ihre Aufgabe bei der Trauergestaltung.
- Wenn ein Mensch gestorben ist, kann man *im Stationsalltag* beim Kaffeetrinken an den Verstorbenen denken, Erlebnisse, Nerviges,

Erinnerungen erzählen und ihn so verabschieden. Solches ‚Kaffeetrinken' kann eine rituelle Handlung der Station werden – oft die einzige ‚erlaubte' – um als Pflegeperson und Seelsorger Abschied zu nehmen und wieder frei zu werden für die anderen Patienten.
- In besonderen Fällen kann jemand vom Stationsteam einen Anruf bei den Hinterbliebenen übernehmen oder eine Karte schreiben.
- Seelsorge sollte auch die *Leichentransporteure* ansprechen und mit ihnen über ihre meist umschwiegene Aufgabe sprechen. Wenn der Seelsorger beim Abholen des Toten dabei ist und ein Gebet spricht, kann auch dieser Augenblick eine heilige Bedeutung bekommen.

Auch als Seelsorger habe ich nach einem Abschied am Sterbe- oder Totenbett das Bedürfnis, mir buchstäblich die Hände zu waschen und mich zu reinigen. Am Ende eines Tages kann ich einen heiligen Platz aufsuchen und die Verstorbenen und ihre Angehörigen unter den Segen Gottes stellen. Gelegentlich hebe ich eine Postkarte auf, auf deren Rückseite ich den Namen eines Verstorbenen schreibe, den ich begleitete und dann verabschiedete. Irgendwann darf diese Karte dann aus meinem Erinnerungsrepertoire entfernt werden.

Ich darf und muss mir bewusst machen, dass ich mit diesem Beruf teilnehme am Lebensschicksal aller Menschen. Dazu gehört der Tod.
- In einem Traum ging ich über einen Steinfußboden, in den gläserne Nischen mit Toten eingelassen waren. Ich bin nicht erschrocken: Wer anders soll immer wieder bereit sein, Toten zu begegnen (und Lebenden natürlich auch), als die Seelsorger, die für das Geheimnis einstehen! Seelsorger, Pflegende, Ärzte und andere Helfer stehen immer wieder am „Toten Meer" (R.Smeding), am Meer, das gefüllt ist mit all der Trauer und all dem Tod, die sich in einem Krankenhaus, in einem Zeitabschnitt (in dem ich heute lebe) sammeln. Sind die Helfer, wenn sie am ‚Ufer des Toten Meeres' stehen, dann selbst gehalten ‚vom Geheimnis des ganz Anderen' – wenn sie immer wieder dabei sind, wenn Menschen in dieses unergründliche Geheimnis des Todes gehen, und ihnen Geleit geben?

5. Anhang:
Abschied von einem behinderten ‚Kind'

Auf der Intensivstation der Chirurgie ist gerade ein 30-jähriger Mann gestorben. Er war seit seiner Geburt geistig behindert. In dieser Situation stellen sich für die Pflegenden und die Seelsorge mehrere Fragen:
- Wo ist die Familie in diesem Augenblick?
- Was braucht die Familie von uns?
- Was ist zu bedenken im Fall eines lebenslang behinderten ‚Kindes'?
- Auf welche Emotionen bei den Umstehenden gilt es zu achten?
- Wie kann der Abschied für die Familie gestaltet werden?
- Welche Möglichkeiten kann die Seelsorge für die Trauergestaltung anbieten?
- Und nicht zuletzt: Wie können sich die Pflegenden und Seelsorger verabschieden?

1. Aspekte von Trauer

1.1 Trauer im Krankenhaus

Im Krankenhaus sind Angehörige, Pflegende und Seelsorger Abschiedssituationen oft ganz plötzlich ausgesetzt. Ist doch die Erwartung an die therapeutischen Möglichkeiten von Medizin und Pflege die, dass der Trauerfall gerade verhindert wird. Alle Handlungen und Hoffnungen sind darauf gerichtet, das Leben zu erhalten und ursprüngliche Lebensfunktionen wieder herzustellen. Tritt der Tod dann doch ein, lässt er alle vorherigen Bemühungen als vergeblich erscheinen.

Anders als beim Sterben zu Hause symbolisiert alles auf der Intensivstation die Erhaltung des Lebens. Dazu kommt, dass – in den Einzelboxen – alle an der Betreuung des Patienten Beteiligten plötzlich auf engem Raum zusammengebracht werden: die anwesenden und herbeigeholten Angehörigen, die Pflegepersonen, die für diesen *einen* Patienten zuständig sind, der/die SeelsorgerIn und manchmal auch der Arzt.

1.2 Trauer bei Behinderung

Als ich als Seelsorger das Behandlungszimmer betrete, sehe ich die Mutter verzweifelt über ihren toten Sohn gebeugt, der Vater steht

hilflos in einer Ecke. Als Außenstehender bin ich versucht zu denken: Wieso so viel Verzweiflung, hat der Tod die Eltern nicht von einer lebenslangen Last befreit? Jemand von den Pflegenden meint – draußen – „die Mutter hat ihren Sohn sicher nie losgelassen".
Man muss sich erst klar machen, was die Annahme und Begleitung eines behinderten Kindes für die Eltern bedeuten kann.
Die Eltern eines nicht behinderten Kindes können ihr Kind allmählich in die Selbstständigkeit entlassen. Im Fall der Behinderung jedoch sind sie Eltern und Therapeuten ein Leben lang – und das 24 Stunden am Tag. Ein Leben lang müssen sich die Eltern in ihren Sohn einfühlen, um herauszufinden, was er braucht. Der Vater erzählt mir – vor dem Tod, – dass er nächtelang nicht geschlafen habe bei der Vorstellung, bei der Operation an der Speiseröhre würde der Körper seines Sohnes wie ein hilfloser Schmetterling „vorne aufgeklappt". So tief ist der Vater mit seinem Kind verbunden.
Eltern, vor allem die Mutter, kommen nach der Geburt eines bleibend behinderten Kindes oft kaum noch selbst vor. Nur das Kind ist noch wichtig. Der Tod des Kindes bedeutet dann die totale Entleerung – vor allem der Mutter.
Kinder stellen in der Regel das ‚erweiterte Selbst' ihrer Eltern dar: Sie übernehmen Lebensmöglichkeiten, die sich die Eltern auch für sich selbst wünschen, in ihr Leben und tragen sie einmal in die Zukunft. Wenn ein Kind stirbt, brechen all die Vorstellungen von diesem besseren Selbst zusammen. Das gilt erst recht beim Behinderten: Wenn Eltern sich dazu durchgerungen haben, dieses Kind ‚anzunehmen', dann kann es sein, dass die Eltern sich zu den höchsten Idealen und Möglichkeiten herausgefordert sehen, deren sie fähig sind: Selbstverleugnung und Liebe zum Schwachen und Bedürftigen. Das Kind bedeutet dann nicht nur das erweiterte, sondern auch das höhere Selbst der Eltern, die Verwirklichung ihrer höchsten Werte. Ein behindertes Kind braucht ein Leben lang ‚alle' Liebe der Eltern: „Niemand kann unser Kind so behandeln wie wir." In dieser Liebe waren die Eltern des Verstorbenen ein Leben lang voll in Anspruch genommen. Das Un-Normale musste ja als das Normale erlebt werden (R. Smeding). Das alles wird – bei den meisten Eltern – durch den Tod plötzlich und total beendet. Die Eltern selbst sind entwertet und ‚ohne Inhalt': weil sie nichts für sich, sondern alles unter dem Vorzeichen der Behinderung gelebt haben. Diese Eltern mussten ja seit 30 Jahren viele Verluste in ihr Leben aufnehmen: den ‚Verlust' eines gesunden Kindes und die vielen sich daraus ergebenden Folgeverluste.

1.3 Trauer und Schuld

Die Mutter sagt nach einiger Zeit bitteren Schweigens: „Ich habe die Operation an ihm zugelassen, ich habe ihn zur Schlachtbank geführt." Und später: „Ich habe ihn so gequält, ich habe ihn zum Lernen und Arbeiten getrieben, ich bin an allem schuld." Alles Reden der Umgebung, sie sei doch nicht schuld, erreicht die Mutter nicht. Rational weiß sie das sicher. Aber ihr *Wissen* um das Nichtschuldigsein und die *Gefühle* von Schuld müssen nebeneinander existieren können. Die Schuldgefühle sind ein Teil der Trauer, ein Hinweis auf den erzwungenen Abbruch ihrer Fürsorge und auf das jetzt entwertete Leben. Die äußere Realität ist innen noch lange nicht akzeptiert. Im Fall eines nicht behinderten Kindes gelingt die Loslösung zwischen Mutter und Kind in der Regel leichter; das selbstständiger werdende Kind probiert *von sich aus* eigene Wege und stößt sich von der Mutter ab. Oder die Mutter stößt das Kind ‚aus dem Nest' und sie kann dabei hoffen, dass ihr Kind genug Selbststand findet. Beim von Geburt an Behinderten muss dieses Abstoßen meistens *allein von den Eltern* geleistet werden, das ist weitgehend ihre Initiative. Sie müssen also auch allein mit all den Schuldgefühlen klar kommen, die mit den immer wieder erfolgenden Abstoßungen verbunden sind. Als Seelsorger versuche ich herauszufinden, was das tiefere Leiden bei den Schuldgefühlen ist. Die Mutter kann nach einiger Zeit – obwohl sie sehr fromm ist und ihre Ideale aus dem christlichen Glauben bezieht – endlich Gott anklagen für den Krebs ihres Kindes und für all das Leiden und den Tod. Endlich muss sie das Schicksal ihres Sohnes, die Last dieses langen Lebens und alle Bemühungen um das Kind nicht mehr total und allein verantworten. – Als ich ihr ein Wort und die Geste der Lossprechung gebe, ist mir bewusst, dass das nur ein Anfang für das Ringen mit immer wiederkehrenden Schuldgefühlen und der Allzuständigkeit sein kann und dass die Vergebung noch vieler innerer und äußerer Gespräche und Erfahrungen bedarf.

2. Die Abschiedssituation gestalten

2.1 Dienst der Pflegenden am Toten

Was gibt es an Hilfen, dieses Gefühls- und Verhaltenschaos anfanghaft zu ordnen?
Die Eltern sind aus dem Arztzimmer zurückgekommen, der Arzt hat ihnen Umstände der Krankheit und des Todes begreiflich zu machen

versucht. Aber die Unbegreiflichkeit wird jetzt, bei der Rückkehr ans Totenbett, erst recht sichtbar. Die Zeit, die sich der Arzt nimmt, seine Informationen und Erklärungen sind wichtig – und doch haben Pflegekräfte und Seelsorger die Hauptlast der Emotionen zu tragen. Sie kriegen die Worte der Bitterkeit, der Selbstbeschuldigung zu hören und müssen die zornigen und doch ohnmächtigen Gesten mitansehen. Nach einiger Zeit eher hilfloser Worte und langer Schweigepausen beginnt der Pfleger, den Verstorbenen von seinen Anschlüssen, von Kopf- und Körperstützen zu befreien, saugt ihn behutsam ab, zieht die Dränagen und klebt die Öffnungen wieder zu, legt ihm gerollte Handtücher unter die – zu kurzen – Arme, damit er ihm die Hände falten kann. Als er ihm die EKG-Kleber entfernt, wirft er die nicht einfach hinter sich, sondern klebt sie fast zärtlich an seinen Kittel – eine für mich rührend teilnahmsvolle Geste. Als Schwester und Pfleger den Toten waschen, fragen sie, ob sie ihm das OP-Hemd wieder anlegen sollen. Da kommt der Vater auf die Idee, ihm die Kleider anzuziehen, die er bei der Ankunft im Krankenhaus anhatte, „die Fußballhose und das rote T-shirt, die er so gerne trug". Die Pflegenden wollen dieses Anziehen für die Eltern übernehmen. Aber dann merken sie: Es ist gut, dass die Eltern das tun können und sie als Pflegende dabei nur unterstützen. Die Angehörigen können so einen ‚letzten Dienst' tun und ihre Fürsorge den Toten spüren lassen. Und die Pflegenden haben den ihnen gemäßen Zugang zum Toten ‚sprechen' lassen: ihre Pflegehandlungen. Die gilt es weniger mit Worten als mit behutsamer Teilnahme zu füllen.

2.2 Dienst der Seelsorge

Dann ist wieder Stille – Totenstille – ja, denn hier ist der Tod, und es ist ein Teil des Trostes, das nicht zu übergehen. – Vor uns liegt das Bild des lebenden Sohnes in seiner Fußballkleidung, das Kind, das zugleich der junge Mann ist, der sich an seinem Dress und beim Fußballspiel gefreut hat. Das ist für die Eltern ein Trost: Sie trösten sich mit den Zeichen seiner Lebensfreude und seiner Lebendigkeit. Dieses ‚Bild' bringt etwas von der Nähe des Lebenden herbei. – Es kann auch in der noch folgenden Zeit der Trauer erinnert und ‚herbeigeholt' werden und so hilfreich und tröstend wirken.
Hier hat dann auch das Gespräch über die Lebensgeschichte des Verstorbenen Anknüpfungspunkte, hier ist er *als Verstorbener und zugleich als Lebender* da. Als Seelsorger stelle ich eine kleine Osterkerze auf und zünde sie an – später kann sie zum ‚Übergangsobjekt'

werden: zwischen dem Totenbett und der Wohnung zu Hause: „Die hat am Totenbett unseres Sohnes gestanden."

Im Gebet gibt der Seelsorger manchem ‚Unsagbaren' Raum, auch der Klage und Anklage. Auch der Lebensleistung der Eltern, aber auch dem Schuldempfinden und dem Schuldig-geblieben-Sein.

Hier ist auch der Ort, nach denen zu fragen, die auch noch gerne hier wären (wenn das nicht schon am Anfang in Erfahrung gebracht werden konnte): Geschwister – ob sie gesund oder auch behindert sind – Großeltern ... .

Dann lade ich die Umstehenden ein, in Fürbitte und Dank etwas von dem zu sagen, „was in einer solchen Stunde noch gesagt sein will": dem Verstorbenen („da ist die Seele zwischen Erde und Himmel, er hört uns sicher") und Gott. Beim Danksagen („was du uns gegeben hast, was wir dir verdanken" – hier wird die Lebens- und Beziehungsleistung des Behinderten gewürdigt) wird oft beides auf einmal bewusst: das miteinander geteilte Leben *und* dass das von ihm geprägte Leben jetzt zu Ende ist. Zugleich kann bewusst werden, was vom Verstorbenen nicht mitgestorben ist, was in uns weiterlebt, wofür wir dankbar sein können.

Beim „Vater unser" und Segen wird das Persönliche *dieses* Menschen mit dem Schicksal allen Lebens und mit der Welt Gottes in Verbindung gebracht. Der Ritus muss alles zulassen, was an Emotionen und Gedanken *jetzt* und *hier* da ist, auch die widersprüchlichen Gedanken und Gefühle beim Tod eines Behinderten:
– die Schuldgefühle *und* die rationale Verarbeitung,
– die Befreiung von einer Last *und* die Leere,
– der Reichtum dieses Lebens *und* der Preis, den dieser gekostet hat.

Nicht alles wird vom Seelsorger aktiv ins Wort gebracht, vieles braucht auch den Schutz des Symbols, aber auch des Schweigens.

Am Ende bitte ich die Umstehenden, auch eine Geste des Segens oder ein Zeichen des Abschieds zu vollziehen. Dieses Tun hilft, die Gefühle zu tragen und gleichzeitig schließt es den Kreis der Anwesenden mit dem Toten.

2.3 Woran noch zu denken ist

Vielleicht kann dann behutsam die Frage gestellt werden, wie es jetzt weitergeht:
– die Leere und Trostlosigkeit, die die Angehörigen zu Haus antreffen werden,

- die Menschen, die zunächst für sie da sind, und wer auch in Zukunft für sie da ist,
- dass es auch später noch die Möglichkeit gibt, sich Hilfe für die Zeit der Trauer zu holen und dass es gut ist, solche Hilfe in Anspruch zu nehmen,
- wie wohl die Geschwister reagieren und was sie jetzt brauchen, wer für sie da ist.

Die Eltern des behinderten jungen Mannes geben den Verstorbenen nicht frei für die Obduktion – obwohl die Ärzte gerne wüssten, was letztlich die Todesursache war. Auch die Ärzte brauchen eine Möglichkeit, sich von diesem ‚Fall' zu verabschieden. Aber ihr Wunsch muss hinter dem Fürsorgebedürfnis der Eltern („Der hat so viel leiden müssen in seinem Leben") zurückstehen.

Die Eltern wollen den Toten mit nach Hause nehmen. Jemand von ärztlicher Seite meint: Die Eltern sollten besser ihren Sohn jetzt endlich loslassen. (Ist es das Bedürfnis, die Eltern zu bestrafen, weil sie die Obduktion verweigert haben? Oder kann man sich nicht vorstellen, was Eltern alles an Abschiedsmöglichkeiten brauchen – auch Geschwister zu Hause?)

Dürfen die Angehörigen ihren Verstorbenen zu Hause aufbahren? Das Bestattungsgesetz erlaubt das nicht ausdrücklich. In manchen Bundesländern ist es Vorschrift, dass spätestens 36 Stunden nach dem Tod der Verstorbene in eine öffentliche Leichenhalle überführt sein muss. Diese Formulierung lässt für Ausnahmefälle sicher einen gewissen Spielraum, den – bei gutem Willen – man in einem solchen Fall nützen kann.

2.4 Abschied der Helfer

Die Pflegenden sitzen danach noch im Aufenthaltsraum. Beim Kaffeetrinken wird so manche Anekdote und manches kleine Erlebnis mit dem behinderten Patienten erzählt. Aber auch wie sie sich in den Behinderten einfühlen mussten, um seine Bedürfnisse zu erspüren. Wieviel – kurzzeitige – Identifikation mit ihm das verlangt hat. Wie dankbar und ausgeglichen er alles an sich geschehen ließ. Wie schwierig es war, im Beisein der Eltern zu pflegen, die ja viel besser wussten (oder zu wissen glaubten), wie es ihm geht und was er braucht. Was es ihnen jetzt ausmacht, ihrerseits den Verstorbenen loszulassen. Eine Schwester hat die Eltern um die Adresse gebeten, um ihnen noch mal schreiben zu können. Sie tut es auch stellvertretend für die Station und das Pflegeteam.

FÜNFTER TEIL:

TOT UND BEGRABEN?
DER SEELSORGER ALS SCHLEUSENWÄRTER

(Ruthmarijke Smeding und Erhard Weiher)

1. Zwischen Tod und Beerdigung

Die allmähliche Ausklammerung des Todes in unserer Gesellschaft, die zunehmende Rationalisierung und das Abgeben der Verantwortungen und notwendigen Handlungen, wenn jemand stirbt, haben uns von dem, was da eigentlich geschieht, in wachsendem Maß entfremdet. Zudem konfrontiert uns die Komplexität unserer Gesellschaft mit immer mehr Arten des Todes: So gibt es z.B. Flugzeugabstürze, Unfälle auf Autobahnen und die damit verbundene Notfallversorgung; es gibt zunehmend Suizide bei älteren Männern; endlich wird das Leid auch bei einer Fehlgeburt beachtet; und es gibt das liebevoll begleitete Sterben in einem Hospiz – um nur einige Beispiele zu nennen.

Deswegen ist *die Zeit zwischen Ableben und Beerdigung immer wieder anders.* Diese Unterschiede verlangen von den Professionellen, die zunehmend schwierigen Abschiede zu reflektieren und diese Abschiede mit reflektierter Professionalität bewusster zu begleiten. Um diese Forderung zu illustrieren, stellen wir die Idee vor, die Zeit zwischen der Feststellung des Todes und dem Zurücktreten der offiziellen Regelungen im Umkreis des Todes als ‚Schleusenzeit' zu betrachten.

1.1 Die Schleusenzeit

‚Schleuse' bedeutet: Mit der Todesdiagnose schließt sich eine Tür zwischen den Angehörigen und dem Verstorbenen, wodurch diese automatisch *gesetzlich* zu Hinterbliebenen werden, jedoch *emotional* betrachtet, dies vor der Beerdigung noch nicht sein können. Denn erst dort wird, zumindest symbolisch, der Übergang von ‚verstorbener geliebter Person' zum ‚toten Körper', den man begraben muss, vollzogen. Dennoch greifen schon in dieser Zwischenzeit, also sofort nach der Feststellung des Todes, Vorschriften, die den veränderten Zustand anzeigen: Plötzlich darf z.B. der geliebte Angehörige nicht mehr in einem normalen Pkw durch die Stadt gefahren und zur Wohnung mitgenommen werden; er darf nur unter bestimmten Umständen in die Wohnung zurückgebracht werden und er/sie ist bestattungspflichtig geworden, d.h. behördlich wird der Körper als Leichnam gedeutet. Obwohl er noch der Adressat persönlicher Beziehungen ist, muss er einem anderen gesetzlichen Verfahren unterworfen werden. Damit werden sowohl die Erscheinungsform, in der man diese Person gekannt hat, als auch seine nahen Beziehungen in einen ‚Schleusenzustand' hineingeschoben, an dessen Ende beide Parteien auf jeweils einer andere Ebene entlassen werden. Während dieser ‚Zeit in der Schleuse' wird die leibliche Gestalt dieser Person, in der sie für ihre Mitmenschen sichtbar und identifizierbar war, zum ‚Leichnam'; die irdische Existenz der bisherigen Person ist damit unwiderruflich beendet. Die Fürsorgepflicht, die einem Lebenden und Sterbenden gilt, ist dann wesentlich neu definiert: Der Leichnam

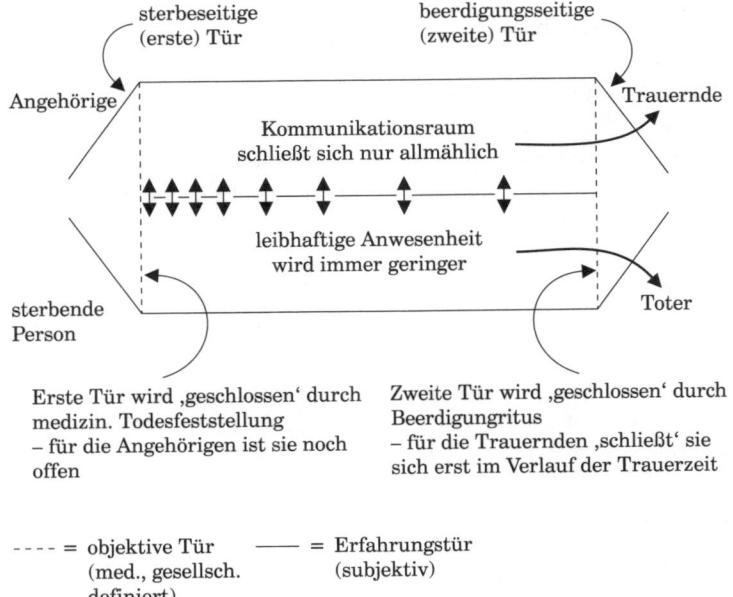

Abb. 6: *Trauerschleuse: Der Weg durch die Schleusenzeit*

darf am Ende der Schleusenzeit dem völligen biologischen oder physikalischen Verfall überlassen werden. Der Ort allerdings, an dem er bestattet ist, wird weiterhin geschützt. – Unabhängig von den Gesetzen der Gemeinschaft greift aber auch ein Naturgesetz: Alles Leben ist aus dem Körper geschwunden, der Körper beginnt zu zerfallen, die leibhaftige Verbindung mit den Angehörigen wird immer geringer. Die nahen Angehörigen werden dadurch auch in diesen Schleusenprozess mit hineingezogen, auch ihr Status wandelt sich in dieser Zeit: Eine Ehefrau wird zur Witwe, eine Tochter zur Halbwaise, Geschwister zu trauernden Geschwistern.

Wir werden im Folgenden dafür plädieren, diesen Statusübergang in der Schleusenzeit, der sowohl für den Verstorbenen gilt als auch für die nahen Angehörigen, sorgfältig zu begleiten. Unsere bisherige Erfahrung lehrt, dass dies die Trauernden für ihren weiteren Trauerweg tröstet. Diese Zeit enthält einerseits wiederholte Chancen, diesen Abschied zu ‚begreifen', andererseits die Chance, den weiteren Trauerweg besser zu gestalten.

1.2 Stationen des Abschieds: Ein Fallbeispiel

Das folgende Fallbeispiel wurde aus vielen Praxisbeispielen zusammengestellt, um an ihm – exemplarisch – die verschiedenen möglichen *Stationen der Gestaltung von bewussten Abschieden* zu illustrieren. Selbstverständlich ist dies keine erschöpfende Darstellung der verschiedenen Stationen; je nach Bedarf muss im Einzelfall beurteilt werden, was adäquat ist und was nicht. Es geht um Werner H., 60 Jahre alt.

Der bisherige Verlauf:
Die Familie Werner H. wohnt in einer ländlichen Gegend. Der Pastoralreferent der Gemeinde war vor längerer Zeit mehrere Male bei ihm zu Hause, weil vor drei Jahren der Sohn tödlich verunglückte. Familie H., ursprünglich eine Familie mit drei Kindern, hatte äußerlich ihren Alltag wieder aufgenommen.

Die Entwicklung danach:
Nach einem heftigen Streit mit seiner Schwester in dem Geschäft, in dem diese auch mitarbeitet, wird Werner H. eines Abends mit einem Herzinfarkt ins Krankenhaus eingeliefert. Dort begleitet ihn die Krankenhaus-Seelsorgerin über einige Tage auf der Intensivstation.

Der weitere Verlauf:
In der Krankheitsentwicklung tritt eine Krise ein, die Familie bittet um die Krankensalbung. Die Krankenhaus-Seelsorgerin benachrichtigt einen Priester, der die Zeit für die Krankensalbung vereinbart. Von der Familie sind die Ehefrau und ein Kind anwesend, das andere Kind schafft es zeitlich nicht, auch dabei zu sein. Die Schwester von Werner H. ist durch eine schwere Erkrankung ihrer eigenen Tochter kurzfristig verhindert, bei der Krankensalbung anwesend zu sein.

1. Exemplarisch könnte dies die *erste Abschiedssituation sein*. Die Seelsorgerin ist anwesend, während der Priester die Krankensalbung spendet; sie bleibt anschließend noch bei der Familie und begleitet sie auch weiter.

2. Zu einer zweiten Abschiedssituation kommt es, als der Patient, nachdem er sich anfänglich erholt hatte, plötzlich nach zehn Tagen an einem zweiten Herzinfarkt verstirbt.
Die Situation am Totenbett lädt also zur *zweiten Abschiedssituation* ein. Die Ehefrau und die beiden Kinder treffen dazu nach einigen Stunden ein. Sie haben telefonisch auch die Seelsorgerin um ihre Anwesenheit gebeten.

3. Die Schwester Werner H.s meldet sich danach sehr empört, da sie nicht in diese Verabschiedung einbezogen wurde. Die Familie ruft deswegen aufgeregt bei der Krankenhaus-Seelsorge an und bittet um Hilfe, um einen drohenden Familienstreit zu verhindern. Dadurch kommt es zu einer dritten Abschiedssituation: einer privaten Verabschiedung in der Trauerhalle (zwei Tage nach dem Tod). Nach telefonischer Beratung zwischen dem Pastoralreferenten und der Krankenhaus-Seelsorgerin wird entschieden, dass die Seelsorgerin auch diesen Abschied gestaltet, um die Kontinuität der Begleitung zu gewährleisten. Der Bestatter wird angerufen, er ist bereit, dabei mitzuarbeiten.
Diese *dritte Abschiedsmöglichkeit* findet für alle nahen Verwandten als letzte Aussegnung am offenen Sarg statt.

4. Die Beerdigung wird vom Gemeindepfarrer und möglicherweise dem Pastoralreferenten gemeinsam vorbereitet und durchgeführt. Die Krankenhaus-Seelsorgerin kann wegen anderer beruflicher Verpflichtungen nicht dabei sein.
Diese *letzte Station*, die Beerdigung, ist nun der endgültige Abschied zwischen den Angehörigen und ihrem Verstorbenen.

5. Durch die spezifische Konstruktion dieses Falles bleibt noch ein Abschied offen, nämlich der zwischen der Krankenhaus-Seelsorgerin und der Familie (und wenn sie sich das wünscht, ein privater Abschied am Grab). Sie war vor dem Tod im Krankenhaus ein aktiver Teil der Begleitung Werner H.s und seiner Familie. Es ist nicht automatisch so, dass ihre Begleitung auch *hinter* der ‚Schleusentür' notwendig wäre – also in der folgenden Trauerzeit. Oft trennen sich die Wege zwischen Krankenhaus-Seelsorge und Trauernden, wenn die Funktion des Schleusenwärters ein erstes Mal wahrgenommen ist, nämlich am Totenbett, d.h. wenn diese trennende Tür zwischen Leben und Tod durch die Todesdiagnose geschlossen ist. Manche Seelsorger, die während der Krankheit begleiten, werden auch zu Schleusenwärtern, andere nicht. In unserem Fall und in vielen Fällen im täglichen Leben wird nun die Seelsorge-Funktion ausgedehnt, um gerade diese Zeit mit einzuschließen. – Im Fall Werner H.s wurde die Krankenhaus-Seelsorgerin bereits in verschiedene Abschiedsstationen einbezogen. Es ist daher sinnvoll, dass sie diese Periode auch für sich selbst abschließt. Das ergibt die *fünfte Abschiedssituation:*
Hier verabredet sich die Krankenhaus-Seelsorgerin noch einmal mit der Familie H., und *verabschiedet* sich, die weitere Begleitung am Wohnort wird vom Pastoralreferenten übernommen. Auch dies wird telefonisch zwischen beiden Seelsorgern abgesprochen, als der Pastoralreferent seine Kollegin noch einmal kontaktiert, um zu klären, ob hier denn keine Risikotrauer zu befürchten sei. Die Trauer der Familie H. wird schließlich in diesem Telefonat von beiden als Risikotrauer eingestuft. Sie erkennen, dass der Verlust des Sohnes nicht lange genug zurück liegt, als dass die Interferenz dieser beiden Trauerprozesse für die Zurückbleibenden der Familie automatisch ausgeschlossen werden könnte.
Auch die Trauer der Schwester Werner H.s ist belastet, weil ihr Bruder nach einem gemeinsamen Streit starb und die Trauer um ältere Geschwister – nach neuesten amerikanischen Untersuchungen – nicht vernachlässigt werden sollte. Der Pastoralreferent meldet sich diesbezüglich noch einmal bei der Schwester und klärt mit ihr weitere Hilfsmöglichkeiten.

1.3 Aufgaben der Schleusenwärter

Es ist klar, dass eine solche Serie von Abschieden eher die Ausnahme ist, wir meinen jedoch, sie kann mögliche Ansätze und die Bedeutung der Schleusenzeit und ihrer Wärter – hier: für die Berufsgruppe der Seelsorger – illustrieren. Andere Schleusenwärter sind zum Beispiel: Ärzte, Krankenschwestern, Pathologen, Notärzte und -pfleger, Notfallseelsorger, Feuerwehrleute, Polizisten, Bestatter. Schleusenwärter sind also alle diejenigen, die *zwischen* Todes-Feststellung und Beerdigung und/oder weiteren amtlich bedingten und beruflichen Handlungen mit den Verstorbenen oder ihren nahen Angehörigen in Kontakt kommen. Das Tätigwerden dieser Berufe und die Handlungen, die sie vornehmen, bewirken ein Verschieben der Ebenen sowohl für den Verstorbenen als auch für die Angehörigen: *Die Angehörigen sind am Ende dieser Zeit in einer anderen ‚Welt‘,* sie werden aus der Schleuse mit einem veränderten Lebensweg entlassen. Äußerlich ist diese Verwandlung unsichtbar, die Welten scheinen dieselben zu sein, der/die Trauernde ist jedoch von seinen ursprünglichen Lebenszusammenhängen und Sicherheiten getrennt worden. Dies macht sich erst allmählich bemerkbar in einem anderen Zeitgefühl (diachronisch). Die persönliche Trauerzeit gehorcht anderen inneren Gesetzen als dem, was öffentlich als Trauerzeit gilt, und erst recht anderen Gesetzen, als dem was eine weiter funktionierende Umwelt als ‚Zeit‘ kennt. Somit tritt – unsichtbar für die Trauernden, aber erfahrbar für die Angehörigen – ein Unterschied zwischen dem Ende der öffentlichen Trauerzeit einerseits und dem Anfang der privaten Trauerzeit andererseits ein. Letztere unterscheidet sich von der weiterhin öffentlich gelebten Kalenderzeit, d.h. den planbaren und gesellschaftlich geregelten Zeiten, die von Uhren und Kalendern bestimmt werden. Die andersartig verlaufende Erlebniszeit der Trauernden wird oft, meist nur am Anfang, beherrscht von körperlichen Beschwerden, z.B. unkontrollierbaren Gefühlsausbrüchen, Schlafstörungen, Essstörungen, Desorientierung, Vergesslichkeit. – Eine weitere Besprechung dieser Zeiten würde den Rahmen dieser Ausführungen sprengen.

In der Schleusenzeit stehen *öffentliche Trauer und private Trauer in hautnaher Berührung* und auch deswegen sind die Aufgaben der Schleusenwärter und die Art ihrer Durchführung mitprägend für den weiteren Trauerweg der Hinterbliebenen. Von kirchlicher Seite aus betrachtet, gibt es mehrere Angebote, die Zeit vor und die Zeit in der Schleuse zu ‚begehen‘.

Die Bedeutung der verschiedenen Abschiedssituationen aus kirchlicher Perspektive wird hier näher beschrieben.

2. Seelsorge in der Schleusenzeit

2.1 Die Rolle der Krankensalbung

Die Krankensalbung, welche in diesem Fallbeispiel zur ‚Letzten Ölung' wurde (das gilt auch für die ‚Wegzehrung' als letztes Sakrament), bedeutet kirchlich-religiös gesehen, dass der ernsthaft Kranke in einen absehbar Sterbenden ‚verwandelt' wird, jedoch nicht ohne die Hoffnung, dass die Weichen noch nicht endgültig gestellt sind und die Richtung ‚Weiterleben' möglich ist. Anthropologisch betrachtet kann man sagen, dass die Schleuse ins Blickfeld rückt und Angehörige z.B. das Bedürfnis haben, diese drohende Möglichkeit auch rituell auszudrücken. Ein Ritus gestattet es, sich an das Unvorstellbare heranzutasten und es ein erstes Mal ‚begreifbar' zu machen. Die Seelsorge wird hier als Träger der Projektion für den Tod gerufen, sie ist aber zugleich auch Träger der Verheißung vom Ewigen Leben. Damit kann die angesichts der Schleuse aufkommende Angst ‚tragbar' gemacht werden. Ein weiteres Motiv ist, dass die Angehörigen angesichts eines drohenden Letzten ‚ein Letztes' tun wollen. Dieses Bedürfnis greift die Seelsorge mit ihren Handlungen auf und legitimiert es somit amtlich. Das Behütungs- und Fürsorgebedürfnis der nahen Angehörigen angesichts der Schutzlosigkeit des Sterbenden wird hier mit einem Ritual verortet. Gleichzeitig werden die Bemühungen der bisherigen Sorge der Angehörigen anerkannt und auf einen Punkt gebracht. Die in den Blick rückende Schleuse schafft sozusagen ein ‚magnetisches Feld', in dem die vorher verschieden orientierten Linien sich nun, zumindest während des Rituals, schon mal in einer Richtung ordnen: Der sich ankündigende Todesweg wird in der Wahrnehmung zugelassen. Die Umstehenden ‚erkunden' die sterbeseitige Tür der Schleuse und berühren sie ein erstes Mal.

Eine Krankensalbung, die unausgesprochen oder ausgesprochen als ‚Letzte Ölung' gedacht ist, verlangt eine spezifische Gratwanderung des Amtsträgers zwischen Leben und Tod. Einerseits soll die Hoffnung auf Wiederkehr der Kräfte ihren Platz haben und grundsätzlich dem Kranken auch zugesprochen werden. Andererseits muss je nach Situation zumindest liturgisch die ‚Tür' angedeutet werden, hinter der bereits der Sterbepfad aufleuchtet. So könnte man in diesem Fall z.B. beten: „Gott wir bitten dich, dass Werner H. durch all das gut durchkommt."

Damit wäre die Richtung der weiteren Entwicklung dieser Krankheit und der Ausgang der Krise offen gelassen. Jetzt aber „kann kommen was will".

Die Krankheits- und mögliche Sterbegeschichte wird im Ritus auf ihren Wesenskern gebracht, die Vorstellungen, Befürchtungen und Hoffnungen der Anwesenden werden in einem Focus gesammelt: Es entstehen für alle gemeinsame Referenzpunkte. Religiös gesprochen wird dem Patienten der Raum des Geheimnisses eröffnet, und er wird diesem Geheimnis durch den Ritus anvertraut. Damit wird den Angehörigen ein Raum der Sicherheit in für sie schwierigen Zeiten angeboten. Für alle Anwesenden, den möglicherweise Sterbenden und seine Angehörigen, wird damit dieser Übergang ‚begehbar' gemacht. Offen bleibt, in welcher Weise der ‚Übergang' sich konkret vollziehen wird. Seelsorge macht schon hier ein Vorausgreifen auf den eventuellen Tod möglich, um Lebens- und Todesgeschichte rechtzeitig miteinander zu verknüpfen: Die Angehörigen suchen die Vergewisserung, dass sie dem lebensgefährlich Erkrankten ihr Bestes, ihre sorgende Liebe mitgegeben haben, wenn dieser den Weg ins Geheimnis geht – danach ist er ja ihrer liebenden Sorge entzogen. Dadurch nimmt der Amtsträger die Möglichkeit wahr, dass seine rituellen Handlungen schon ein antizipierender Beitrag zur Bewältigung der anschließenden Trauerzeit sind. Gerade in der unmittelbar auf den Tod folgenden ersten Trauerzeit kann die Gewissheit, „alles getan zu haben", einen ‚Trittstein' in einem in seinem Ausmaß zunächst noch weithin unbekannten ‚Fluss' – dem Trauerprozess – bieten.

2.2 Die sterbeseitige Schleusentür hat sich geöffnet: Abschied am Totenbett

Hier wird für die Angehörigen die Todesgeschichte eröffnet, und zwar noch in der privaten (noch nicht öffentlichen) Nähe zur sterbeseitigen Schleusentür, die sich gerade hinter ihnen geschlossen hat. Aus medizinischer Sicht und damit in unserer Gesellschaft offiziell bestätigt, ist dieser Mensch tot. Aus der Sicht der Angehörigen ist er *erst auf dem Weg in die andere, unbekannte Welt*. Das heißt, hier muss nicht das Ereignis des medizinisch definierten Todes, sondern der Übergangsprozess des Abschiednehmen-Müssens begleitet werden. Auf diesem Weg geben wir, Angehörige und Seelsorge, ihm, der jetzt für tot erklärt wurde, das ‚Geleit': Wir machen die ersten Schritte auf einem Weg, auf dem wir lernen müssen, ihn jetzt den von der religiösen Tradition angebotenen ‚Helfern aus einer *anderen* Welt', den Mächten und Kräften jenseits des irdischen Lebens, anzuvertrauen. Hier wird die Erfahrung begleitet, dass unsere Hände als Angehörige und Helfer dieser Welt zu kurz sind. Auch hier muss Seelsorge um der Angehörigen willen noch zwischen Leben und Tod hin- und hergehen: Der Kommunikationsraum der erfahrbaren Nähe mit dem Verstorbenen ist noch nicht geschlossen: Das physische ‚Tor' ist zwar ‚geschlossen', aber menschliche Vorstellungen und Emotionen durchschreiten solche objektiv trennenden Tore.

Dies ist die Stunde, in der der Seelsorger weitere Ankerpunkte für den zukünftigen Trauerweg setzen kann: Zum Beispiel, indem er auf den Gesichtsausdruck des Verstorbenen aufmerksam macht oder auf die Tatsache, dass ein Sonnenstrahl noch auf eine Blume am Bett fällt, oder auf die friedliche Stille (falls vorhanden) oder ein Bild auf dem Nachttisch. Solche Ankerpunkte können innere Bilder auf dem Trauerweg und somit Trittsteine im kommenden Trauerfluss sein. Außerdem ermöglicht die Seelsorge hier die erste emotionale Bestätigung des Todes in behutsamen und Kontext-gerechten Worten und Gesten. Dies geschieht, indem die Seelsorge die jetzt noch existierende Nähe endgültig mit dem Tod verknüpft: Hier müssen das medizinische Faktum und die Bedeutung dieses Faktums für die Erlebniswelt der Angehörigen aneinander angeschlossen werden. Der Seelsorger tut dies nicht als Privatperson, sondern amtlich, er hat z.B. das Gebet als transsubjektives Medium, dem er das Wort ‚tot' und das Ausmaß und das Gewicht des Todes anvertrauen kann. Außerdem muss hier eine erste endgültige Trennung vollzogen werden. Die den Angehörigen zustehende Intimität wird mit diesem Abschied endgültig aufgehoben: Andere Hände (die der gesellschaftlich Beauftragten) übernehmen ihn, ein anderes Gesetz überwacht ihn, obwohl es vielleicht noch ein Wiedersehen z.B. in der Leichenhalle geben kann. Spätestens ab hier laufen Verstorbene und Angehörige auf verschiedenen ‚Spuren' durch die Schleusenzeit, symbolisch, indem sie in zwei Arten von ‚Fahrzeugen' ihre jeweiligen Wege durch diese Zeit fortsetzen müssen.

Es kann in dieser Zwischenzeit noch zu mehreren oder einer einmaligen Begegnung kommen, bei der die Angehörigen ihren Abschiedsprozess gestalten und damit die Tatsache des Todes erlebnismäßig mehr und mehr realisieren können. Gerade dieser letzte Prozess wird oft übergangen. Nicht immer wird es notwendig sein, dass es einen solch bewussten Abschied wie im beschriebenen Fall vor der Beerdigung gibt. In gravierenden Fällen jedoch ist eine solch schrittweise Hinführung hilfreich, um den ‚großen Abschied' der Beerdigung überhaupt erst möglich zu machen.

Ein Exkurs: Die Schleusenzeit im Fall einer Organentnahme

Auf dem Hintergrund der Schleusenwärterfunktion ist die Krankenhaus-Seelsorge durch die heutige *Diskussion um Organspende* ganz neu herausgefordert. Will und kann und darf sie die medizinisch diktierten Möglichkeiten, dass der Hirntod auch ein teilweises Überleben des menschlichen Körpers bedeutet, bereits *vor dem ‚ganzen'* Tod das *endgültige* Geheimnis vollziehen und damit etwas begehen, was noch nicht wirklich ist? Das Öffnen der sterbeseitigen Todestür der Schleuse bekommt durch die Fragen der Organspende einen doppelten Aspekt: Die Tür an der Sterbeseite wird zur Doppeltür. Die Schleusenzeit wird durch die medizinischen Möglichkeiten um eine Vorstufe erweitert. Das ist neu im Leben von Menschen und damit neu in der Todeserfahrung der Menschheit. Welchen Abschied nehmen Angehörige auf der Intensivstation? Bräuchten Angehörige nicht eine andere Begleitung, um diese Verknüpfung zu ermöglichen? Wie können Angehörige bei so viel offenen Fragen sicher sein, ihren Lieben bis zum Eintritt in das Geheimnis versorgt zu haben, und das als Erfahrung auf ihren weiteren Trauerweg mitnehmen? Für die medizinischen und pflegerischen Fachleute gilt die Frage: Was für einen Abschied nehmen sie im anschließenden Entnahmevorgang im Operationssaal, bei dem die Medizin noch lebendige Organe eines hirntoten Menschen entnimmt? Welche Schleusentür gilt hier für wen? – Anschließend bekommen die Angehörigen ja oft noch die Möglichkeit, sich erneut zu verabschieden; an welcher Tür stehen sie dann? Da diese Erfahrungen neu im Lebens- und Todesverständnis der Menschheit sind, ist die Frage, ob die Klinikseelsorge da stummer Beobachter bleiben muss oder ob sie angesichts der medizinischen Herausforderung ihre Rituale und ihre Sprache überdenkt, sodass sie der religiös-spirituellen Bewältigung dieser komplizierten Trauersituation dienen können. Diese Fragen müssen sorgfältig reflektiert und in das rituelle Verständnis mit hineingenommen werden, will klinische Seelsorge ihre Funktion auch aktiv in das nächste Jahrhundert hineintragen.

2.3 Abschied am (offenen) Sarg

Dieser Abschied steht – im Gegensatz zu den oben beschriebenen Abschiedssituationen – schon fast am Ende der Schleusenzeit. Der

Verstorbene ist ein letztes Mal sichtbar, fühlbar, identifizierbar. Zugleich ist er meistens auch schon ‚weit weg', entfremdet, unbegreiflich. Die oftmals veränderten Gesichtszüge – öfter (jedoch nicht immer) als ‚friedlich' deutbar – tragen zu einer doch eher distanzierten Begegnung bei. Durch die Intensität der emotionalen Beziehung kann diese Distanz jedoch auch teilweise wieder aufgehoben werden: Noch ist der Kommunikationsraum zwischen ihm und uns einen Spalt weit offen. Dennoch drängt sich hier die Ahnung von der Zeit ohne diesen geliebten Menschen hinter der zweiten Schleusentür schon auf. Durch diese Tür werden *nur die Hinterbliebenen ins Weiterleben* hinaustreten: Der Verstorbene wird die Schleuse auf der für ihn vorgesehenen ganz anderen Spur verlassen.

Die Seelsorge kann hier noch eine letzte Verbindung bestätigen (z.B. indem sie den Verstorbenen berührt und die Umstehenden zur Berührung einlädt) sowie nun Gott, den ganz Anderen, als den Herrn über Leben und Tod anrufen. Bei dieser Begleitung wird wiederholt bestätigt, dass die verstorbene Person bereits in Reichweite der Hände Gottes ist. Hier können Fürbitten gesprochen werden für alle, die von seinem Tod berührt sind, hier können nahe Verwandte ihre letzten Grüße ausrichten, und ihm z.B. Beigaben in den Sarg mitgeben. Dies kann, gerade für Kinder, oftmals ein Moment des eigenen Abschieds sein, der weder in der klinischen Situation noch bei den öffentlichen Beerdigungsritualen einen eigenen Platz und einen geschützten Raum beanspruchen kann.

Dieser endgültige Abschied der jetzt noch identifizierbaren Person bräuchte eventuell auch ein reales Abschlusszeichen. Dies kann z.B. dadurch geschehen, dass der Sarg im Beisein der Angehörigen geschlossen wird oder, wenn der Bestatter diese Handlung ohne deren Dabeisein vollzieht, indem sie anschließend nochmals zurückkehren und an den nun verschlossenen Sarg herantreten und ihn berühren können.

2.4 Das Ende der Schleusenzeit aus religiöser Sicht: Die Beerdigung

Hier wird die Todesgeschichte mit der Geschichte des Weiterlebens der Angehörigen und des öffentlichen Lebens verknüpft. Um dies zu ermöglichen, wird der Verstorbene rituell in einen Leichnam verwandelt. Damit wird er auf den ihm zugewiesenen Ort vorbereitet, an dem er am Ende dieser Zeremonie alleine zurückgelassen wird: *Seine Schleusentür öffnet sich an der Todesseite.* Immer noch häufig traut die Gesellschaft dem kirchlichen Seelsorger zu, dass *er* diese Verwandlung begehbar machen und gleichzeitig die Anwesenheit Gottes sogar am Rand und in der Tiefe des Grabes darstellen kann. In dieser Zeremonie wird den Angehörigen durch die Umwandlungsfunktion des Rituals gleichzeitig auch ein neuer Status zugewiesen: z.B. der der ‚Witwe', des ‚Hinterbliebenen', der ‚Waisen'. Ihre hintere Schleusentür wird sich am Ende des Rituals zum Weiterleben hin öffnen. Heute geschieht die rituelle Entlassung auf der Lebensseite der Todesschleuse, ohne dass die vollzogene Verwandlung von einem ‚Vorher' zu einem ‚Nachher' äußerlich wahrnehmbar wäre (früher trug man ab dann offiziell Trauer). Es gibt in unserer Gesellschaft für diese Verwandelten keine klare Orts-, Zeit- oder Verhaltenszuweisung mehr. Weil Außenräume fehlen, weicht die Trauer dann oft in Innenräume (somatisch und/oder psychisch) aus.

Das Requiem, das Zusammenkommen in der eucharistischen Mahlgemeinschaft, war kirchlicherseits das Angebot, die Angehörigen für diesen Weg zu stärken. In einer zunehmend säkularisierten und psychologisierten Alltagswelt jedoch kann eine rein rituelle Stärkung ihre Wirkung oft nicht mehr zureichend entfalten. Es ist zunehmend weniger möglich, Menschen der transsubjektiven religiösen Atmosphäre anzuvertrauen. Die Trauernden müssen sich eigene Wege suchen, die ihrer Persönlichkeit, ihrer Biografie und ihren Umständen entsprechend diese Verwandlung lebbar machen. Eine kirchliche Unterstützung dieses Weges (Möglichkeiten, die z.B. das Kirchenjahr hat, dass Menschen ihre Trauer mit dessen Tief- und Höhepunkten verbinden können) muss weiterhin im Auge behalten werden. Sicherlich im ersten Trauerjahr, aber oftmals darüber hinaus, ist ein Angebot der Unterstützung hilfreich. Eine spirituelle Verbindung zwischen Toten und Weiterlebenden ist jeweils sehr persönlich geprägt, zudem ändert sich diese mit der Zeit des Trauerprozesses. Wie die Wege der persönlichen Trauergestaltung auch kirchlich aufgenommen und begleitet werden können, das muss pastoraltheologisch weiter entfaltet und erkundet werden.

2.5 Das Ende der Schleusenzeit für die verschiedenen Schleusenwärter

Oftmals sind die beruflichen Schleusenwärter in mehrere Schleusenzeiten auf einmal einbezogen. Selten wird es ihnen gegönnt, *auch einmal persönlich ihre Funktion in der Schleusenzeit abzuschließen.*

Hospize und manche Stationen im Krankenhaus haben angefangen, diese Zeiten rituell zu markieren, z.B. indem man eine Kerze anzündet und nach der Beerdigung löscht. Auch andere Arten der bewussten Markierung dieser Zeit sind natürlich denkbar. Seelsorger können Ärzten und Pflegenden helfen, diese Zeit bewusst zu beenden, ihre Beteiligung an dem Abschiedsprozess kurz zu reflektieren, Gutes und Unterlassenes bezüglich der verstorbenen Person und ihrer Angehörigen noch einmal aufleben und dann ruhen zu lassen. Praxisbezogene Erfahrung zeigt, dass dies nicht in allen Fällen möglich, auch nicht in allen Fällen nötig ist. Wenn die Professionellen von Zeit zu Zeit einen Abschied exemplarisch vollziehen, können sie die aus psycho-hygienischen Gründen notwendigen Trennungen ‚begehen', dies kann zu einem Abbau beruflicher Belastungen beitragen. Damit wird es möglich, dass Professionelle sich wieder neu für das nächste ‚Geleit' öffnen und mit voller Anwesenheit dabei sein können. Seelsorge sollte sich selbst nicht ausschließen von der Notwendigkeit solcher bewusster Ablösungen.

In der Regel führt die Schleusentür zum Weiterleben für viele Professionelle ja schon gleich wieder in die nächste sterbeseitige Schleusentür. Ohne eine notwendige Rückkehr zur Lebensquelle wird die Anerkennung des Todes als Teil der Berufswirklichkeit kaum gelingen, sondern eher zu einer Art automatischer Drehtür führen, bei der die Ausgänge zwischen Leben und Tod sich leicht verwirren können: Der Schleusenwärter gerät in ein Karussell, das schwindlig macht und eher die Tür zum burn-out öffnet als zu einem kreativen, den Tod anerkennenden Berufsleben.

Literatur

Arbeitsgemeinschaft christlicher Kirchen in Baden-Württemberg (Hg) (1995). Krankheit, Leiden, Sterben, Tod – eine Handreichung für Mitarbeiter und Mitarbeiterinnen in sozialen Einrichtungen.
Arbeitsgruppe „Der frühe Tod von Kindern" (Hg) (1994). Wenn das Leben mit dem Tod beginnt, Hannover.
Becker, H. u.a. (1987). Im Angesicht des Todes, Bd. I, St. Ottilien.
Berger, P.L. (1970). Auf den Spuren der Engel, Frankfurt.
Bertsch, L. (1987). Befähigung zur Trauer. In: Becker, H. u.a. (Hg), Im Angesicht des Todes, Bd. II, St. Ottilien, 903–920.
Borobio, D. (1978). Die ‚vier Sakramente' der Volksreligion. Concilium, 14, 117–125.
Bowlby, J. (1983). Verlust, Trauer und Depression, Frankfurt/Main.
Canacakis, J. (1990). Ich begleite dich durch deine Trauer, Stuttgart.
Collins, M. (1991). Das Römische Rituale: Krankenseelsorge und Krankensalbung, Concilium, 27, 93–103.
Condrau, G. (1984). Der Mensch und sein Tod, Zürich/Einsiedeln.
Depoortere, K. (1998). Neue Entwicklungen rund um die Krankensalbung, Concilium, 34, 553–564.
Die Feier der Krankensakramente (1975). Herausgegeben im Auftrag der Bischofskonferenzen Deutschlands, Österrreichs und der Schweiz u.a., Einsiedeln und Köln u.a.
Die Feier der Krankensakramente (1994). Herausgegeben im Auftrag der Bischofskonferenzen Deutschlands u.a., 2. Aufl., Solothurn und Düsseldorf u.a.
Ebert, I. (1991). In Alten- und Pflegeheimen sterben Menschen. Deutsche Krankenpflegezeitschrift, 855–858.
Eibach, U. (1994). Der Tod – Eine Herausforderung an das ärztliche Selbstverständnis und die Mediziner-Ausbildung aus der Sicht eines Krankenhausseelsorgers. Zeitschrift für medizinische Ethik, 40, 113–117.
Eisenbruch, M. (1984a). Cross-cultural aspects of bereavement. I. Conceptual framework for comparative analysis. Culture, Medicine, Psychiatry, 8, 283–309.
Eisenbruch, M. (1984b). Cross-cultural aspects of bereavement. II. Ethnic and cultural variations in the development of bereavement practice. Culture, Medicine, Psychiatry, 8, 315–347.
Gerhard, A. (1997). Die Kranken besuchen – ein Werkbuch, Limburg.
Glaube und Leben (1994). Kirchenzeitung für das Bistum Mainz, Nr. 47, 4.
Greshake, G. (1983). Letzte Ölung oder Krankensalbung? Geist und Leben, 56, 119–136.
Greshake, G. (1997). Art. Krankensalbung. In: LThK, Bd. 6, Freiburg u.a.
Greshake, G. (1998). Die Krankensalbung zwischen physischer und spiritueller Heilung. Concilium, 34, 544–553.
Hark, H. (1995). Den Tod annehmen, München.
Heller, A. (1997). Im Mittelpunkt steht der Mensch .... In: Konturen künftiger Krankenhausseelsorge, Dokumentation der Tagung der deutschen, österreichischen, schweizerischen und südtiroler Krankenhausseelsorge, 21. – 25.04. 1997 in Salzburg, hg. von der Arbeitsgemeinschaft der Österreichischen Krankenhausseelsorge, Wien.
Hürny, C. (1996). Psychische und soziale Faktoren in Entstehung und Verlauf maligner Erkrankungen. In: Uexküll, Th. v., Psychosomatische Medizin, 5. Aufl., München u.a., 953–969.
Illhard, J. (1992). Trauer. In: Eser, A. u.a. (Hg), Medizin, Ethik, Recht; Freiburg.
Instruktion zu einigen Fragen über die Mitarbeit der Laien am Dienst der Priester (1997). Verlautbarungen des Apostolischen Stuhls Nr. 129. Hg. vom Sekretariat der Deutschen Bischofskonferenz, Bonn, Freiburg.
Jerneizig, R. u.a. (1991). Leitfaden zur Trauertherapie, Göttingen.
Josuttis, M. (1996). Die Einführung in das Leben, Gütersloh.
Juchli, L. (1994). Pflege, Praxis und Theorie der Gesundheits- und Krankenpflege, 7. neu bearb. Aufl., Stuttgart/New York.

Kast, V. (1982). Trauern: Phasen und Chancen des psychischen Prozesses, Berlin.
Kastenbaum, R. (1996). Cookies baking, Coffee brewing: Toward a contextual theory of dying. Beiträge zur Thanatologie, H.2, Universität Mainz.
Kearney, M. (1997). Schritte in ein ungewisses Land, Freiburg.
Klass, D. (1996). Vorlesung beim Symposion „Trauerbegleitung". Perspektiven für Fortbildung und Forschung. Ev. Akademie Loccum, Sept. 1996.
Knauber, A. (1969). Pastoraltheologie der Krankensalbung. In: Handbuch der Pastoraltheologie, Freiburg u.a., 145–178.
Koch, U. (1993). Wozu ist der Krankenhauspfarrer gut? Krankendienst, 66, 371.
Kriz, J. (1998). Systemtheorie. Eine Einführung für Psychotherapeuten, Psychologen und Mediziner, Wien.
Lothrop, H. (1998). Gute Hoffnung – jähes Ende. 6. vollst. überarb. Aufl., München.
Lückel, K. (1994). Begegnung mit Sterbenden, 4. Aufl., Gütersloh.
Lutz, G. u.a. (1988). Nur ein Hauch von Leben, Lahr.
Marti, K. (1987). Mögliches Interview über Leben und Tod. In: Ders., O Gott! Lachen – Weinen – Lieben, Stuttgart.
Martini, C. (1989). Hinabsteigen nach Kafarnaum .... Schlussansprache beim VII. Symposium der europäischen Bischöfe in Rom: „Umgang des heutigen Menschen mit Geburt und Tod". Stimmen der Weltkirche Nr. 29, Hg: Sekretariat der Deutschen Bischofskonferenz, Bonn.
Mayer-Scheu, J., Reiner, A. (1972). Heilszeichen für Kranke – Krankensalbung heute, Kevelaer.
Mayer-Scheu, J. (1986). Das Unfassbare berühren. Krankendienst, 59, 109–116.
Meurer, T. (1994). Verstehen, was Trauernde sagen wollen. Lebendige Seelsorge, 45, 199–203.
Möller, C. (Hg) (1994). Geschichte der Seelsorge in Einzelporträts, Bd. 1, Göttingen/Zürich.
Nuland, S. (1994). Wie wir sterben: ein Ende in Würde?, München.
Ochsmann, R. u.a. (1997). Sterbeorte in Rheinland-Pfalz. Zur Demographie des Todes. Beiträge zur Thanatologie, H.8, Universität Mainz.
Oñatibia, I. (1976). Voraussetzungen zu einer Erneuerung des Sakraments der Krankensalbung. Concilium, 12, 608–613.
Otte, R. (1995). High-Tech-Medizin, Reinbek bei Hamburg.
Petzold, H. (1984). Integrative Therapie – der Gestaltansatz in der Begleitung und psychotherapeutischen Betreuung sterbender Menschen. In: Spiegel-Rösing, I., Petzold, H. (Hg), Die Begleitung Sterbender – Theorie und Praxis der Thanatologie, Paderborn, 431–500.
Petzold, H. (1997), Vortrag an der Universität Mainz.
Pompey, H. (1998). Religiosität in der Lebens- und Leidbewältigung von TumorpatientInnen. Krankendienst, 71, 188–199.
Power, D.N. (1991). Das Sakrament der Krankensalbung. Offene Fragen. Concilium, 27, 154–163.
Probst, M., Richter, K. (1975). Heilsorge für die Kranken und Hilfen zur Erneuerung eines missverstandenen Sakraments, Freiburg.
Reiner, A. (1994). Die Krankensalbung. Wege zum Menschen, 46, 418–430.
Richter, K. (1990). Der Umgang mit Toten und Trauernden in der christlichen Gemeinde. In: Richter, K. (Hg), Der Umgang mit den Toten, Freiburg, 9–26.
Rörig, R. (1988). Lagebericht des Klinikums der Johannes-Gutenberg-Universität, Mainz.
Schibilsky, M. (1989). Trauerwege, Düsseldorf.
Schied, H.W. (1980). Wo sterben die Deutschen? In: Dingwerth, P., Tiefenbacher, H. (Hg), Sterbekliniken – oder was brauchen Sterbende?, Stuttgart, 9–18.
Schmied, G. (1985). Sterben und Trauern in der modernen Gesellschaft, München.
Schneider-Harpprecht, C. (1998). Gott heilt mit, DIE ZEIT, Nr. 42, 57.
Simon, L. (1986). Erwartungen an den Seelsorger im Krankenhaus. Lebendige Seelsorge, 37, 17–23.
Smeding, R. (1996). Erfahrungen und Trauertheorien. Unveröffentl. Kursmaterial.
Smeding, R., Aulbert, E. (1997). Trauer und Trauerbegleitung in der Palliativmedizin. In: Aulbert, E., Zech, D. (Hg), Lehrbuch der Palliativmedizin, Stuttgart, 866–878.
Sonntag, S. (1978). Krankheit als Metapher, Frankfurt/Main.
Steffen. U. (1987). Archetypische Bilder des Todes. Kampf – Überfahrt – Heimat. In: Becker, H. u.a. (Hg), Im Angesicht des Todes, Bd. I, St. Ottilien, 261–281.

Stock, K. (1997). Vorstellungen vom Leben nach dem Tod in unserer Gesellschaft. Zeitschrift für Medizinische Ethik, 43, 315–324.
Székely, A. (1988). Sterben im Jahr 2000. Krankendienst, 61, 181–186.
Tausch-Flammer, D., Bickel, L. (1995). Wenn ein Mensch gestorben ist – wie gehen wir mit dem Toten um? Freiburg.
Tigges, K. (1986). Die Krankensalbung: ein neu entdecktes Sakrament. Krankendienst, 59, 412–414.
Verwaiste Eltern (1996). Leben mit dem Tod eines Kindes, H.8, Hamburg.
Vorgrimmler, H. (1978). Buße und Krankensalbung. In: Handbuch der Dogmengeschichte, Bd. IV; 3, Freiburg.
Wagner, W. (1998). Zur Bedeutung des Hirntodes als Todeszeichen des Menschen. Zeitschrift für Medizinische Ethik, 44, 57–65.
Watzlawick, P. (1995). Vom Unsinn des Sinns oder vom Sinn des Unsinns, München.
Wehkamp, K.-H. (1998). Lebenswende zwischen Intensivstation und Hospizbewegung. In: Ders., Keitel, H., Grenzen und Grenzüberschreitung: Tod und Geschöpflichkeit in der modernen Medizin, 67–80.
Weiher, E. (1999). Mehr als Begleiten. Ein neues Profil für die Seelsorge im Raum von Medizin und Pflege, Mainz.
Werbick, J. (1994). Kirche, Freiburg u.a..
Worden, J.W. (1987). Beratung und Therapie in Trauerfällen, Bern u.a..
Zielinski, H. (1989). Religion und Sterbebegleitung auf der Station für Palliative Therapie in Köln. In: Wagner, H. (Hg), Ars moriendi: Erwägungen zur Kunst des Sterbens, Freiburg, u.a..
Zulehner, P.M. (1987). Heirat – Geburt – Tod. Eine Pastoral zu den Lebenswenden, 5. Aufl., Wien.
Zulehner, P.M. u.a. (1991). Sterben und sterben lassen, Düsseldorf.
Zulehner, P.M. (1995). Ein Obdach für die Seele, 4. Aufl., Düsseldorf.

Seelsorge im modernen Gesundheitswesen

Erhard Weiher
Mehr als Begleiten
1999. 144 S. Kt.
ISBN 3-7867-2158-0

Medizin und Pflege sind heute einem enormen Modernisierungs- und Professionalisierungsschub ausgesetzt. Wenn Krankenseelsorge ihren spirituellen Auftrag erfüllen will, dann muss sie sich auf ihre ureigenen Ressourcen stützen, dann muss sie „mehr als Begleiten", mehr sein als Moderation und Kommunikation am Klinikbett. Der erfahrene Krankenhauspfarrer Weiher hat dazu ein neues, anthropologisch fundiertes und theologisch reflektiertes Modell entwickelt, das er anhand vieler Beispiele aus Gesprächen mit Kranken und ihren Angehörigen verdeutlicht. Aber auch der Zusammenarbeit mit Medizinern und Pflegekräften kommt dabei eine wichtige Rolle zu.

Matthias-Grünewald-Verlag · Mainz